让 我 们 　　　 一 起 追 寻

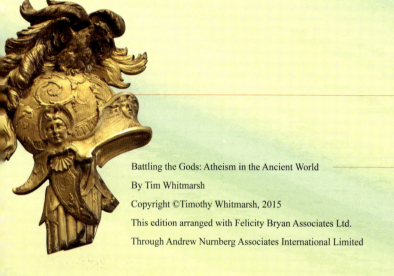

与神作战

Battling The Gods

古代世界的无神论

Atheism in the Ancient World

Tim Whitmarsh

〔英〕蒂姆·惠特马什 著

陈愉秉 译

社会科学文献出版社
SOCIAL SCIENCES ACADEMIC PRESS (CHINA)

谨以此书献给身处艰难时代的希腊人民

目　录

前　言

　　这是一本探讨古代世界无神论者，尤其是古代希腊无神论者的书，探究他们的思想、创见、抗争以及所遭受的压迫。笔者旨在讲述历史，而非劝诫世人改宗易教，也无意从哲学角度替无神论证实或者证伪。然而，在研究和写作过程中，笔者越来越确信一点，即人类的美好生活离不开文化和宗教的多元化，以及争论的自由。

有神论与无神论的对话

忒耳珊特罗斯（Thersander）：众神已死，干瘪的遗骸 化作科学和理性的祭品，却原来笃信神明的人都是些轻信上当的傻瓜。

狄俄提姆斯（Diotimus）：胡说八道！当今之世崇奉神明之心前所未有之坚。喜欢出风头的读书人以为懂得些俗世知识便是通晓了万物，其实不过是自欺欺人。别总聚餐空谈，快到这座城市的大街小巷去看看吧：一座座神龛圣坛前人头攒动，一处处庙宇已被祭祀的香火熏黑。

忒耳珊特罗斯：这些人的信仰十分肤浅。他们参加种种仪式可不是出于坚定的信仰，不过是依惯例行事而已。芸芸众生终日忙于糊口，哪有时间哪来闲心问一句为什么，这才任由愚蠢的首领们把他们从一场灾难抛向另一场灾难。

狄俄提姆斯：在我们这个危机四伏的世界，芸芸众生需要神祇，那是他们的慰藉，他们心灵的依靠。

忒耳珊特罗斯：不错，宗教当然可以给人带来慰藉，带来希望，但也能带来焦虑和恐惧。宗教让人盲从、轻信，从而远离事实真相。只有观察、验证和理性的质疑，才能引领人们恰如其分地认识这个世界。

狄俄提姆斯：你根本不懂，有些真理其实与这个世界无关。人类天生能感知神灵，人人都具有通神的能力，只是有的人从不动用这种能力而已。正因为如此，所以，从前没有，以后也绝不会出现一个不存在神灵的世界。

〔4〕 忒耳珊特罗斯：是人类创造了众神。我们的祖先从日月星辰、四季轮回中看到了神。那时，他们对宇宙万物、对自然现象还缺乏科学的认识。而政治家和当权者却及时领悟到了宗教信仰的力量，于是恶意歪曲真相。其实，从来没有什么惩恶扬善、俯察世间秩序的神，那不过是当权者为了让人们乖乖听话而灌输的东西而已。

狄俄提姆斯：无神论不过时髦一时。未来一代代后人回顾以往时，只会把它看作过时的闹剧。

忒耳珊特罗斯：全然相反，行将就木的恰恰是宗教。当今世界面临种种问题，而宗教只会抱残守缺、墨守成规，却给不出任何答案。我知道，对于诸神的信仰植根深远，从中获益者必将拼尽全力抵死维护。但是，随着人们对世界万物的真知的不断发展、传播，宗教终将现出它本来的虚幻。

这段宗教信徒和无神论学者之间的对话并非真有其事，但它又的确有可能发生在公元前 5 世纪末的雅典。对话中的所有观点都可以在古希腊文献中找到依据。如果双方言辞都让人感觉太过现代，那也绝非巧合。因为，那些已困扰人类至少两千五百年之久的问题，直到 21 世纪的今天，依然在困扰着我们。

我们被一遍遍告知，无神论是近代的发明，是欧洲启蒙运动的产物。在一些人看来，倘若不存在与宗教真理相对立的世俗国家观和科学思想，简直是件不可思议的事。这种看法其实是由"新无神论"论辩双方共同培植出的神话：无神论拥护者希望把对超自然的存在的质疑，看作科学进步逐渐抵消宗教影响的结果；而宗教信徒则希望把它看作颓势的西方世界在资本主义消耗下呈现的一种病态。双方所持的观点，都有虚荣的现代主义之嫌。对于超自然的质疑自古就存在。早在公元前4世纪，柏拉图（Plato）就曾描述过一位信徒斥责无神论者的情景："你和你的朋友绝不是对众神持这种看法的第一人！这世上或多或少总会有人罹患这种病症。"我们未必赞成柏拉图用疾病来比喻，但他的基本看法无疑是正确的。上下数千年，一切文化环境中都存在许多拒绝信奉神明的人。①

当然，另一种事实也不容否认，即宗教主宰人类文化的历史同样悠久、古老。但建立在这一事实基础之上的标准观念存在一个问题，即宗教行为被反反复复地说成是一种有规可循、根本无须加以解释的事物，倘若与此看法稍有不同，便让人觉得怪诞、惊诧。这种观念也强化了一则现代神话，即把后启蒙时代的西方看作一个例外，以为它全然有别于此前其他任何时代，也不同于世界其他任何地区。这种看法十分危险。一方面，对于信教者，它无异于提醒他们：信仰宗教是人类普遍和基本的状态，而缓慢发展的世俗主义是一种非自然状态。另一方面，它也会误导无神论者，使他们陷入自以为是的妄想，仿佛有史以来，唯有21世纪的西方中产阶级才有能力抓住宗教问题的症结。 〔5〕

宗教普世论把对神的信仰看作人类固有的现象。这种观念在当今世界无处不在。当宗教被"根深蒂固"乃至"牢不可破"地固着于人类身上时，宗教话语也日趋扩大。一些所谓神

① 引文见 Plato, Laws 888b。这是写给普通读者的书，但通过注释、参考文献以及笔者的某种坚守或执着，也保持其学术性。全书内容涉及历史长达数千年，限于篇幅，无法面面俱到。书中引用的现代学术成果以最新英语文献为主，同时也兼顾大众读者的理解力和承受力。

经神学家甚至在人脑中探查到被称作神点（god spot）的部位，据说人们的宗教情感、宗教冲动都源自那里。也有人认为，人类天生具有宗教倾向，这种倾向是进化而来的优势。当然，以上所说都是些存有争议的主张，所幸的是，评价这些观点并非本书任务。但有一点十分重要，即上述主张都可用来支持正规的宗教思想。继卡伦·阿姆斯特朗（Karen Armstrong）把"智人"（homo sapiens）重新界定为"宗教人"（homo religiosus）之后，又出现一种把超自然信仰视为人性基本部分的思想。而所有这些都可以在包括约瑟夫-弗朗索瓦·拉菲托（Joseph-François Lafitau）在内的近代欧洲自然宗教理论家那里找到思想渊源。拉菲托曾致力于证明所有人先天具有基督信仰的潜质（从而证明传教活动的正当性）。其实，早在古代晚期，这些思想的种子就已植入当时的宗教变革。①

主张人类基本上是一种宗教性的存在，并不比主张苹果基本上都是红色的更让人信服。说到苹果，多数人都会联想到红艳艳的色彩，这种固定的印象伴随我们长大成人。图片、画册、民歌、迪士尼动画片和电视广告等，共同造就了这一标准的"苹果"形象。不错，的确有许多苹果是红色的，但是，也有一种金冠苹果却是纯绿色的，好像还没有什么人荒唐到仅凭这绿色便认为它不是苹果。其实，我们在默许现代主义的神话时，正是这样对待无神论者的，他们的遗传特征与他人没什么两样，

[6]

---

① 布鲁姆（M. Blum）对神经神学的质疑颇有道理。他问道："既然人脑中有神存在，神经神学能解释这个部分有多大吗？"见 P. Becker and U. Diewald (eds.), *Zukunfstperspektiven im theologisch-naturwissenschaftlichen Dialog* (Göttingen: Vandenhoeck & Ruprecht, 2011), 306-14。关于"宗教人"，参见 K. Armstrong, *The Case for God: What Religion Really Means* (London: Vintage, 2010), 13-34。

但不知为什么我们还是把他们当作人性不够完整的人。我们默许一场语源儿戏：仅仅根据无神论者（*atheos*）在语源上是缺乏（*a-*）对神（*theos*）的感应的人，就把他们从人群中挑选出来。在这里，是否具备神感俨然成为一种识别标准。

有许多国家（特别是阿富汗、伊朗、毛里塔尼亚、马来西亚、巴基斯坦、沙特阿拉伯、苏丹）把无神论者作为搜索和逐杀的对象。这种现象明白无误地证明：无神论者不仅存在于工业化的西方，而且遍及世界各地。人类学家在非西方文化中也找到了充分的证据。20世纪早期，爱德华·埃文斯-普里查德爵士（Sir Edward Evans-Pritchard）在刚果阿赞德人（Azande）中从事调查时，曾与一位视巫医为骗术的男子对话。在进一步分析后，埃文斯-普里查德认为，这是当地人的普遍态度。对于超自然现象采取怀疑态度并不奇怪，也非特例。任何文化、任何时代中的任何人都可能如此。但这不等于说，在某一既定社会，其宗教文化的正式记载中总能找到这些人的踪影，因为合乎标准的民族志都遵循同一种模式，即它们都倾向于把宗教打造得不仅在特定文化群体内部整齐划一，甚至连基本构造也大致相同。当我们试图把握某一群体的基本状态时，典型的做法是询问他们的信仰体系，比如"祆教徒信仰""优鲁巴人信仰"，等等。这种文化的扁平化造成一种千篇一律的错误印象。①

无神论的存在既跨越文化，也跨越历史（柏拉图早已正确指出这一点）。伦敦大学伯克贝克学院（Birkbeck College）的约

---

① 参见 E. E. Evans-Pritchard, *Witchcraft, Oracles and Magic Among the Azande*, abb. ed. (Oxford: Clarendon Press, 1973), 106–7（请特别注意其中一句话："信神和疑神看来都是传统"）。

翰·阿诺德（John Arnold）对此做过深入研究。他在探讨"无信仰者"在中世纪基督教欧洲所处的位置时曾指出，别以为存在单一、统一信仰的社会，那不过是无稽之谈，对神灵的"信仰、崇拜和怀疑一直并存于世"。如果我们不囿于那些专事维护教义统一的教会文献，而把目光转向实际生活中的宗教，就会发现各式各样的无神论，比如阿诺德引用过的案例：纽伯里的托马斯·泰勒（Thomas Tailour of Newbury）称朝圣者为傻瓜，否认祈祷的力量，怀疑灵魂转世等等，为此在 1491 年遭到惩处。①

[7]　　无神论的历史非常重要。之所以如此，不仅出于理性缘由，即有必要尽可能充分理解过往，而且出于道德，尤其是政治上的考虑。权威性和正当性是由历史赋予的。正因为如此，威权独裁体制国家总想否定他们不喜欢的人，毁灭与之相关的历史遗迹，并把它们视为历史上的非法活动。无神论存在的历史并不被具化为一些风格样式大致相同的建筑物或仪式礼仪，而是呈现为相同的思想原则。假如以为宗教信仰深远、古老而无神论浅近，那么，无神论极易成为人们眼中无足轻重的过眼云烟，甚至有可能就连无神论者所受的迫害在人们心目中也比不上宗教少数派所遭受的迫害。历史久远的无神论问题在一定程度上也是人权问题，即是否应当承认无神论者在现实生活中理应和其他人一样得到尊重和包容，并且可以不受打搅地度过他们的人生。

　　在我看来，无神论至少和亚伯拉罕的一神教同样古老，这

---

① 参见 J. Arnold, *Belief and Unbelief in Medieval Europe*（London and New York：Bloomsbury, 2011），引文见该书第 230 页，托马斯·泰勒一案见该书第 2～3 页。

就是说至少和希伯来人的一神信仰同样古老。然而，耶和华在耶路撒冷圣殿崇拜中被承认为唯一之神的过程复杂而漫长，且至今尚不完全为人所理解，这就引出另一问题。那些根据圣经看待一神论的人使我相信，我们今天所了解的内容是在被囚禁于巴比伦的犹太人重返耶路撒冷后的第二圣殿期［即公元前539年波斯国王居鲁士大帝（Cyrus the Great）征服巴比伦之后］所形成的。大约在同一时期，我们在科洛封的色诺芬尼（Xenophanes of Colophon，约公元前570－前475）的著作中，见到希腊人第一次以哲学方式表达出来的对传统宗教的怀疑。其实，具体时间精确与否对我的看法影响不大，因为那只是一种措辞手段而已，旨在表达无神论传统的古老丝毫不亚于犹太教传统（与基督教或伊斯兰教相比当然就更加古老）。①

　　讲述远古无神论历史时所遇到的难题在于相关证据往往错综复杂、扑朔迷离。要在纷繁的古代文化中查找无神论者的踪迹十分不易，乌加里特语（Ugaritic）王室文献中找不到，希伯来圣经（Hebrew Bible）中也没有，当然，我们原本也并未抱有太大希望。这两类文献虽然形式各异，但文本内容本身都极其规范。其作用在于提供一种世界观，即现存社会秩序都是神意的安排，同时也由神意来维护。尽管如此，但圣经还是透露出蛛丝马迹，明确告诉人们：并非所有人都对耶和华抱有同样的信仰。比如《旧约·诗篇》（The Psalms）曾提到，有些恶人说"没有神"（《旧约·诗篇》10：4，14：1）；又比如，约伯因反 ［8］

---

① 有关犹太民族一神信仰的产生，可重点参考 M. Smith, *The Early History of God: Yahweh and Other Deities in Ancient Israel*, 2nd ed. (Grand Rapids, MI: Eerdmans, 2002)。我曾就以上问题同埃克塞特大学（University of Exeter）的弗朗西斯卡·斯塔夫拉科坡罗（Francesca Stavrakopoulou）教授反复讨论，我从中受教颇多。

复遭受磨难而抱怨耶和华（处在那种境地情有可原），等等。
总之《旧约·约伯记》或许为人们对神明的猜忌和质疑留下了
些许余地，但这只是些细微瑕疵。一般而言，这类文献都是在
不断强调有一位庇护其子民的神存在这一无可争辩的真理。

在西方世界，有一些由散碎瓷片拼合而成的整幅马赛克画，
但这种马赛克画仅见于古代希腊和受希腊晚期文化影响的古代
罗马（古代中国也有自己的无神论者，但其历史全然不同）。
部分原因在于，存世的古希腊文献资料在数量上远远多于包括
拉丁语在内的各种其他古代语言资料的总和。我敢打赌，流传
至今的古代苏美尔、巴比伦、埃及和以色列所有文献加在一起，
都不及古希腊名医作家盖伦（Galen）一人留下的文字数量多。
如果再加上数量庞大的实物资料，如艺术品、石刻铭文以及希
腊人积千年之久留下的莎草纸文书，便多少可以理解，何以一
个小小半岛的居民再加上其海外移民，会留下如此丰厚的文献
资料。而我们的问题还不止于证据数量的多寡。希腊人给后世
留下了多种多样其他古代民族所缺乏的实物资料和官方文献，
就仿若希腊史学家们既拥有影片中被剪切掉的镜头，也拥有各
种剪辑后的版本。希腊历史让我们见识了各式精灵古怪、离经
叛道、持异端邪说乃至于吹毛求疵、怀疑一切的人。

正因为如此，我们才总是被告知，历史是胜利者书写的。
但是自20世纪中叶以来，社会历史的书写风向为之一变，在以
往主流史籍中默默无闻的群体，如妇女、儿童、奴隶、弱势人
群、少数族裔等，开始发出自己的声音。与此相比，本书所涉，
仅仅是古代社会的一角。书中提到的多数人名，都是希腊罗马
时代受过教育的上层社会男子（但这并非因为无神论者仅见于
男性精英，而是因为该群体所留下的资料之多，与他们所占人

口数量之少，完全不成比例）。当然，他们在历史上也常常被抹杀，或其重要性被贬低。有关希腊宗教和文化的历史，几乎都是由宗教信徒书写的，结果便是人们误以为古代宗教一直是一个不出故障、顺畅运行的系统。现在，该是唤醒其他对话者的时候了。①

为什么要以这种方式书写历史，是因为偏袒宗教吗？回答 〔9〕这个问题并不容易。但有一点十分清楚，一些现代学者在从事古代问题的研究时，掺入了他们本人对宗教的价值判断。甚至时至今日，对古代无神论的学术性讨论依然能够引发对"民粹主义的原教旨无神论"（populist, fundamentalist atheism）及其"狂热鼓吹者"的讨伐。而古典学者往往并不以虔诚著称，相反，他们更乐于以非常世俗的一面示人。如我们今天所知，古典学科出现于 19 世纪，它们是在动荡中从神学领域剥离而出的。从那以后，历史研究者便一直致力于通过与近代西方一神

① 关于古代无神论的其他著述可参见 P. Decharme, *La critique des traditions religieuses chez les Grecs des origines au temps de Plutarque* （Paris：Picard, 1904）；A. Drachmann, *Atheism in Pagan Antiquity* （London：Gyldendal, 1922），这两部书内容可取，但方法陈旧。还可参见 H. Ley, *Geschichte der Aufklärung und des Atheismus*, vol. 1 （Berlin：Deutscher Verlag der Wissenschaften, 1966），此书价值因其图解式的马克思主义而打折。关于近年的讨论参见下列文献：G. Dorival and D. Pralon （eds.）；*Nier les dieux*, *nier dieu* （Aix-en-Provence：Publications de l'Université de Provence, 2002）；H. Cancik-Lindemaier, "Gottlosigkeit im Altertum：Materialismus, Pantheismus, Religionskritik, Atheis-mus", in R. Fabe and S. Lanwerd （eds.）, *Atheismus：Ideologie, Philosophie oder Mentalität?* （Würzberg：Königshausen and Neumann, 2006）, 15 – 33；J. Bremmer, "Atheism in Antiquity", in M. Martin （ed.）, *The Cambridge Companion to Atheism* （Cambridge：Cambridge University Press, 2007）, 11 – 26；U. Berner and I. Tanaseanu-Döbler （eds.）, *Religion und Kritik in der Antike* （Münster：LIT Verlag, 2009）；D. Sedley, "The Pre-Socratics to the Hellenistic Age", S. Bullivant and M. Ruse （eds.）, *The Oxford Handbook of Atheism* （Oxford：Oxford University Press, 2013）, 139 – 51.

信仰，尤其是基督教一神信仰的对比，来阐释希腊宗教。但这种做法本身就有问题。古典学者一直极力避免把希腊人基督教化（学术大忌！），以至于正规教科书大都把希腊的多神信仰解读为实际上与近代基督教（尤其是其中的新教教派）截然相反的体系：它注重群体仪式甚于个体审思，注重公共空间甚于私人空间，注重外在表现甚于内在信念，遵从以往实践甚于遵从经典文本。这些描述大都真实可信，但把二者刻板、图解式地对立起来，也会造成很深的误导。例如，有人提出，希腊宗教毫无疑问是"嵌入"（借用学术用语）社会的，并全部渗入古代城邦日常的生活节奏，在某种程度上，古人已无法想象没有宗教的世界。这种看法显然有误。①

希腊宗教史研究趋向于以官方铭文作为主要史料，而上述观点正是得到这种研究的支持的。支持的理由十分充足：文学作品的内容让我们了解到的，往往只是些教育水准极高、社会地位特殊的个人，而从希腊世界各地发现的铭文，其所记载的则是社会群体的共同判断，因此，也更能呈现作为一个整体的社会群体的所思所想。这些资料当然也有不足的一面：作为官方文件，它们对于各种事项所提供的当然是官方意志所准许的文本。而它们也使得有关这个社会毫无嫌隙、运作顺畅的故事，变得更加完美可信。难怪古代铭文很少提到非正统的神明观念。

① 引自 P. O'Sullivan, "Sophistic Ethics, Old Atheism, and 'Critias' on Religion", in *Classical World* 105 (2012): 174, with n. 36。近期有关基督教和希腊宗教的比较研究，可参见 R. Parker, *On Greek Religion* (Ithaca, NY: Cornell University Press, 2011)，该书前两章分别为 "Why Believe Without Revelation?" 和 "Religion Without a Church"。对嵌入式宗教概念的批评见 B. Nongbri, "Dislodging 'Embedded' Religion: A Brief Note on a Scholarly Trope", in *Numen* 55 (2008): 440 - 60。

标准文献所描绘的当然是一幅标准的社会图景。不妨设想一下 〔10〕
当代英国：如果仅仅借助议会议事录（Hansard）中的内容来观
察 21 世纪的英国政治史，那么，你对女王陛下政府运作机制的
了解很可能不胜其详，而对现实生活中普通人千姿百态的行为
和态度却可能一无所知。

并非所有铭文记载的都是公共事务。一桩有趣的案例正好
让我们得知，倘若有人拒不相信神力，仪式就会"失灵"。在
伯罗奔尼撒半岛（Peloponnese）埃皮达鲁斯（Epidaurus）小镇
的阿斯克勒庇俄斯（Asclepius）医神庙附近，保有公元前 320
年献给医神的若干献辞。其中一份提到，有个手指无力的男子
来到神庙后，对于铭文中讲述的其他医疗奇迹嗤之以鼻，根本
不信。当晚，男子在圣殿就寝（一种常见的仪式形式，被称作
沉思），睡梦中，阿斯克勒庇俄斯现身了，于是男子的手指痊
愈。医神却对他说："因为你怀疑了不该怀疑的事，从此，你的
名字就叫不信者（Apistos）。"记载神迹的铭文却讲了一个有
人曾怀疑神迹的事例，真是了不起的自觉。除此之外，这段铭
文故事还提供了一个宝贵证据，它证明希腊寻常的百姓在实际
生活中也会对宗教产生怀疑。我们无从得知这名男子的社会背
景，但也没有理由把他看作一个富人。可以肯定的是，铭文本
身格式普通，且行文完全不讲究文采。

当然，这是篇神庙铭文，所以讲的是道德说教故事，故事
中不信神者也得到了应有的惩罚。但"不信神者"最初的反应
一定相当普遍。要想对神灵救赎之类的奇迹故事提出质疑，无
须动用后启蒙时代所提供的思想。凭借"奇迹"一词的本义就
可以验证那些故事的可信度究竟有多高。希腊人的看法恰好和
埃文斯－普里查德笔下阿赞德人的看法相同。据说，希腊最愤

世嫉俗的犬儒学派（Cynic）成员第欧根尼（Diogenes）也有类
似的故事：有人对海难幸存者留在神庙的一连串献辞赞叹不已，
第欧根尼不以为然地表示，假如遇难者也能留下题词，那么，
神庙上的铭文数量会比现在看到的还要多得多。这句玩笑话的
潜台词是：其实幸存者的"神奇"经历和神意以及人们的祈祷
[11] 毫无关系，倒是和海难中正常的生还概率密切相关。看来，第
欧根尼也像那位不信神者（睡梦前）一样不相信奇迹故事。第
欧根尼主张的要点其实同笔者看法一致，得到官方认可的宗教
文献只会记录那些似乎灵验的崇拜仪式，同时抹去一切相反证
据。①

　　本书想要讲述的是历经千年历史巨变的希腊无神论，它伴
随着希腊世界从"黑暗时代"进入有文字的城邦国家时代，伴
随着公民和民主制度的发展、亚历山大征服以及帝国的解体、
希腊语世界被纳入罗马帝国，乃至基督教最终的来临。古典世
界并非一夜之间突然被基督教同化，各地基督教化也非整齐划
一的过程。基督教教派支脉繁多，每一派别此前各有其自身与
希腊文化传统的冲突和关联。然而，即便如此，基督教帝国还
是从根本上改变了许多事情。长期以来，许多令人尊敬的思想
家一直致力于从根本上探索神的本质，但基督教的产生终结了
这个漫长的时代，甚至连这些思想家也全部被湮没在历史中。
前基督时代的无神论当然引起过争议，有时还会受到严厉压制。
但是，与对待一神教的态度相比，占主导地位的多神教对待无

① 参见 Inscription：no. 120，in P. J. Rhodes and R. Osborne，*Greek Historical Inscriptions*，404 – 323 *BC*（Oxford：Oxford University Press，2004），534 – 35 = *Inscriptiones Graecae* 42 1. 121。第欧根尼故事见 Diogenes Laertius，*Lives of the Eminent Philosophers* 6. 59，其中警句据说出自米洛斯岛的迪亚戈拉斯。

神论的态度已经算是相当友善了。与之相比,无神论者在基督教时代则很难自处。无神论对于基督徒赖以界定自身的前提,就是一种绝对否定。

如此一来,本书的工作便成为一场对宗教怀疑论的考古发掘。其中,部分工作是努力从基督教上千年攻击、谩骂的肮脏瓦砾之下,挖掘出古代世界的无神论,同时,也需要铲除覆在瓦砾表层的其他积尘。在现代无神论形成的 18 ~ 19 世纪,古典知识在欧洲非常普及(至少在有教养的阶层中如此)。在这一时期,那些为建立没有神明的世界而奋斗的人可以求助于伊壁鸠鲁(Epicurus)和卢克莱修(Lucretius)的权威,也可以借助米洛斯的迪亚戈拉斯(Diagoras of Melos)和昔兰尼的西奥多罗斯(Theodorus of Cyrene)的思想,满怀信心地期待世人的理解。但是,从 20 世纪初期起,对古典的认知以惊人的速度萎缩。我们的教育体系忽视了古代希腊罗马思想在西方国家世俗 〔12〕现代性形成中的关键作用,从而让历史悠远的无神论因我们的集体蒙昧而备受责难。对古典遗产认知的缺失,导致"现代主义神话"深入人心。对古典传统的极度无知弄得人人都曾以为,是 18 世纪的欧洲人最先对神发起了挑战。

第一部分

古风时代的希腊：
新的地平线

第1章　众神并存的希腊

我们今天所说的希腊（Greece），自古以来被希腊人称作赫
拉斯（Hellas），位于一个向南伸入地中海中部的半岛，由于地
处非洲板块与爱琴海（Aegean）的衔接点，所以地震和火山活
动频发，海岸线蜿蜒豁裂，进而形成数千座岛屿，其中最大的
岛屿是坐落在爱琴海南端的克里特岛（Crete）。希腊半岛以石
灰岩地貌为主，全境约有三分之二为山地，山岩陡峭，景观出
色，此外还有众多河流灌溉丰饶的平原。①

希腊周边是连绵的山脉、峡谷、海湾、河流以及海洋，它
们就是半岛的天然边界。半岛内，两地间的往来也十分困难。
众所周知的德摩比利（Thermopylae，即温泉关——译者注）是
连接奥塔山（Mount Oeta）和海岸的一条狭窄通道，当年薛西
斯（Xerxes）率领波斯军队入侵希腊时，就是因在这里遭遇斯

① 有关古代地中海的历史地理可参见 P. Horden and N. Purcell, *The Corrupting Sea: A Study of Mediterranean History* (Oxford and Malden, MA: Blackwell, 2000)，史前史参见 C. Brood-bank, *The Making of the Middle Sea: A History of the Mediterranean from the Beginning to the Emergence of the Classical World* (London: Thames and Hudson, 2013)。关于早期希腊历史概况，还可参见 O. Murray, *Early Greece*, 2nd ed. (London: Fontana, 1993); J. Hall, *A History of the Archaic Greek World*, ca. 1200 - 479 BCE (Oxford and Malden, MA: Blackwell, 2007); R. Osborne, *Greece in the Making*, 1200 - 479 BC, 2nd ed. (Abingdon, UK, and New York: Routledge, 2009)。要想了解希腊史研究的综合状况，可参见 J. Boardman, J. Griffin, O. Murray, *The Oxford History of Greece and the Hellenistic World*, 2nd ed. (Oxford: Oxford Press, 2001)。此外，R. Miles, *Ancient Worlds: The Search for the Origins of Western Civilization* (London: Allen Lane, 2010) 也是研究古代地中海文化概要的精要之作。

巴达人（Spartan）和佛西斯人（Phocian）小股部队的阻击而一度受挫。如在希腊陆地进行长途旅行，总会陷入体力不支的境地，正因为如此，希腊人转向了海洋。公元前两千纪中叶，克里特岛的米诺斯人（Minoan）开辟了跨海贸易网。他们驾着尾部高高耸起的巨大帆船航行在辽阔的海面，用自己的橄榄油、葡萄、羊毛、木材，向近东地区换取手工制品。在同埃及人的往来中，他们从各种技艺中学会了书写文字。

但是，米诺斯文明很快就衰落下去了，原因可能是锡拉岛［Thera，今圣托里尼（Santorini）］大规模的火山喷发造成了生态灾难。米诺斯衰亡后，来自大陆的新兴力量迈锡尼人（Mycenaean）继之而起。他们也同样向海洋讨生活，把生意做到了遥远的他乡，并从先辈那里学会了战争所需要的造船术和航海技术，从此向着克里特岛和东爱琴海开疆拓土。这段史迹由公元前14世纪生活在安纳托利亚（Anatolia，今土耳其境内）的赫梯人（Hittite）保存了下来。他们的文献中曾提到过"阿希亚瓦"（Ahhiyawa）列王，"阿希亚瓦"有可能就是希腊语中的"亚该亚"（Achaea），亚该亚一名在荷马史诗中指的是希腊本土。如果荷马讲述的特洛伊战争真有其事，这一时期也本该被人提到。公元前12世纪，拉美西斯三世（Rameses Ⅲ）在位期间的埃及铭文曾提到过"海洋人"，他们在从尼罗河三角洲到叙利亚－巴勒斯坦的沿海地区一路劫掠，迈锡尼人应该也属于这群打家劫舍的"海洋人"。考古学也把这场劫难的线索指向希伯来圣经提到过的腓力斯丁人（Philistine）。大约从公元前1100年起，迈锡尼的宫殿文明也和此前的米诺斯文明一样，突然一蹶不振，原因至今不详。自此时起至公元前800年这段时间的资料极其匮乏，因而习惯上称之为"黑暗时代"。文字在黑暗时代失传，纪念性建筑沦

［16］

为废墟，当地社会很可能被一群赳赳武夫把持着，他们凭借各自
的本领和武力争夺脆弱的权力，朝代更迭混乱失序。①

　　公元前 8 世纪，文明再次崛起，催化这次文明复兴的依然是
海洋。公元前两千纪远程海上贸易的兴起，使整个地中海成为各
种力量角逐的舞台，希腊和意大利在地理上处于中心位置，因而
在这片舞台也占据了最为有利的位置。广泛的跨海贸易、海外殖
民和异族之间的通婚，意味着相邻各邦人民之间对彼此的影响更
大，也更有机会获得新技术。正因为如此，希腊人手中的财富在
公元前 8 世纪至前 6 世纪获得了巨大增长。史称这一时期为"古
风时代"。无论以何种标准来衡量，这都是一个迅速繁荣的时代。
这一时期的人均寿命有所增长（依据现存遗骸的牙齿和身高判
断），卫生和饮食状况得到改善，住房面积扩大了，希腊本土居
民人数似乎增长了一倍。在这一时期，希腊人再次有了文字，并
且从邻国借鉴了许多出色的文化成果，如神庙建筑、雕塑、彩绘陶
器、史诗等，直到今天，他们仍以这些成果著称于世。②

---

①　关于航海，参见 L. Casson, *Ships and Seamanship in the Ancient World*, rev. ed.,
　　（Baltimore：Johns Hopkins University Press, 1995）。要想了解米诺斯文化，可阅
　　读 J. Lesley Fitton, *Minoans* (London：British Museum Press, 2002)。要想了解迈
　　锡尼文化，可阅读 R. Castleden, *The Mycenaeans* (London：Routledge, 1995)。关
　　于这一时期希腊的军阀或"大佬"，参见 J. Whitley, "Social Diversity in Dark
　　Age Greece", *The Annual of the British School at Athens* 86（1991）：341 – 65。

②　参见 J. N. Coldstream, "Mixed Marriages at the Frontiers of the Early Greek World",
　　Oxford Journal of Archaeology 12（1993）：89 – 107，作者在文中依据考古资料论证
　　了匹斯库西（Pithecusae）地区的异族通婚现象。并非所有人都赞同他的看法，
　　如 D. Ogden 在其 *Greek Bastardy* (Oxford：Oxford University Press, 1996), 322 – 23
　　中就提出不同看法。但是，无论我们是否称这种现象为"婚姻"，早期意大利
　　似乎都存在同居或异族间婚媾的现象，参见 Hall, *History*, 257。本书所述古风时
　　代乃至其后希腊的发展主要依据 I. Morris, "Economic Growth in Ancient Greece",
　　Journal of Institutional and Theoretical Economics 160（2004）：709 – 42。关于如何
　　衡量希腊经济一直存在争议，但其整体上的快速增长应是难于否认的事实。

在所有的成就中，最令人瞩目的成就是一种新型社会组织形态——城邦国家。城邦（即 *polis*，是英语 political、policy 和

[17] police 的词根）的雏形出现在公元前 8 世纪，其后，城邦（至少较大型的城邦）逐渐形成自身独特的形态。典型的城邦四周环绕着用来分割都市与乡野的城墙，有卫城（即"高高的城邦"）或城堡，有供奉主神的庙宇，有供水系统，还有供社区开展商贸、宗教、政治、司法、娱乐等活动的公共场所。在往后的岁月里，希腊文化传播到哪里，上述城邦形态就会出现在哪里。在古风时代，较大的城邦都会有漂亮的大理石建筑装点其间，这些建筑成为今人眼中典型的希腊式建筑，即列柱、山墙、柱间壁都装饰有三槽线饰带、过梁雕带等，而最重要的是，还刻有大量文字。生活在城邦的希腊人把法律、决议、献祭品等内容都刻在石壁上，这些文字使古代过客对文明有序的社会留下了深刻印象，也为今人了解当时人的价值观念、追求和偏好等留下珍贵的记录。①

城邦文化是由海外贸易和殖民活动的财富支撑的。希腊所处的位置非常有利于挖掘远洋贸易带来的商机，而且这种优势不止于地理位置。新的贸易经济虽大体上把持在官僚帝国巨头们手中，但私人商行和小型社团群体也能插手其间。政治上的

---

① 在古代史研究领域，城邦的出现一直备受关注。最重要的成果来自哥本哈根城邦研究中心（Copenhagen Polis Centre），他们取得一些非常值得关注的成果，例如，M. H. Hansen, "95 Theses About the Greek 'Polis' in the Archaic and Classical Periods: A Report on the Results Obtained by the Copenhagen Polis Centre in the Period 1993 – 2003", *Historia: Zeitschrift für Alte Geschichte* 52（2003）: 257 – 82; M. H. Hansen and T. H. Nielsen（eds.）, *An Inventory of Archaic and Classical Poleis*（Oxford: Oxford University Press, 2004），还可在线查阅网页 http://www.teachtext.net/bn/cpc/。关于该地区历史总体走向，可参阅 Hall, *History*, 67 – 92，该书提供了十分有用的参考书目，还可参阅 Osborne, *Greece in the Making*, 128 – 30 and 220 – 30。

不统一激励着各城邦国家在技术创新和开拓海外市场领域展开竞争，于是，整个希腊世界从中受益。

在古风时代，来自外部的对手——主要是腓尼基人（Phoenician），也是激发竞争的重要因素。腓尼基人生活在提尔（Tyre）和西顿（Sidon），即今黎巴嫩（Lebanon）的迦南居民，说着与希伯来语差别不大的闪族语（Semitic），他们同样受益于非统一的城邦国家结构，拥有发达的经济、先进的工艺和很高的文化水准。早在公元前11世纪，腓尼基人就已同塞浦路斯有了贸易往来，实际上，可能是他们建立了现在的城市拉纳卡（Larnaca）。公元前10世纪晚期，腓尼基人又出现在克里特岛。一百年间，他们的足迹延伸到撒丁岛和突尼斯。接着，对贵金属的喜好驱使他们适时西行，到达矿产丰富的西班牙，甚至远达位于大西洋的"锡岛"（tin islands，往往有人莫名其妙地认为那里是不列颠群岛）。到公元前一千纪初期，腓尼基人已经把整个地中海织成了一张贸易网，或者至少是一种多网互联的综合体。例如白银，可以在西班牙开采，在希腊加工，然后在黎凡特（Levant，指当时地中海东部各国——译者注）地区出售。① 〔18〕

古风时代的希腊是在与东部和南部各邻邦的相互影响中形成的。正是腓尼基人激励希腊人采用了使用至今的文字。首字母 aleph 之名最初来自腓尼基人及其前辈，因其形似牛而得名（aleph 原义公牛）；第二个字母 beth 之名原意为"房屋"。这两个文字符号被希腊文字吸收后改写成 alpha 和 beta，希腊由此产生了字母表。这种对外来技术（书写拼音文字的确是一种技术）的模仿和吸收是希腊人在那个时代的典型做法。以我们今

---

① 有关这一时期发展状况，参见 Broodbank, The Middle Sea, 460–95。关于锡岛，参见 Strabo 3.5.11（书中称有 10 座这样的岛屿）。

天所理解的世界为标准，古希腊不能被算在欧洲之列，它置身于充满活力的东地中海贸易集团，在文化上与它联系最为紧密的是埃及、黎凡特和安纳托利亚（即土耳其）。希腊人口聚居在小亚细亚西海岸的米利都（Miletus）、以弗所（Ephesus）、哈利卡那索斯（Halicarnassus）等富裕城市。各地之间并非总能和睦相处，与腓尼基人的关系尤其如此。腓尼基人困于地中海东岸的不利位置，而不断向意大利和西西里岛移民，在此与希腊人新建的定居点产生冲突。公元前 9 世纪，他们在今突尼斯东北海岸顶端建起一座都城，这里与西西里岛隔海相望，而西西里岛又是希腊人在西部最重要的据点。腓尼基人称这座都城为迦太基（Qart hadašt），意为"新城"，希腊人把 Qart hadašt 转写成 Karkhedon，罗马人再转写为 Carthage。假设当年希腊人迟到一步而错失良机，又假设历史的骰子落地时转向了另一面，那么，迦太基人就可能成为地中海地区的主宰，中世纪的欧洲人就可能讲一口闪族话，而不是印欧语。可惜，真实的历史是，希腊人最终成功实现了海外扩张，而强盛一时的迦太基人在公元前 3 世纪的布匿战争中被罗马人彻底消灭。①

　　古风时代的希腊呈十足的多样性，这正是它的典型特征。那时没有国家中枢，没有首都，也没有形成一个足以对外辐射希腊精神的单一稳定的实体。目前已确认的城邦数量在公元前650 年至前 323 年期间多达一千二百个，每一城邦各有自己的习俗、传统和治理方式。这一时期，城邦权力一直在贵族（被称作"寡头"体制）和"僭主"（这一称呼在古风时代尚无贬

〔19〕

---

① 关于迦太基，参见 R. Miles, *Carthage Must Be Destroyed*（London：Allen Lane, 2010），其早期历史见该书第 58~95 页。

义）之间不断易手。地方势力当然也会存在，但它们无一能够
以一邦之力左右全局。①

在罗马帝国奥古斯都当政之前，希腊世界并不是一个政治
上的统一体，希腊作为一个整体的概念还很模糊，还是一种虚
幻的理想，而非政治上的现实。公元前 5 世纪，历史学家希罗
多德（Herodotus）在其《历史》（*Histories*）中记载，据说雅典
人曾拒绝与波斯人联手共同对付其他希腊人，理由是，"我们都
是希腊人，血缘相同，语言一样，有着共同的神庙，祭祀仪式
相通，我们的行为也都遵循同样的风俗习惯"。当时，能够代替
统一国家把各地希腊人凝聚在一起的只有这种共同意识，即希
腊人对于共同血缘、共同宗教和共同文化的感知。然而，除了
奥林匹克运动会、庄严的德尔斐（Delphi）神庙以及对荷马和
赫西俄德（Hesiod）诗歌相同的珍爱之心以外，能够协调所有
多样性差异的正规机制少之又少。自公元前 8 世纪起，德尔斐
和奥林匹亚（Olympia）开始成为泛希腊世界的中心，有关伊利
亚特和奥德赛的神话史诗也是这一时期逐渐形成的。所有这些
因素，通过一个为解救被外敌掠走的希腊妇女海伦而共同出征
的故事，打造出一个具有文化一致性的希腊形象。然而，除却
共同的制度习俗之外，希腊文化不过是众多彼此关联却又各具
自身独特风格的区域文化的集合。②

---

① 关于古风时代城邦数量，参见 Hansen，"95 Theses," 263 – 64。

② 引文见 Herodotus 8. 144. 1 – 3。J. M. Hall, *Ethnic Identity in Greek Antiquity*
（Cambridge：Cambridge University Press, 1997）；*Hellenicity：Between Ethnicity and
Culture*（Chicago：University of Chicago Press, 2002）。若想专门了解马其顿人的族
属，可阅读 Hall, "Contested Ethnicities：Perceptions of Macedonia Within Evolving
Definitions of Greek Identity", in I. Malkin（ed.）, *Ancient Perceptions of Greek
Ethnicity*（Washington, D. C.：Center for Hellenic Studies, 2001）。

这种极端区域化的特性直接反映在古希腊人使用的语言上。古风时代，各地方言均达到了很高水准，但无一成为主导语言。安纳托利亚西北部的莱斯沃斯岛（Lesbos）和本土东北部地区使用伊奥利亚语（Aeolic，该方言下还有若干分支），安纳托利亚西南部、本土西北部、伯罗奔尼撒半岛和克里特岛使用多利安语（Doric），安纳托利亚西部其他地区和雅典使用爱奥尼亚语（Ionic）。此外，在阿卡迪亚（Arcadia）和塞浦路斯（Cyprus），另有一种不同的方言阿卡迪亚塞浦路斯语（Arcadocypriot）。荷马和赫西俄德的史诗是用爱奥尼亚语创作的，这种方言似乎应该因史诗而获得尊崇的地位，但事实却是，史诗语言完全有别于任何一种现实中通用的语言，以至于它对爱奥尼亚语并未产生太大影响。上述各种方言都具有相同的语法结构，但构词水平和词汇数量因地而异。我们不妨设想一下生活在 19 世纪的格拉斯哥人、纽约人和非裔加勒比人凑在一起用英语对话的情景，古希腊各地方言之间的异同大抵与此相似。①

〔20〕

希腊的多区域性特征也同样体现在宗教上。崇拜众多神明的古代的多神教全然不同于现代的一神教（伊斯兰教、犹太教、基督教），没有谁会去费心争取神学上的正统地位。人们观念中也不存在像耶路撒冷（Jerusalem）、麦加（Mecca）或圣地亚哥·德·孔波斯特拉（Santiago de Compostela）那样的共同朝觐

---

① 有关古风时代和古典时代区域化特征，参见 C. Dougherty and L. Kurke, *The Cultures Within Greek Culture*（Cambridge：Cambridge University Press, 2003），还可参见 J. Ober, *Athenian Legacies：Essays on the Politics of Going on Together*（Princeton：Princeton University Press, 2005），虽然作者讨论的是个别城邦而非作为整体的希腊文化，但在第 69～91 页还是重点介绍了"脆弱的一致性"这一人类学概念。

圣地。总之，古希腊既不存在政治重心，也不存在宗教重心。德尔斐、奥林匹亚和提洛岛（Delos）无疑都是被普遍认可的中心，也都受到同样的尊崇。奥林匹克运动会每四年举行一次，届时各邦休战，以确保奥林匹亚免遭攻击，也能避免访客被强行阻止进入该地。在多数希腊人看来，宗教活动和宗教信仰主要是本地事务。私密仪式在家中或乡村祠堂和洞穴中举行，村社仪式在农村地区举行，而各城市会在每年若干固定时间举办重大的节庆活动。[①]

地点对希腊宗教至关重要。希腊神祇众多，形态各异，在奥林匹斯十二神（宙斯、赫拉及其神系族）之外，有乡村诸神，如居住在山林水泽的仙女宁芙（Nymph）和半人半羊的牧神潘（Pan）；有本地神灵，如缪斯女神（Muse）；有体现原始力量的地神（Earth）和女灶神赫斯提亚（Hestia）；有引自外邦的神灵，如色雷斯女神本狄斯（Bendis）和埃及女神伊西斯（Isis）；有体现抽象概念的神，如劝导女神佩托（Peitho）和胜利女神尼姬（Nike）；有英雄即被赋予神性的人，如荷马史诗中的埃阿斯（Ajax）和阿喀琉斯（Achilles）（后来又增加了一些历史人物，如亚历山大和罗马皇帝）；还有种类无限繁多且只对一些特定仪式起作用的小神，比如雅典青年男子以其名字起誓的女神阿格劳洛斯（Aglaurus）。有一点非常重要，几乎每个神都有位于某一地方的某座神庙与之相联。奥林匹斯诸神是所有希腊人共同崇拜的对象，但是添加额外的名字后便分别成为各

---

① 要了解希腊宗教，可参阅下列读物：W. Burkert, *Greek Religion*, 英文版译者 J. Raffan（Oxford：Blackwell, 1985）；J. Bremmer, *Greek Religion*（Oxford：Oxford University Press, 1994）；Price, *Religions*；D. Ogden（ed.）, *A Companion to Greek Religion*（Oxford：Blackwell, 2007）；R. Parker, *On Greek Religion*（Ithaca：Cornell University Press, 2011）。

个地区的神，例如，阿波罗（Apollo）在德尔斐被称作皮提亚（Pythian），在哈麦克斯图斯（Hamaxitus）被称作斯敏西恩（Sminthian），在提洛岛（Delos）被称作辛西亚那（Cynthian），在阿古里斐亚斯（Acraephius）被称作阿古拉斐亚（Agraphia）。有一首献给阿波罗的颂歌这样写道："我该如何咏唱您，您在歌〔21〕中的名字何其多！"这些名字有的只是和某些城镇有关，还有的则相当晦涩，即便希腊人自己也感到神秘费解。比如，宙斯在奥林匹克祭典上被称作阿坡迈尤斯（Apomyios，意为"驱蝇人"），阿波罗在雅典地区被称作吕刻俄斯（Lykeios，即"狼神"）。而 Lykeios 之名无意中经转借成为亚里士多德学园名称吕克昂（Lyceum），后来，Lyceum 一词又被法文和意大利文借用为"学校"，法文作"lycées"，意大利文作"licei"。对每一神祇的崇拜在特定地区都会有判然有别于其他地区的独特传统和礼仪，并各有独自的祭司，隶属于某一地区阿波罗神庙的祭司，即便在某种意义上侍奉的是同一位神，也不得到其他阿波罗神庙从事祭祀活动。①

奥林匹斯诸神在整个希腊语世界都是同样因地而异的。以阿尔忒弥斯（Artemis）女神为例：在邻近雅典的布劳伦（Brauron）地区，她穿着如熊，主管适婚青年女子的祭祀仪式；在安纳托利亚沿海的以弗所地区，则托名前希腊时代某位神祇，被供奉在当地最大的神庙，对其样貌的解释千奇百怪，有人认为是乳房，有人认为是禽蛋，还有人认为是公牛睾丸，等等；

---

① 诗句"我该如何咏唱您"引自 *Homeric Hymn to Apollo* 19。关于希腊诸神独一性与多重性关系的讨论，参见 H. S. Versnel, *Coping with the Gods: Wayward Readings in Greek Theology*（Leiden: Brill, 2011），40－87，亦可参见 Parker, *On Greek Religion*, 65－73。

在帕特雷（Patrae）地区，祭拜活动被称为阿尔忒弥斯节（Artemis Laphria），届时燃起巨大的火堆，包括熊崽、狼崽在内的各种野兽都会被掷入熊熊烈焰中。总之，无论在何种情况下，阿尔忒弥斯都是同一个神，但是，对应于不同地区和不同文化环境，她又是一个个全然个性化的存在。这种一致性与差异性彼此交织的状态，完美呈现古希腊宗教的多样性，而多样性又是整个希腊文化的鲜明特征。

　　整个希腊世界并不存在树立正统道德或正统精神的机制，正因为如此，在各个城邦内部，宗教机构的权力有限。但这并不意味宗教地位的边缘化，各城邦每年都要花费许多天为众神举办庆典活动（古典时代的雅典，这种节庆竟然多达一百二十天），而神庙建筑既是展现城邦荣耀的最显著标志，也是城邦特征的物质体现。希腊人竭尽所能娱神，但给予神职人员的权力却十分有限，祭司们的任务是管理献祭活动，而不是对伦理或精神问题说三道四。在希腊，男女祭司身份能够对公众讨论婚姻问题或是穷人待遇问题发挥影响力是件不可思议的事，祭司不过是社区的一个职位，并不具有精神上的号召力。那个时代 〔22〕没有正规的宗教培训，也没有修道院或神学院。有些职位由世袭而来，还有职位有任职期限，并且由城邦国家授予。神职人员可以同时担任其他职务。祭司一职不过是每位成功人士（往往也意味着拥有某些特权）都期望获得的众多城邦岗位之一。例如，剧作家索福克勒斯（Sophocles）既是英雄哈龙（the hero Halon）的祭司，可能也是医神阿斯克勒庇俄斯的祭司，同时，他还担任过雅典军事指挥官和公共财物主管，并在公元前415年至前413年担任西西里岛灾后紧急事务处理委员会官员。希腊的祭司们似乎从未结成统一联盟，各城邦都不曾存在祭司公会或祭司联合会之类的团体。①

有些学者不赞成古希腊人认为圣俗有别的观点，但看来这是明显的事实。例如，在民主制的雅典，议事会讨论内容由"圣事"、"与信使相关事宜"（即对外政策问题）和"世俗事务"三部分组成。建筑物有圣俗之分，金钱用途也同样有宗教和非宗教之分。当然，这些划分在现实中未必那么清晰，比如，设在帕特农神殿（Parthenon）内的雅典娜金库本该属于神界，但其资财有时也被用来补充雅典军需。显然，我们也同样不该以为希腊人划分圣界与俗界的标准同我们今天的标准完全一致。重要的是，希腊人公认宗教应在城邦事务中占据一席之地，并且宗教不应越界进入其他领域。这并不意味着祈祷、祭酒、献牲等宗教活动在"世俗"环境中无关紧要，只是意味着主持宗教事务的人无权裁定世俗事务。因此，把宗教说成"全面嵌入公共生活和私人生活各个领域"（有的学界尊长也持此说），似乎是一种误判。②

① 关于雅典每年 120 天的宗教节庆日，参见 L. B. Zaidman and P. S. Pantel, *Religion in the Ancient Greek City*, trans. Paul Cartledge（Cambridge：Cambridge University Press，1992），102 - 4。关于祭司，尤其是雅典祭司阶层，参见 R. Garland，"Priests and Power in Classical Athens"，in M. Beard and J. North（eds.），*Pagan Priests：Religion and Power in the Ancient World*（London：Duckworth，1990），75 - 91。索福克勒斯任职详情参见古人所著 *Life of Sophocles*，当然，人们对书中资料也存有争议，如 M. Lefkowitz 就曾提出不同看法，参见他的 *Lives of the Greek Poets*，2nd ed.（Baltimore：Johns Hopkins University Press，2012），82。

② 关于议事会日程，见 Aristotle，*Constitution of Athens*，43. 4。关于古希腊人对圣俗两界的区分，参见 W. R. Connor，"Sacred and Secular"，*Ancient Society* 19（1988）：161 - 88，该文介绍了 S. Scullion 的重要文章"'Pilgrimage' and Greek Religion：Sacred and Secular in the Pagan Polis"，in J. Elsner and I. Rutherford（eds.），*Pilgrimage in Greco-Roman and Early Christian Antiquity*（Cambridge：Cambridge University Press，2005），111 - 19。（转下页注）

　　希腊城邦生活中还有其他一些属于世俗范畴的领域，其中尤为重要的是司法，众神与法律基本无关。古希腊的司法审判从来不会被神学左右，判决书以城邦的名义而不是以神的名义下达，当事人也无须向神明祈祷。民主雅典有大量演说词保留〔23〕至今，这些书面资料大都成为我们了解早期希腊历史的依据。贡特尔·马丁（Gunther Martin）博士仔细分析了资料中的宗教内容，指出实际生活中的情况千差万别，有些人在面对神明干预和玷污时，胡乱叱骂，不知所云，也有些人［特别是著名雄辩家狄摩西尼（Demosthenes）］则以世俗的世界观沉稳应对。一份法庭辩词所含宗教意味的多寡，取决于发言者本人想以何种面目示人，与庭审场合的要求无关。①

　　希腊众神甚至在本性上就有别于他们的一神教表亲。现代一神教——犹太教、基督教和伊斯兰教——之神最典型的特征在于超然和遥不可及。基督教从创立之初就纠结于基督的超越性：神如何从人类肉身中诞出？如何能够成为此世之神？公元5世纪时，基督教自身陷入了一性论（认为基督完美融人性和神性于一身）与二性论（认为基督既具有显著的人性，也具

（接上页注②）此前有人认为"很难在公元前5世纪的希腊城邦找到任何重要的'世俗'领域"［见 L. J. Samons Ⅱ, *Empire of the Owl*: *Imperial Athenian Finance*（Stuttgart：Franz Steiner, 2000），327］，但 Scullion 纠正了这一旧识。关于宗教和世俗建筑之分见 Isocrates 7.66。关于财政问题见 Demosthenes 24.9。要想进一步了解宗教与非宗教因素在经济上的相互渗透，参见 Samons, *Empire of the Owl*。引文见 Price, *Religions of the Ancient Greeks*, 3。

① 有关古希腊司法问题的研究，特别推荐 A. Lanni, *Law and Justice in the Courts of Classical Athens*（Cambridge：Cambridge University Press, 2006）。关于发言者在庭辩中运用宗教策略的内容，参见 G. Martin, *Divine Talk*: *Religious Argumentation in Demosthenes*（Oxford：Oxford University Press, 2009），该书第205页内容涉及了对神明干预的含混态度。

有显著的神性）之争的泥淖。公元 451 年的卡尔西顿公会议
（the Council of Chalcedon）试图给出一个终结性的裁定，但许
多东方教会拒不接受，由此导致了东西方教派的分裂，其影响
至今犹在。这样的问题，希腊传统宗教从来不曾遇到。除少数
哲学家之外，希腊众神被视作完全属于此世之神，他们居住在
希腊偏僻的高山上（奥林匹斯山高达近万英尺，直到 20 世纪
初才有人登上顶峰），虽然能够一飞冲天，但是和我们依然属
于同一生态系统。除却奥林匹斯山之外，他们还居住在星罗棋
布般点缀着希腊各地风光的圣殿庙宇之中，这些大大小小的庙
堂是众神在凡世间栖身的家。此外，他们还会以人类的样貌在
凡人中现身，与凡人打斗，分享凡人的食物，甚至同凡人纵欲
交欢。

　　从小耳濡目染现代一神教观念的人，热衷于发现多神论的
缺陷。精神层面在哪儿？永恒而全能的神在哪儿？神的恩典在
哪儿？死后魂灵的观念又在哪儿？要想理解希腊宗教，就须把
[24] 这一连串疑问搁置一旁，置身于当时的条件，把宗教看作地方
认同在社会内部的一种表达。其实，即便如此，古希腊人，尤
其是古典时代以来的希腊人，也同样可以具备上述一切特质。
比如，如果想要体验与神灵交流的神秘，感知对于生命不朽的
承诺，可以参加神秘仪式，也可以成为酒神狄奥尼索斯
（Dionysus）的信徒。分布在希腊和南意大利的古代墓葬中保留
了若干刻在金箔上的酒神祭文，文中指导人们如何才能死而复
活（典型的内容是，人们被告知沿着白柏树和沼泽地之间的小
路抵达记忆之湖，在那里提示守护者他们都是神的儿女，需要
饮酒）。希望身体和灵魂都得到净化的人可以追随哲人毕达哥拉
斯（Pythagoras，公元前 570 – 前 500），过素食和隐居生活。古

典时代及其后的希腊人有充分的自由去选择过终日冥思苦想的生活，思索神，思索究竟以何种方式与神明沟通，是通过神秘仪式，还是通过某些哲学流派，抑或还有其他更私密、更独到的途径。总之，希腊人并非天生缺乏"精神"气质，只是他们的城邦宗教并不要求他们应该这样或是应该那样。①

古希腊各城邦有组织宗教的设置，但这同个人与神明的沟通无关。当然，在观看表现献祭场面的戏剧时，想必有许多参与者会产生情绪波动，甚至大悲大喜，仪式必然会使人陷入一种他者的体验。宗教体验有诸多层面，个体直接的情绪体验只是其中之一。它在现代宗教（特别是基督教新教）实践中无疑处于中心地位，但在古希腊文献中难得一见，事实上，文献内容更多的反倒是当时社会的群体性意识。宗教仪式对社会的影响被视为整体的而非个体的，这种仪式能促进城邦内部的彼此认同，也可以使人对于作为整体的希腊文化产生一种宽松的归属感。这是经由宗教语言表达出来的一种和而不同的特质，它赋予希腊文化以千姿百态。

从古风时代到古代晚期，希腊世界的历史一直是扩张与集中并举的历史。之所以说扩张，是因为希腊语言和文化在东地中海和近东大部分地区日益占据主导地位。之所以说集中，是因为继公元前 4 世纪亚历山大征服之后，各方势力争相把领土 〔25〕

① 关于神秘仪式参见 W. Burkert, *Ancient Mystery Cults* (Cambridge, MA: Harvard University Press, 1987)。关于神秘祭文，参见 F. Graf and S. I. Johnston, *Ritual Texts For the Afterlife: Orpheus and the Bacchic Gold Tablets* (London and New York: Routledge, 2007)，还可参见 G. Edmonds III, *The "Orphic" Gold Tablets and Greek Religion: Further Along the Path* (Cambridge: Cambridge University Press, 2010)。关于个人宗教的理念，参见 Versnel, *Coping with the Gods*, 119 – 37。

吞并进自己的跨境帝国，这一过程直到罗马人在公元前 1 世纪晚期无可争辩地成为地中海世界的主宰方告结束。公元前 27年，希腊成为一个独立的行省，并被冠以带有荷马诗风的名字"亚该亚"。各地并入罗马帝国的结果与今日资本全球化的结果有几分相似。从此，罗马的印记无处不在：碑刻铭文、法律制度、罗马市民、铸币军人。其中最令人注目者莫过于罗马在世皇帝被供奉进遍布于希腊各城邦的神庙，人们在这些希腊神庙中竞相向罗马皇帝歌功颂德。当然，对于这一时期的希腊传统也有截然不同的说法，比如，一些消亡已久的仪式、教派重新复活，一些古老的方言再度出现，取一个古典的名字成为一时风尚，等等。总之，来自罗马的向心力和来自各行省的离心力此消彼长，两种力量的共同作用塑造出历史上的罗马帝国。这段历史的具体内容留待后续章节讲述，目前的重点在于，伴随集权化而来的，很可能是一种单一的宗教秩序降临整个帝国。尽管对于基督教兴起的原因有多种不同的解释，但其中一点毋庸置疑，即罗马当局在公元 4 世纪开始接受基督教为官方许可宗教时，他们的目的绝不止于推广精神救赎。罗马帝国内部千差万别，有众多种族和众多语言，战争不时在多地同时发生，如何在缺少现代国家机制的条件下把这样一片庞大的疆域凝成一个整体，是他们面临的主要问题。在这种时候推行基于一神（尽管有三个位格）崇拜的单一、集中的信仰体系，想必是一种颇为诱人的选择，似乎值得赌上一把。无论一神信仰在情感层面对参与者会产生怎样的影响，在结构层面它都同时是一种政治权力的象征。在古风时代的希腊，多神体系中众多神明对应的是众多独立城邦间复杂联系的各种需要，与此相似，基督教一神信仰反映的则是罗马帝国后期各政治阶层的需要。

一神论与多神论虽然类别不同，但两者从未以任何一种纯粹的形式存在过。基督教中的三位一体教义就残存着多神崇拜的遗迹，犹太教、基督教和伊斯兰教也都让各自的天使、精灵转化成次一级的存在。反之，多神论也往往认为某一神具有至高无上的威力［这种现象被视为不排除其他神明存在的"单一主神教"（henotheism）］。然而，如果我们同意上述观点，那么，我们所谈论的就只是些趋势，而不是确切的状态，这两者显然不同。德国埃及学家扬·阿斯曼（Jan Assmann）曾谈到"不一样的摩西"（Mosaic distinction），指的是在以色列人记忆中，摩西向上帝选民昭示耶和华意志时做出了变通。按照阿斯曼的观点，古代多神论者认为众神可以在不同文化环境之间转换，这说明宗教没有外部边界。公元前两千纪，在古代近东地区的文化中已出现同质性诸神的名单，这在当时对于任何国家的外交而言，都是一种基本需要，因为双方都需确认哪些神明可以主司哪类协议。希腊人也认为，尽管祭拜众神的仪式不尽相同，但神在本质上都是一样的。希罗多德写道："亚述人（Assyrian）称女神阿芙洛狄忒（Aphrodite）为'米莉塔'（Mylitta），阿拉伯人称之为'阿里拉特'（Alilat），波斯人称之为'米卓'（Mitra）。"也就是说，同一女神，名称各异。一方面，一神教在宗教内部与外部都设置了森严的壁垒，要求人们绝对忠诚于某一个神。这种做法正如阿斯曼理论所言，既绝对，又缺乏包容其他见解的能力，由此引发的圣战，让一神论在历史上蒙羞。另一方面，多神论则因其所主张的多元化而富于包容性和变通性。虽然古代不乏类似的战争，但是没有哪一仗是以宙斯（Zeus）、巴力（Baal，古代中东地区主神——译者注）

〔26〕

或阿蒙（Amun，古埃及太阳神——译者注）之名开战的。[1]

古代无神论的历史告诉我们，阿斯曼是正确的。当然，无神论并不总能得到希腊多神教的赞同，偶尔还会被对方强行压制。但就总体而言，无神论尚能为多神教信徒容忍，因为当时人们对于宗教上是否正统不感兴趣。祭司的责任是主持仪式和管理神庙财务，不是教导人们应该信仰什么。而且，那时根本无所谓正统、天启，也不存在什么圣言。和所有社会一样，当时有许多人虽然对神的本质抱有强烈的看法，但他们所能做的只是用一浪高过一浪的喧嚣表达自己的主张而已。那个时代还不存在能够就宗教问题达成一致的社会机制，并且就整个社会而言，无论如何都不会把精力过多花费在精确定义何为神的本质这类问题上。这就意味着，无神论在古希腊大部分历史时期都并未被视为异端邪说，而只是"其他"的信仰，也可以说，[27] 它更像是人们在神的问题上有可能采取的众多姿态中的一种（虽然是较为极端的一种）。只是到基督教已产生的古代晚期，无神论才被成套的对比语句斥为正经宗教的逆子、人类文明根基的大敌。在此之前——借用阿斯曼的话，我们或许也会谈到"不一样的基督徒"（the Christian distinction）——无神论是希腊文化生活中不可或缺的部分。

---

[1] 关于古代近东和东地中海各地区之间"神的转换"现象，参见 M. Smith, *God in Translation: Deities in Cross-Cultural Discourse in the Biblical World* (Tübingen: Mohr Sie-beck, 2008)。希罗多德记载见 Herodotus 1. 131. 1。为准确了解这一观点，参见 T. Harrison, *Divinity and History: The Religion of Herodotu* (Oxford: Oxford University Press, 2000), 208 - 22。关于"不一样的摩西"以及由此引发的文化冲突，参见 J. Assmann, *Moses the Egyptian: The Memory of Egypt in Western Monotheism* (Cambridge, MA: Harvard University Press, 1998); *The Price of Monotheism* (Palo Alto, CA: Stanford University Press, 2010)。

第 2 章　经典

宗教经典是一神教追求正统性的重要原因之一。自从神以 〔28〕
书面形式启示众生以来，众生对神意的理解从此便离不开这些
固定文本。犹太教、基督教和伊斯兰教一直为如何解释各自经
典中的言辞语句争论不休，但同时，经典中的文本又被视为与
神订立的契约，因而不可擅动，是受到神启、由神授权之作。
即使是手抄本宗教著作，也是神圣不可侵犯的，不要说毁坏，
就连一丝污损也不能被容许。这种观念在古代近东地区根深蒂
固，宗教文本在当地传统认知中具有超自然的神力。在古埃
及，托特（Thoth）被看作发明文字之神。尽管书面文字广泛
应用于行政管理，但一种希腊人称为"僧侣体"（hieratic）的
字体仅限于僧侣使用。书籍在埃及被视为一种神奇的财富。例
如，哈姆韦塞特（Setne Khaemwas）传说（约成书于公元前 3
世纪）中的第一篇故事讲述了一位智慧魔法师，他通晓所有字
体的书写方法，并追逐终极魔法力量的源泉，即托特之书
（the Book of Thoth）。希伯来圣经成书的过程同样反映了人们
对于文字神奇魔力的崇拜。很早以前，希伯来文就被称为"神
圣的语言"，其字母也被赋予了超自然的神力。律法书
（Torah）经卷自古以来就被奉为崇拜对象，人们甚至认为它具
有增进健康的功效。在犹太人的观念中，书籍是神意的化身，
这种观念塑造了基督教圣经，也塑造了古兰经。由此肇始，实
物书卷便是真理终极源泉的观念延绵不绝。早在公元 530 年，

〔29〕 东罗马帝国查士丁尼（Justinian）皇帝颁布了一条法律，要求法庭在审案全程中供奉圣经。时至2013年，英国地方法官协会（Magistrates' Association）依然重申，证人在出庭时须手持圣经起誓。①

犹太教、基督教和伊斯兰教都是围绕宗教经典的思想而建构的。与此相反，在希腊人的观念中，宗教典籍具有神奇效力完全是件莫名其妙的事。事实上，正是希腊人给埃及人的文字系统取名为"象形文字"（hieroglyphic），并且用"僧侣体"这样的名字准确标识出这种字体与处在同一文字体系内的其他字体之间的差异，在这里，"僧侣"一词完全没有神圣（hieros）之意。有些与酒神崇拜相关的希腊宗教派别会引经据典［比如引用出自黑海沿岸希腊殖民城邦奥尔比亚（Olbia）的骨板文书和出自希腊本土的金箔文书］，并且把流行的符咒写在莎草纸上，或刻在金属板上。尽管如此，除去用于描述埃及或犹太文化的场合，一般情况下，希腊人不把文字的书写与神性联系在

---

① 关于哈姆韦塞特的传说，参见 G. Maspero and Hasan El-Shamy（eds.），*Popular Stories of Ancient Egypt*，（Oxford：Oxford University Press，2002），95－118。有关当时人对文字的普遍崇拜，可参见 J. Sawyer，*Sacred Languages and Sacred Texts*（London：Routledge，1999），作者把基督教对圣经的观念置于近东的背景之下。关于律法书，参见 S. Sabar，"Torah and Magic：the Torah Scroll and Its Appurtenances as Magical Objects in Traditional Jewish Culture"，*European Journal of Jewish Studies* 3（2009）：135－70。关于希伯来经典神圣化的问题，参见 S. A. Nigosian，*From Ancient Writings to Sacred Texts：The Old Testament and Apocrypha*（Baltimore：Johns Hopkins University Press）。关于查士丁尼颁布的要求庭审时必须供奉圣经的法律，参见 *Codex Justinianus* 3.1.14.1。要想更全面了解基督教经典在古代的神圣性，可参见 C. Rapp，"Holy Texts，Holy Books，Holy Scribes：Aspects of Scriptural Holiness in Late Antiquity"，in W. Klingshirn and L. Safran（eds.），*The Early Christian Book*（Washington，D. C.：Catholic University Press，2006），194－222。

一起。在希腊人看来，书写文字并不需要像埃及人那样掌握多么高明的特殊技能，也不必像在以色列那样只是少数识字精英的专属领域。无论什么人，不分男女，只要掌握了书写技能，又买得起昂贵的书写材料，就可以写字。以今天的标准来衡量，希腊人的文化水平不高，且整个古代一直是一个以口头沟通为主的社会，但是，当时的希腊似乎比世界上其他任何地区都拥有更多数量的读者和写作者。①

正因为如此，虽然希腊人拿不出称得上宗教经典的东西，但是，他们又实实在在拥有荷马（Homer）的《伊利亚特》（Iliad）和《奥德赛》（Odyssey），拥有赫西俄德的《神谱》（Theogony）。这些作品大约创作于公元前 8 世纪或前 7 世纪，那正是希腊文字破晓而出的时代。这是他们最早的诗歌，也是他们文化的基石。很难想象一个希腊人没有听过史诗中特洛伊的故事，不知道特洛伊王子帕里斯（Paris）是如何带走斯巴达王墨涅拉奥斯（Menelaus）的妻子海伦（Helen）的，而墨涅拉奥斯又是如何与其兄长阿伽门农（Agamemnon）率希腊人渡海远征特洛伊，并历经九年鏖战夺取这座城市的；或者不知道奥德修斯（Odysseus）如何在战后长途跋涉，最终得以还乡与妻子珀涅罗珀（Penelope）重新团聚的故事。故事中既有希腊人在道德和军事上对异邦人的优越感，又有远距离渡海带来的恐惧，还有对家园、家人和家乡的无比珍视，而这一切都是希腊人彼此认同的核心因素。荷马的诗歌在整个古代传播之广，堪

---

① 为更好地探讨希腊缺少宗教经典的问题，可参阅 "Sacred Texts and Canonicity" 一文，in S. I. Johnston（ed.），*Religions of the Ancient World: A Guide*（Cambridge, MA: Harvard University Press, 2004），633 - 35。W. V. Harris, *Ancient Literacy*（Cambridge, MA: Harvard University Press, 1989）一书中，慎重分析了当时有可能达到的文化水平。

比圣经在 19 世纪欧洲的普及程度。现存一批遗存至今的莎草纸

〔30〕 文书残片，据残片判断，这是唯一内容连贯的希腊化时代和罗

马时代埃及学龄儿童读本，其中的文本分别是荷马、欧里庇得

斯（Euripides）和米南德（Menander）的作品，三者在篇幅上

的比例大约为 6∶2∶1。①

　　希腊的史诗不是神学作品，或者说并不用于宗教仪式。诗

中一些情节有可能被搬上宗教节庆的舞台，但这并不证明它们

被用于特定的祭典。表演者不是祭司，而是吟唱诗人，他们是

职业歌者，因衣着光鲜、形态动人而远近闻名。这些才华固然

需要神启的灵感［就如那位与柏拉图对话的吟颂诗人伊安

（Ion）所说的］，但他们的本意是让观众战栗、激奋、得到教

益，而不是让观众感应神意。同以色列以及古代近东地区的其

他文化相比，希腊人显然是以极其世俗的方式（以一神论的视

角来观察）对待他们自己的民族文学的。

　　以上所说并不意味着诗歌内容本身与众神无关。赫西俄德

的《神谱》就是以神为主题的，讲述奥林匹斯诸神的降生和世

系，讲述他们如何在宙斯的率领下打败各路神怪，也打败了觊

---

① 人们对荷马的各种有趣探究和近期成果可以列举出许多，例如 R.
Rutherford, *Homer*（Oxford：Oxford University Press, 1996；revised Cambridge
University Press, 2013）；I. Morris and B. Powell（eds.），*A New Companion to
Homer*（Leiden：Brill, 1997）；D. Cairns（ed.），*Oxford Readings in Homer's
Iliad*（Oxford：Oxford University Press, 2001），以及 R. Fowler, *The
Cambridge Companion to Homer*（Cambridge：Cambridge University Press,
2004）。介绍古希腊文学的读物数量很多，如 T. Whitmarsh, *Ancient Greek
Literature*（Cambridge：Polity Press, 2004）。关于学校课本中的荷马作品，
可参见 T. Morgan, *Literate Education in the Hellenistic and Roman Worlds*
（Cambridge：Cambridge University Press, 1998），313，我对莎草纸学童读本
残片进行了拼合，三位作家作品的准确数量分别为：荷马 58 片，欧里庇得
斯 20 片，米南德 7 片。

觎最高统治权力的泰坦神族（Titans）。在《伊利亚特》中，交战的特洛伊人和希腊人双方都得到了神的支持，但宙斯却作壁上观，只管确保战争结局合乎命运女神的安排。《奥德赛》所刻画的神差劲了许多。在故事中，雅典娜和赫尔墨斯（Hermes）帮助奥德修斯返回家园，海神波塞冬（Poseidon）却因奥德修斯刺瞎了他的巨人儿子库克洛普斯（Cyclops）的眼睛而被激怒，从此千方百计阻挠他回乡。与此同时，宙斯已宣布，奥德修斯将为了正义而回乡，并向众多求婚者复仇。史诗无疑维护的是奥林匹斯众神的权力，有时（如在《奥德赛》中）甚至把宙斯奉为道德的守护者。倘若向古希腊人请教奥林匹斯诸神是怎样的一群神以及他们是如何管理宇宙的，答案很可能要视受访者依据哪部作品而定，是《伊利亚特》还是《奥德赛》？又或是赫西俄德的《神谱》？公元前 5 世纪的历史学家希罗多德提出："荷马和赫西俄德最早阐述了众神的起源，给神起了名字，分派了各自职守和技能，并且描述了众神的样貌。"总之，这些作品在任何意义上——当然也包含宗教意义——都是奠基之作。①

　　然而，这些诗歌，特别是《伊利亚特》的中心内容，很难让人从中得出对于众神一以贯之的看法或是道德判断。史诗开篇呈现的是一幅厮杀过后猎狗飞禽以遍地尸骸为食的场面，还有一句神秘的谶言——"宙斯的计划就要实现了"。听起来仿佛众神之王真的筹划过什么，只是旁人一无所知。古代的读者并不比今天的我们知道得更多。后世有位作家认为，宙斯因为大地上人口过分拥挤，于是计划除掉部分居民；一些现代学者 〔31〕

---

① 参见 Herodotus 2.53。

则提出，宙斯的计划是向诱拐海伦的特洛伊人实施报复（但是为什么后来交战双方都遭到重创？）；此外还有各种分析。所有的这些分析都有一个共同缺陷，即它们都假设宙斯也如基督教的上帝一般能够凭借神意操纵人类历史。《伊利亚特》的其余部分也找不到证据来说明宙斯的计划。让人惊诧的是，因支持希腊人或特洛伊人而明确分为不同阵营的伊利亚特诸神，总的说来却似乎并不在意人类的是非曲直。有时他们会对自己属意的一方表示怜悯，有时又会对"无足轻重的凡人"表示蔑视，认为"他们的人生犹如树叶，生命尚存时枝繁叶茂，暖意融融，但最终仍不免枯萎凋亡"。①

更何况，神自身行为的不检点也让人不安。在《奥德赛》中，盲诗人德摩多克斯（Demodocus）在吟唱中讲述了阿芙洛狄忒是如何与战神阿瑞斯（Ares）私通的，戴了绿帽子的丈夫赫费斯托斯（Hephaestus）又是如何设置罗网让一对偷情男女成为众神耻笑的对象。神并非总能做到无所不知或无所不能，即便宙斯也不例外。在《伊利亚特》中，赫拉（Hera）借用阿芙洛狄忒的腰带去诱惑宙斯，让他在纵享情爱后跌入梦乡，而就在这时，那些站在特洛伊一方的神趁机操纵了战争的进程。②

荷马和赫西俄德的诗歌在文化意义上可以同希伯来圣经

---

① Homer, *Iliad* 1.5; M. L. West, *Greek Epic Fragments* (Cambridge, MA: Harvard University Press, 2003) 一书中的诗歌 *Cypria* 残卷。W. Allan 认为荷马和赫西俄德的神学观一致（我看未必见得），参见他的文章 "Divine Justice and Cosmic Order in Early Greek Epic", *The Journal of Hellenic Studies* 126（2006）：1 – 35。"无足轻重的凡人"一语出自 *Iliad* 21.461 – 67。

② 阿瑞斯和阿芙洛狄忒的故事见 *Odyssey* 8.266 – 366。宙斯受骗一事见 *Iliad* 14.154 – 377。

媲美，但两者对于神的描述却截然不同。在史诗中，众神被轮番描绘成孱弱、愚笨又可笑的模样，却又拥有能够主宰宇宙的巨大威力，对现代人来说，这种笔法看似过于轻狂，其实不然。问题的重点在于，出现在史诗中的神祇履行的是一套全然不同的文化职能。在希腊人的多神信仰体系中，没人指望神明能有多么公正，多么全知全能，或者说，众神至少不必每时每刻都表现得公正又全能。宙斯当然还是会以其能力被人们祭祀，充当道德的监督者，但在总体上，众神所演绎的是我们人类生活的方方面面，在众神的身上可以看到让人类冲动的激情、提高生活品质的奇巧技能、困扰人生的种种问题，等等。例如，赫克托耳（Hector）临死前曾预言阿喀琉斯会死于"帕里斯和阿波罗"之手（见 *Iliad* 22. 359 - 360），意思并不是说他们两位想同时出手，而是说帕里斯会用自己的弓箭射杀阿喀琉斯（因为阿波罗原本就是远射神）。同样，阿芙洛狄忒有施展色诱的本领，赫尔墨斯能健步如飞，阿瑞斯能征善战，宙斯则是一派王者气象，诸如此类。这样的描写很可能使人对这群复杂神祇的印象大打折扣，其实他们的面貌因时而异，也因作品而异，在不同的叙事诗作如《伊里亚特》和《奥德赛》中，被分别塑造成不同的形象。而最重要的是，希腊人的神明全然不同于犹太教、基督教和伊斯兰教的神明，他们既没有至高无上的权力，也不是完美道德的化身，他们就置身于这个鲜活的现实世界。〔32〕

此外，若以圣经为标准去评判希腊史诗，很可能会混淆希腊诗歌在社会生活中所起的作用。《伊里亚特》和《奥德赛》讲述的都是人的故事，而非神的故事。《伊利亚特》的主人公阿喀琉斯因为对希腊统帅阿伽门农感到愤怒而退出特洛伊战争，并诅咒希腊联军战败。这种对自己人的敌意是全诗的主要危机所在。后来，只因为得知密友帕特洛克罗斯（Patroclus）死于特洛伊王子赫克托耳之手，阿喀琉斯才立即重返战场，把对阿伽门农的仇恨转移到赫克托耳身上，把他杀掉后毁尸。然而，在此过程中，阿喀琉斯逐渐意识到一个现实，即人类之死以及所有的死亡都会让至亲至爱的人陷入痛苦，于是全诗结尾出现了感人的一幕：他同敌手赫克托耳的父亲普里阿摩斯（Priam）国王都为丧失至亲而悲伤。《奥德赛》讲述奥德修斯在经历过残酷激烈的特洛伊战争后，如何历经海外漂泊的艰难险阻而返回故乡伊萨卡岛（Ithaca），又如何在那里重整文明社会、再造家庭生活的故事。这两部长诗鲜明地表达了希腊人的观念，在他们看来，能够生活在与自己密不可分的本乡本土，大家相互尊重，善待彼此，才是最好的人生。其实，无论是愤怒的阿喀琉斯还是足智多谋的奥德修斯，都算不上道德楷模，但重要的是，他们处在一个足够变通、足够开放的社会，只有这样的社会才能包容他们这些卓尔不群的异数。诗歌传达出早期希腊文化曾经面临的挑战，即如何使散布于各地的希腊城邦能够在一种松散的社会结构中作为一个整体存在下去。

但是，若以为史诗不带丝毫宗教意味，这也是种误解。吟诗〔33〕者就称自己的灵感来自宙斯与记忆女神谟涅摩绪涅（Mnemosyne，"记忆"之意）所生的缪斯女神。诗歌中的语言也并非希腊人的日常用语，诗句用词考究，雅有古意，所采用的韵律乃是具有宗教意境的六音步长短短格，这种格式有时也用于神谕。虽然荷马诗风带有神学意境，但与神启无关，它们更多的是在讲述一段发生在很久以前的波澜壮阔的历史故事，而史诗赖以形成的知识往往是处在口述文化时代的凡人所无法掌握的。缪斯女神的作用就在于确保歌者吟诵的传说真实、准确。"请告诉我吧，居住在奥林匹斯山的缪斯女神，你们是无所不在的天神，因而知晓一切，而我们除去传闻，别无所知……"①

有些古人认为，荷马史诗可以乃至本应比它现有的样子更富于宗教气息。但早期哲学家，如科洛封的色诺芬尼指出，史诗描述的群神不过是带有道德缺陷的人类自身，显现了人类的不贞以及对神的欺骗。公元前 4 世纪，柏拉图的谴责更加尖锐，在他看来（或者至少在他提到苏格拉底时是这样认为的），荷马、赫西俄德以及其他诗人是危险的谎言贩子，他们污蔑众神和英雄们行为不端，这些有害的思想会对大众，特别是青年人产生不良影响。有意思的是，柏拉图一直对赫西俄德讲述的克洛诺斯（Cronus）阉割其父乌拉诺斯（Uranus）的传说忧心忡忡，在这一点上，他非常像一个专制者，本能地把社会秩序与大家长制下的男性权力联系在一起。在道德上，多么颠覆性的思想才能产生比儿子阉割父亲的场面更骇人听闻的效果？柏拉图采纳了苏格拉底的意见，把所有这类诗人都从他虚构的理想国中清除干净。为了取代荷马史诗中的众神，柏拉图在《蒂迈欧篇》（Timaeus）中提出一个设想：由一位超凡的神明来统御从我们这个俗世中剥离出来的恒常的理想世界。于是，就因为柏拉图，众神只好变得完美，变得超凡脱俗，变得不为人类自身的堕落所玷污，一句话，变得恰恰与荷马和赫西俄德所刻画的神截然相反。②

---

① 见 Homer, *Iliad* 2. 484 – 86.

② 色诺芬尼的看法见 Xenophanes fragment 19, in D. W. Graham, *The Texts of Early Greek Philosophy*: *The Complete Fragments and Selected Testimonies of the Major Presocratics* (Cambridge: Cambridge University Press, 2010)。关于柏拉图思想参见 Plato: *Republic* 377d – 378e, 379c – 380c。

对于其他古代读者来说，史诗中的神学"缺憾"可以借由寓
[34] 言作品得到补偿。寓言家把荷马史诗中明显矛盾之处作为深入解
读文本的门径，这些文本在他们眼中是一套符号和密码的世界，
有关宇宙本质的另类真理就藏在那字里行间。如果逐字阅读，史
诗只是不那么宗教而已："如果荷马作品不含寓意，那么他毫无
虔诚之心，而那些亵渎神明的愚蠢故事正是通过他的史诗大行
其道的。"然而事实却是，毫无疑问（正因为如此，该作者才会
认为），他的诗歌寓意了一切。这种寓言式解读传统似乎在公元
前6世纪就已存在，由赫雷基乌姆的塞阿戈奈斯（Theagenes of
Rhegium）开其先河。今人对他的生平了解不多，他对《伊利亚
特》第20卷所描述的众神交战颇感困惑。塞阿戈奈斯认为，荷
马其实已隐晦地提到了一对对彼此相反的物理属性，比如干燥与
潮湿、热与冷、轻与重等。塞阿戈奈斯还把阿波罗、赫利俄斯
（Helios，太阳神）以及赫费斯托斯同火联系在一起，把海神波塞
冬和河神斯卡曼得洛斯（Scamander）同水联系在一起，把阿尔
忒弥斯同月亮联系在一起，把赫拉同空气联系在一起 [希腊文
ēra（赫拉）和 aēr（空气）是由相同字母经过不同排列重组而成
的两个词]。他还认为诸神间接体现了人类的各种特性，譬如雅
典娜表示智慧，阿瑞斯表示愚蠢，阿芙洛狄忒表示欲望，赫尔墨
斯表示理智。公元前5世纪，兰普萨库斯的迈特罗多鲁斯
（Metrodorus of Lampsacus）把荷马诗作解析成一套系统表达这
个世界的符号。塞阿戈奈斯和迈特罗多鲁斯的原作都已散佚，
但是1962年在塞萨洛尼基（Thessaloniki）附近发现了一部寓言
式作品，内容是以寓言形式评论一首基于赫西俄德的作品而创
作的神秘诗歌，诗歌已失传，寓言式评论写作时间可上溯至公
元前5世纪。这个发现十分惊人，发掘的作品被称作德尔维尼

莎草纸文书（Derveni papyrus），这批文书为我们打开一扇了解早期寓言作家巧妙实践的窗户。①

这种寓言式的方式实际上完全排除了神的因素，把荷马诗中的"众神"作为思考物质宇宙的隐匿载体。到了古代晚期，希腊人希望有一部自己的宗教经典与犹太教和基督教的圣经抗衡，于是新柏拉图主义者开始重新解读荷马的诗歌，以适应他们自己的神学理念。当沉睡的奥德修斯凭借斯克里亚人（Phaeacians）的神奇船只返回故乡伊萨卡岛时，他的财产留在一处仙女洞中，这里有两条路，一条通往神界，一条通往人间。公元 3 世纪，《驳基督徒》（Against the Christians）一书的作者，即提尔的波菲利（Porphyry of Tyre）把这段内容当作理解物质 [35]宇宙的寓言，认为其中暗藏着洞悉神意的玄机，只有哲学家方可得其门而入。故事中，奥德修斯把他的财物存放在洞穴中，然后扮作乞丐离开，于是这段故事变成了一则寓言，寓意世人需要卸去身外之物，抵御俗世的肤浅诱惑，而转向神圣的自省。

---

① 引文见 Heraclitus, *Homeric Problems* 1, 英译本见 D. Russell and D. Konstan 合译的 *Heraclitus: Homeric Problems*（Atlanta: Society of Biblical Literature, 2005）。关于赫雷基乌姆的塞阿戈奈斯，参见 H. Diels and W. Kranz, *Die Fragmente der Vorsokratiker*, vol. 1, 6th ed.（Berlin: Weidmann, 1951），8A2。关于兰普萨库斯的迈特罗多鲁斯，参见 Diogenes Laertius 2. 11。关于德尔维尼莎草纸文书，参见 G. Betegh, *The Derveni Papyrus: Cosmology, Theology and Interpretation*（Cambridge: Cam-bridge University Press, 2004）。关于古代寓言源流，参见 D. Obbink, "Early Greek Allegory", in R. Copeland and P. Struck（eds.）, *The Cambridge Companion to Allegory*（Cambridge: Cambridge University Press, 2010），15-25，该书十分有用，各章节涵盖了所有古代寓言。关于对荷马所做宗教 - 寓言式解读，请特别参见 R. Lamberton, *Homer the Theologian: Neoplatonist Allegorical Reading and the Growth of the Epic Tradition*（Berkeley: University of California Press, 1989）。关于希腊和犹太寓言，参见 M. Niehoff, *Jewish Exegesis and Homeric Scholarship in Alexandria*（Cambridge: Cambridge University Press, 2011）。

波菲利并没有把荷马诗中的群神当作年迈不堪的穷亲戚撵走，反而让他们得到了升华。在他笔下，《奥德赛》成为一部心灵寓言，一种对于柏拉图神学思想令人折服的表达，并且也是一部（虽未言明，却想必如此）足以同基督教圣经抗衡的经典。①

　　寓言的确是个合适高格调知识分子的领域。之所以如此，是因为这些知识分子并不具备解读荷马的独特权威——因为荷马史诗不是手抄本，也没有专门的祭司负责阐释其含义。荷马史诗是全体希腊人的共同财富，人人都能按照自己的心意塑造它。对于大多数听到过史诗的人来说，这些传说既和神学无关，也和正统道德无关。撇开寓言的穿凿附会不谈，仅仅从荷马史诗本身抽取出的伦理"信息"，既不抽象，也不复杂，无非是善待身边人，体恤陌生人，勿羡他人财富，勿睡不该睡之人。如果不借助于经典的类比，现代西方人很难描摹史诗诗人心中所想，但我们恰恰又必须这样做。这些作品之所以处于希腊文化的核心地位，并不是哪位神明以神力促成的结果，而是因为它们以自身的叙事能量而赢得共同珍视，因为它们借由一种耳濡目染、潜移默化的叙事，浸透到社会的每一层面。欧洲人在18世纪开始从学术角度研究荷马史诗，当时与之做类比的不是圣经，而是民间故事。这样或许更恰当，因为荷马史诗在古风时代似乎就经历过一个自下而上的传播，这一过程是由大众渴望分享故事的愿望推动的，而与外在的人为计划无关。没有证据显示当时存在任何强制推行史诗的集权制形式。当时的确有职业歌手，后来还出现了专门的史诗吟诵者，他们大概还组织过学校，但没有迹象表明这是为灌输

---

① 关于仙女洞穴见 Homer, *Odyssey* 13. 102 – 12。对波菲利的研究见 R. Lamberton, *Homer the Theologian*, 121 – 32；以及 Porphyry, *On the Cave of the Nymphs: Translation and Introductory Essay* (Barrytown, NY: Station Hill Press, 1983)。

荷马史诗而有计划实施的组织合作。他们只是像进入现代社会之 ［36］
前的欧洲说书人和民间歌手那样，聚拢在一起切磋、学习，然后
又分别游走四方，去满足各地听众需要。①

　　史诗没有受到制度化的宗教组织的干扰，这也造成了对史
诗在某种程度上的自由解读，谁都可以在史诗中找到自以为是
的真相。不管怎么说，多数希腊人都认为《伊利亚特》基本上
是信史，他们或许承认诗中的确有不少夸大其词之处，还夹杂
了超自然恩典、奇迹之类的内容，但是史诗所描写的战争确有
其事，那些个性鲜明的人物也确有其人，阿伽门农、阿喀琉斯、
海伦以及帕里斯都是绝对不容置疑的存在。然而，《奥德赛》
在人们心中却是另一番故事。这部史诗最曲折的情节当属奥德
修斯在海上的漫长漂泊、历险，在史诗第 9 ~ 12 章中，奥德修
斯把这段经历讲给阿尔基诺奥斯王（Alcinous）和他的臣下听，
多数情节依照古代史诗的标准，也算是相当 "现实"。他讲到
自己先后遭遇过巨大食人族拉斯忒吕戈涅斯（Laestrygonians）、
独眼巨人库克洛普斯、把自己的同伴变成猪猡的女巫喀耳刻
（Circe）、残忍的女妖斯库拉（Scylla），还有漩涡女怪卡律布狄
斯（Charybdis），等等。反正奥德修斯的同伴都悉数殒命于归
途中，还有谁能出面证实这些离奇经历真有其事？就算奥德修
斯以心思狡诈闻名天下（比如特洛伊的木马计就是他的主意）
也终究于事无补，"讲给阿尔基诺奥斯的故事" 还是不免成为
吹牛说谎的同义语。②

---

① 没有证据证明荷马曾登台演出，对职业史诗吟诵者的描述见 Plato, *Ion*。
② 关于歇后语 "讲给阿尔基诺奥斯的故事"，参见 Diogenianus, *Proverbs* 2.86,
　in F. G. Schneidewin and E. L. von Leutsch, *Corpus paroemiographorum
　Graecorum*, vol. 1 (Göttingen: Vandenhoeck & Ruprecht, 1839; 再版于
　Hildesheim: Olms, 1965)。

奥德修斯不值一信的人品最终也影响了后人对荷马的看法。此后，一代又一代的希腊人千方百计地诋毁荷马的叙事，有时有些人还会写上一段玩笑或一本正经的文字来取代原文。拟人化宗教的批评者色诺芬尼认为，巨人和人头马怪的神话故事均为"杜撰"。历史学家希罗多德的记载则提出，在各种传说中，有一种说法是海伦从未去过特洛伊，并称这种说法来自埃及僧侣，这些僧侣的前辈是听海伦的丈夫墨涅拉奥斯亲口传告的。另有些人认为，荷马被奥德修斯收买了，所以把他的对手帕拉墨得斯（Palamedes）从《伊利亚特》中抹去了。罗马占领时期一位演说家宣布已经证实了特洛伊城从未陷落（这种说法或可讨好自称特洛伊后裔的罗马人）。另一位作家称在克里特的一处洞穴发现了特洛伊战争时期一位目击者的日记，翻译后发现，日记对这场战争的记述与史诗有很大出〔37〕入。虽然存在以上种种说法，但都算不得亵渎。既然荷马的作品并非宗教经典，诋毁荷马史诗自然也就不会构成异端邪说。假如把荷马说成谎言家，可能会被人认为可笑、愚蠢、不值一驳、强词夺理或诡辩等，却唯独不会被看作是亵渎宗教的犯罪。①

实际上，希腊史诗的非宗教经典性质对逻辑思想的发展具

---

① 色诺芬尼观点见 Xenophanes, fragment 9. 21 – 22, in Graham, *The Texts of Early Greek Philosophy*；Herodotus 2. 113 – 20（Euripides, *Helen*, 或许还有 Stesichorus 现已散佚的 *Palinode* 对事件的描述与希罗多德不同）。古人对荷马和奥德修斯的看法参见 Philostratus, *On Heroes* 43. 12 – 16。关于特洛伊从未陷落的看法，参见 Dio Chrysostom, *Oration* 11。关于目击者日记，参见 Dictys of Crete, *Journal*。关于对荷马和赫西俄德虚构神话的指责，参见 D. Feeney, *The Gods in Epic: Poets and Critics of the Classical Tradition*（Oxford：Oxford University Press, 1991）；L. Kim, *Homer Between History and Fiction in Imperial Greek Literature*（Cambridge：Cambridge University Press, 2010）。

有重要影响。随着文化的成熟，希腊思想家开始怀疑日趋空泛的史诗创作，渴望寻找一条新的途径来探讨围绕自然主义的合理性思想而构建的世界。假如他们一直笃信经典中的真理来自神的赐予，这一切便不会发生。以米利都的赫克特斯（Hecataeus of Miletus，公元前 550 – 前 476）为例，他的著作存世极少，但在古代却被视为早期历史学家和希罗多德的先驱。他在《神系》（The Genealogies）的前言中写道，"我写下这些内容是因为我相信它们真实可靠"，并认为"希腊人传说甚多，荒唐者众"。从这些文字我们可以感受赫克特斯在当时所具有的革命性。《神系》一书重新讲述了神话中的希腊历史，对以往众说不一之处作了协调处理，并剔除了其中的超自然因素。赫克特斯强调自己具有清醒的辨别力，这或许是在提示世人：他要在一个传言者和轻信者遍地都是的世界中，发出常识和理智的声音。在另一份残存的文献中，他写道："赫西俄德说埃古普托斯（Aegyptus，希腊神话中的埃及国王——译者注）有 50 个孩子，可我认为连 20 个都不到。"在这里，赫克特斯把自己置于传统权威和大诗人的对立面，坚持使用与观察周边世界相同的可信度标准去质疑神话。的确，在公元前 5 世纪早期的米利都，没人能够生养 50 个孩子，既然如此，神话中的埃及国王又凭什么能和别人不一样？①

我们可以通过一份残存至今的奇特文本来了解赫克特斯本人及其同道的志趣。这份古代文本写作时间大约晚赫克特斯150 年，作者沿袭了赫克特斯的理性风格。我们对文本作者佩勒菲图斯（Palaephatus）知之甚少，他或许是公元前 4 世纪晚

---

① 赫克特斯遗作见 Hecataeus, author 1 fragments 1 and 19, in F. Jacoby, *Die Fragmente der griechischen Historiker* (Leiden: Brill, 1923 –)。

期从事写作的雅典人，这也不过是根据一部中世纪百科全书提供的线索作出的猜测。① 这份文本虽然存在一些棘手的学术问题，但也为我们提供了一个借助理性系统来过滤神话的绝妙例证。譬如下面这段作者对于人头马怪的议论：

〔38〕　　　　在传说中，人头马怪有着马的身躯和人类的脑袋。这样的传说竟有人信以为真，其实它根本不可能存在。马与人类的体质全无可比性，两者的食物完全不同，人的嘴巴和喉咙根本无法吞咽马料。倘若以往真的有过这种动物，那么今天不也应当依然存在吗？②

佩勒菲图斯把人头马怪的传说解释为人类最初跨上马背时的慌乱记忆。他还进一步解释说，先民们为猎杀公牛而跨上马背，所以才有 centaur（人头马怪）一名（从词源上说，centaur 是一个双关词，公牛在希腊语中为 *tauroi*）。这种解释十分晓畅且颇具创造性，属于作者的典型风格。此外，这段话也从许多方面提示人们应该如何看待过去与现在的关系。在某种程度上，自然界是世代恒常的（一种前达尔文时代的合理假设）：从过去以至于如今，无论何时，马始终都无法消化人类的食物，但人类显然已经（在佩勒菲图斯看来）在智力方面有了跨越时代的进步。在以往，人类是通过神话的象征意义来表达自己的；而今天，我们应当尊重这个世界的自然法则，并切记这些法则

---

① 佩勒菲图斯作品英译本见 J. Stern, *Palaephatus*: *On Unbelievable Tales* (Wauconda, IL: Bolchazy‑Carducci, 1996)，本书引述了其中一段译文。有关佩勒菲图斯生平的记载相当混乱，参见上书第 1～4 页。

② 引自 Palaephatus 1。

是牢不可破的 。

这是一种相当分裂的态度。佩勒菲图斯一方面拒绝神话，把它看作可以允许超自然因素存在的叙事形式；另一方面又认为神话中想必含有可以从中搭建出——套用一个烂俗的英语词语即"真理内核"（kernel of truth）的内容。这一点与现代人的做法有些相似，比如把圣经中劈开红海的故事看作反映民间对于真实海啸的记忆，又或者把亚特兰蒂斯（Atlantis）的故事看作对圣托里尼岛（Santorini）火山喷发的追忆。虽然当时的佩勒菲图斯以一个持怀疑态度的现代人自居，但他并不准备放弃过往。他的典型做法是，先讲述一段人们熟知的神话传说，然后反驳道："其实真相是……"总之，在他看来，无论隐藏得多深，神话背后最终总有真理在。①

史诗神话是希腊人的集体记忆，对它的全盘否定令人无法想象，这并不是因为它有多么神圣，而是因为它所承载的往昔界定了谁是希腊人。然而，佩勒菲图斯们同时也认为，巨大的智力鸿沟把他们同这个产生众多传说的幼稚世界区分开来，而区分的标志是对于神的态度。佩勒菲图斯本人并非全然不相信 〔39〕神，但是众神对他的世界观的影响微不足道。他的45节遗作中只有8节可资参考，在这8节中又有6节属于老生常谈，拉拉杂杂，意思不大；似乎只有两处，至少初看之下，可见他对神的存在表达了某种认可。第一处是阿克特翁（Actaeon）的神话：猎人阿克特翁因窥见女神阿尔忒弥斯沐浴而受到报复，被女神变成一头鹿，这头鹿又被他自己的猎犬撕扯、追杀。为证

---

① B. J. Sivertsen, *The Parting of the Sea: How Volcanoes, Earthquakes, and Plagues Shaped the Story of Exodus* (Princeton: Princeton University Press, 2009).

明这个故事并不可信，佩勒菲图斯指出："在我看来，阿尔忒弥斯固然可以为所欲为，但是人变成鹿或是反过来鹿变成人却是无稽之谈。"另一处是宙斯诱拐欧罗巴公主的神话：宙斯为了诱拐腓尼基公主欧罗巴而化身为一头公牛，从提尔泅水抵达克里特岛，并在那里与她完婚。佩勒菲图斯对此的解释与此前相似：公牛根本不可能如此远距离地泅渡，而宙斯也应有更好的办法把公主带到克里特岛。以上两例可以证明佩勒菲图斯认为全能之神确实存在，但这并不是解读这些神话的唯一途径。他真正想说的是，神话的意义并不在于故事本身。如果你相信有一个无所不能的宙斯，首先就该解释为什么他必须化身为公牛才能把年轻的公主带到克里特岛。全能之神是神话问题的一部分，而非问题答案的一部分。他提倡重新书写"真实"的史诗，他心中的新版史诗并没有把众神包括在内。对佩勒菲图斯而言，无论如何都必须抛弃史诗中的神明观，这是成为现代人的必由之路。①

　　事实上，宗教经典的缺失根本不是希腊人的缺陷，这种缺失促成了古典时代伟大的文化变革。正是在这个时代，神学对世界的解释一步步式微，而崭新的自然主义解读方式迎面而

---

① 阿克特翁传说见 Palaephatus 6（载于 *On Unbelievable Tales*——译者注），欧罗巴公主传说见 Palaephatus 15。佩勒菲图斯遗作最后 7 节（即第 46～52 节）中的众神形象更加严厉，但普遍认为这都是后人的附会（这种猜测很可能不错，因为这部分内容给人感觉不一样）。本章某些解释采自佩勒菲图斯对于诸神的观点；关于佩勒菲图斯观点，参见 Stern 的 *Palaephatus*, 5 和 9－10。也可参见 K. Brodersen 的文章 "'Das aber ist eine Lüge!': zur rationalistischen Mythenkritik des Palaiphatos"，载于 R. von Haeling 主编的 *Griechische Mythologie und frühes Christentum*（Darmstadt: Wissenschaftliche Gesellschaft, 2005），44－57。此外还可参阅 G. Hawes, *Rationalizing Myth in Antiquity*（Oxford: Oxford University Press, 2014），37－91。

来。共享同一种可供争辩、探索甚或重新改写的文化参照体，而不必害怕受到渎神的指控，这实在是对文化的一种巨大激励；倘若缺少这种激励，希腊传统文化恐怕才一起步就举步维艰。

第3章 与神作战

希腊人虽没有宗教经典，但他们有神话，数量庞大的神话。希腊处处都是传说，这些神话传说可以带有宗教因素，但它们与宗教活动并无本质的联系。希腊宗教是一种通过共同的祭祀仪式和分享祭品方式来呈现的社会表达。而神话却完全不同，神话是一种讲述很久以前的人、神或是半人半神的故事，它所触及的问题对社会群体具有重要意义。

神话意义何在？首先，它创造了一整套囊括全体社会成员价值观的共同传说。知道阿喀琉斯、赫拉克勒斯、美狄亚等这一系列神话故事，是希腊人之所以为希腊人的核心因素。在较小范围内，各地区也分别有自己的地域神话，如雅典地区流传着阿格劳洛斯的故事，她看到埃里克托尼乌斯（Erichthonius）长着蛇尾的真容时，吓得从雅典卫城坠落身亡。这类地方性神话对于凝聚该城邦社会成员无疑十分重要，但在城邦以外的传播范围恐怕有限。"希腊神话"——即 Greek mythology，这个英语词给这套神话系统带来一种错误印象——并非一成不变。希腊世界各区域差异很大，而且它既缺少宗教经典，又没有形成强大而集中的宗教体制，因此神话自然会以多种多样的形式在人们口头流传。和一般宗教一样，神话反映了希腊文化的多样性，比如，所有希腊人肯定都知道赫拉克勒斯，但他的故事在各地流传的具体情节并不相同。①

---

① 此处仅粗略涉及神话的社会功能，要想全面了解这一问题，可参考 E. Csapo, *Theories of Mythology* (Oxford: Blackwell, 2005)。

其次，神话可以解释万事万物何以如此这般，因为过去是理解现在的钥匙。比如说，当年的普罗米修斯（Prometheus）在一次筵席中为了骗过宙斯而用油脂覆盖牛骨，让不宜食用的部位看上去像是适宜入口的牛肉，这就是现在人类之所以在祭祀时要把难以下咽的部位供奉给神明，而其余部分（多容易的事！）留给自己享用的由来。又比如，为什么希腊世界生活着不同族群，每一族群都有自己的的方言？因为希腊人祖先赫楞（Hellen）有三个儿子，他们各自创立了不同部族，多洛斯（Dorus）创立了多利安（the Dorians），克苏托斯（Xuthus）的两个儿子各以自己的名字伊翁（Ion）和阿开俄斯（Achaeus）作为爱奥尼亚（Ionian）和亚该亚（Achaean）这两大部族的名称，埃俄罗斯（Aeolus）建立了埃俄利亚（Aeolians）。这种神话在专业术语中被称作"寻根"（etiological）神话，它是一种强势且标准的声明，以此告诉世人这世界应当以怎样的方式存在，也让世人明白我们所做一切皆有因可循！① 〔41〕

最后，希腊文化萌发之初，系统哲学尚未出现，于是神话便被用来探索与其时代息息相关的问题。有一些神话，叙事相对保守，体现的是一般道德中的可行与不可行。例如俄狄浦斯的故事，在最单纯的意义上，被用来表达预言总会应验的道理。俄狄浦斯自认为是科林斯（Corinthian）王室波吕玻斯（Polybus）和墨洛珀（Merope）的孩子，当听说自己必有一天会弑父娶母的神谕后，便离家出走且不再返回。后来他留在了底比斯城（Thebes），却并不知道这里有他的亲生父母，他动手杀死父亲并娶母亲为妻。从这个故事中，人们可以得出的结

---

①　普罗米修斯的传说见 Hesiod, *Theogony* 514－616。

论是：谁也无法逃脱神所安排的命运。索福克勒斯的剧作《俄狄浦斯王》（*Oedipus the King*）是一部结构宏大、繁复的艺术杰作，其中饱含文学典故和哲学隐喻。但是如果去除一切外在的形式，这个神话不过是讲述了一个人人都可以理解的简单道理。

在神话故事中，人们的行为和结局之间有着明确的因果关系，因此，神话非常适合用于道德教化。在《奥德赛》中，求婚者们的暴虐激怒了宙斯，于是让他们一个个惨死在奥德修斯手中。侵占他人财产也是不良行为，为神所不齿，因此，切莫贪占他人财物！复杂的故事可以容纳更多不同的角色，呈现更复杂的行为动机，还可以引出各种细枝末节，把因果关系弄得扑朔迷离。因而，复杂的故事可以对道德问题作更丰富，也更具内在冲突的探索。比如，若是读过整部《奥德赛》便可以得知，奥德修斯本人绝非正人君子，他贪婪、放纵、谎话连篇。那么，在人们的自利行为中，究竟有哪些可以得到报偿，又有哪些应该受到惩罚呢？一部《奥德赛》为人们提供了答疑解惑之道。神话成为促使人们进行伦理反思的因素。

〔42〕　　在其他方面，神话提供了探索人神之间各方面关系的机会，许多经久不衰的著名传说都可以归入这种类型，例如此前提到的普罗米修斯。在赫西俄德的记述中，宙斯为惩罚普罗米修斯用牛骨冒充牛肉的欺骗行为而扣留了本该发给人类的火种，普罗米修斯却用一根茴香杆盗回了火种，为此受到惩罚。宙斯下令用锁链把他锁在山岩上，让老鹰啄食他的肝脏。作者赫西俄德来自比奥西亚（Boeotian）乡村，是依靠土里刨食的自耕农民，因此他的故事表现出人类对自身生活缺少安全感的状况以及对神赐的依赖。而其后出现的一部雅典悲剧《被缚的普罗米

修斯》（*Prometheus Bound*），对此却有另一番解读。火在这里成为人类技术的象征，于是，这取自宙斯严密把持之下的神圣火花，把我们从穴居者提升到如今的地位，让我们成为介于兽类与神之间的存在。

这类传说即便没有引发战争，至少也会在神与人之间造成摩擦、冲突。世间的凡人脆弱不堪，他们的人生历尽磨难，转瞬即逝，而神却可以永生不朽，轻而易举地过上富足奢华的生活。虽然如此，这种差别却没有被视为永恒不变的，神的力量不断受到挑战。在赫西俄德创作的《神谱》中，奥林匹斯山受到怪物和渴望推翻宙斯统治的泰坦神族的攻击。战事以奥林匹斯诸神的胜利告终。除此之外还有许多大大小小的摩擦，以另一个泰坦神墨诺提俄斯（Menoetius）为例，"富有远见的宙斯用呛人的雷电击打墨诺提俄斯，并把他投入暗域（Erebos，也是幽冥之神），因为他竟然胆大妄为地向宙斯挑衅"。总之，宙斯的权力不断受到各路对手的威胁。①

在神话中，众神似乎总是严阵以待，因为他们面临着一个又一个危机，一场又一场战争。不仅神的权威在神话中被戏剧化，他人对这种权威的觊觎也同样被戏剧化。获得支配万物和长生不老的特权，一直是人们渴求和嫉妒的。这类故事——是讲故事，而不是阐释哲学道理——占据了希腊神学的一个重要方面。希腊的神不像耶和华、安拉以及基督教之神那样全知全能。从原则上来说，他们是能够被打败的，事实也是如此。在雅典剧作中，普罗米修斯宣称得知了一条预言，能准确预测出宙斯有那么一天会生出一个终将推翻自己这个父亲的儿子。这 〔43〕

———————

① 关于墨诺提俄斯，见 Hesiod, *Theogony* 514 – 616。

里如果换一种说法，那就是：无神论很可能以故事的形式存在于希腊神话中，一个没有神的世界也并非不可想象。奥林匹斯诸神不复存在（或者至少不复掌控宇宙，这也等同于不复存在）的可能性就内在于希腊人的故事世界中。①

现在有必要停下来反思一下神权在古代希腊的性质。那些从小受教于一神论传统的人根深蒂固地认定，"权力"意味着无所不能和永恒的统治，就如基督教赞美诗中所唱："永世不朽，无往不胜，唯有上帝英明。"这些都是一神论赋予超凡神祇的属性。但是现在看来，全能神的思想实际上绝非一种简单的概念。一般认为，对全能之神的批评可以追溯到 12 世纪阿拉伯的哲学家阿威罗伊（Averroës），其实早在罗马时代，作家老普林尼（Pliny the Elder）已提出过类似批评："甚至就连神也无法做到所有的事，因为即便他想做，也无法做到杀死他自己……"（随后老普林尼还列举出一系列神所不可能完成的事，比如让凡人永生、改变过去、两个 10 相加不等于 20 等）当然，上述批评并不多见，希腊众神一般不会遇到这样的问题。古代多神教之神乃至众神之王所拥有的权力是不一样的。宙斯的权威来自他对狂暴（bia，比亚）和力量（kratos，克雷托斯）的垄断。在雅典的舞台上，比亚和克雷托斯作为替宙斯施暴的打手，以人的形象出现。在希腊人的观念中，神力即意味着暴力，意味着打败敌人的能力。宙斯不会无谓地动用霹雳，那相当于古代的核弹，也就是说，倘若在奥林匹斯神权秩序受到质疑时启动霹雳，对手必遭灭顶之灾，且永无翻盘的机会。对希腊人

① 宙斯被推翻一事见 *Prometheus Bound* 755 – 70。同样的预言亦见于 Hesiod, *Theogony* 886 – 890。

来说，神的权威最终是由火力决定的。①

　　犹太教、基督教和伊斯兰教的神都拥有绝对权力。与他们相比，希腊众神的权力却是彼此相对、寓于各种能力之中的，其中包括击败敌手（无论在人间还是神界）的能力、平息分歧异见的能力、在战争中取胜的能力，还有其他各方面的能力。以《伊利亚特》中提到的一段奥林匹斯山怨妇故事为例：赫拉指责丈夫宙斯宠爱其他女神，不惜与他公开对抗。但是宙斯毫不妥协地回道："闭嘴坐下，听我说，不然我上前冲着你伸出这双无敌大手时，奥林匹斯所有的神都帮不上你。"于是赫拉 〔44〕 "全身恐惧，默默坐下，强按住心跳"。这是一种把自己的意志强加于他人的权力，哪怕那人是他自己尊贵的妻子，正是这样的权力让宙斯成为众神之王。②

　　这种神权上的差异自有其因由。从根本上说，希腊是一个以荣誉为本的社会，而无论是人还是神，荣誉皆来自与他人竞争中获胜。于是，竞争力便处于希腊人（尤其是男子）荣誉观的核心位置。由此可见，体育之所以能成为希腊人最历久不衰的遗产并非偶然。每一个人只有通过降低他人声望才能提高自己在公众心目中的声望。如果我要在排行榜上提升名次，就得把你压下去，这就是博弈论中的"零和博弈"模式。《伊利亚特》中赫拉对宙斯发起的挑战，就是依循这样的逻辑，即依靠打击宙斯来抬高自己的地位（作为女神的赫拉并未受到普通妇

① 参见 Pliny 的 *Natural History* 2.5.27。有关全能的悖论可参见 P. Grim, "Impossibility Arguments", in M. Martin（ed.）, *The Cambridge Companion to Atheism*（Cambridge：Cambridge University Press, 2007）, 200 – 204。关于比亚和克雷托斯见 Hesiod, *Theogony*385 – 87, 还可参见 Aeschylus, *Prometheus Bound* 1 – 87。

② *Iliad* 1.565 – 69.

女礼仪规范的束缚）。在上述事件中，她的服输无疑带来相反的
结果。宙斯以她为代价换取自己的胜利。这种自己人之间的窝
里斗并不预示着社会行将崩溃，恰恰相反，它绝对是保证希腊
社会正常运行的核心要素。要想强大，就需展示力量，为了展
示力量，就需打败敌手。①

因此，有关宇宙之战的神话不过是希腊人探索是否有可能
存在一个无神世界的凭借。希腊语中有一个专门对应"与神作
战"（battling the gods）之义的词 theomakhia，该词后来转化为
英语词 theomachy。*Theomakhia* 可以指众神之间的争斗，就像
《伊利亚特》结尾处那样，支持特洛伊的神与支持希腊人的神
相互开战。但对希腊人来说，这个词更多的是指非神类接受神
的挑战，即人神交战。欧里庇得斯的著名剧作《酒神的伴侣》
（*Bacchae*）是公元前 5 世纪雅典悲剧的典范之一。该剧讲述了
年轻的底比斯国王彭透斯（Pentheus，意为"悲伤"）作为抗神
者（*theomakhos*）的故事：来自吕底亚（Lydia，在今土耳其西
部）的酒神狄奥尼索斯前往底比斯，年轻的底比斯国王并不打
算接待他，酒神祭礼只得在远离都市的荒郊野岭举行。沉溺在
仪式中的妇女举止狂放，如醉如痴（或者，这场面至少就是该
仪式在戏剧的扭曲视角中固定的样式，其实并没有证据证明现
实中当真出现过那样的举止）。在剧中，彭透斯似乎把酒神看作
[45] 威胁自己权力的对手，因而利用一切机会拼命反对酒神崇拜，
还辱骂宗教仪式本身，认为这种仪式不过是淫乱行为的遮羞布。
国王既抵制这个新宗教的抽象观念，也抵制祭祀仪式本身，为

---

① 关于争辩与竞争对早期希腊社会的重要性，请专门参考 E. Barker, *Entering
the Agōn: Dissent and Authority in Homer, Historiography and Tragedy* （Oxford:
Oxford University Press, 2009）。

此遭到报应。当他被乔装打扮的狄奥尼索斯诱惑，前去窥探酒神女信徒时，发现她们全都陷入痴迷错乱的状态，接着，这群疯狂的女人把他也围起来施暴。最终的情景是，彭透斯的生母阿高厄（Agave）为自己赤手空拳杀死一头狮子而兴奋不已，直到她从酒神节的痴狂状态中逐渐清醒过来，才发现手中提着的竟是自己儿子的首级。这一幕场景很可能由演员头戴面具来表现。年轻的抗神者终于受到最惨烈的报复。

同所有神话一样，那些与神作战的故事可以被当作最简单的道德故事，想说的道理一目了然，那就是，千万不要与神争高下。彭透斯应该懂得怎样进行零和博弈，也明白众神为了维护自身权力而一定会对挑战者严惩不贷，以儆效尤。但是，与神作战的神话并非只涉及责任和奉献。神话不属于要求绝对服从的基督教新教文化。神话的外表之下涌动着某些相当微妙也更让人向往的心绪。这些神话的广泛传播就是在提示我们：希腊人把妒忌神明拥有的特权看作人类的天性。我们自己不也期盼有一天敢顶撞神明吗？这些故事讲给我们听的以及众神妒火中烧当作特权而拼命守护的，正是人类根深蒂固的心愿：摆脱生死羁绊，趋向神境。

有一点需要弄清：在古希腊人的观念中，人类染指神的领地并不一定意味着亵渎神明，人们反而期待一些具有超凡魅力的个人能比芸芸众生更接近神明。在《伊利亚特》中，诗人一般用"如神一般"这样的词句来描述那些光彩夺目、正值巅峰时刻的英雄。在《奥德赛》中，帮助奥德修斯渡海还乡的费阿刻斯人（Phaeacian）是艾奇希厄伊（agkhitheoi），即"接近神"的人。神话中诸多英雄在现实中也同样受到崇拜，比如自公元前 7 世纪以来，海伦和斯巴达王墨涅拉奥斯就一直在斯巴达的莫内莱恩（Menelaion）受到祭拜。英雄崇拜在古希腊不只是一种隐喻，获此殊荣者也不仅限于神话人物。在现实生活中，那些在奥林匹克运动会或其他赛事上夺冠而赢得同时代诗人品达（Pindar）赞誉的运动员，借荷马诗歌的光也受到如神一般的仰慕。人类只要能够在竞技比赛或战争中表现出色，也同样可以享受宗教礼遇。后世一些伟大人物，如亚历山大大帝就曾接受顶礼膜拜。这再一次告诉我们，千万不要被一神论模式误导，以为只存在一个距离人类世界不会太远的神。在希腊人那里，不朽并非一个绝对固定的点，而是一把滑尺。以赫拉克勒斯或是医神阿斯克勒庇俄斯为例，若要问他们是神，是英雄还是人，怕是连希腊人自己也说不清楚。①

〔46〕

同样，人类在仪式中也可以扮演神的角色。在雅典春季的"花节"（flower festival），即安塞斯特里昂节（Anthesteria）上，人们装扮成半人半羊的森林之神萨堤尔（satyr），节日期间会举办一场神秘的"圣婚"，由城邦高级行政长官夫人与酒神狄奥尼索斯交媾，酒神扮演者可以由行政长官本人担任。希罗多德讲过一段雅典前任僭主庇西特拉图（Pisistratus）的故事：庇西特拉图为了返回雅典，设计了一场计谋，他和一名假扮雅典娜的高个子妇女菲伊（Phye）一同乘战车出现在雅典街头，然后假扮的雅典娜祝福庇西特拉图复位。希罗多德对于雅典人竟然被这种把戏骗到显然十分不屑（他轻蔑地说，"他们不是号称希腊人中最聪明的一群吗！"），他误解了当时的情

---

① 历史上对战死者的祭祀仪式可参见 B. Currie, *Pindar and the Cult of Heroes* (Oxford: Oxford University Press, 2005), 89 – 119。关于对君主的神化参见 Versnel, *Coping with the Gods: Wayward Readings in Greek Theology* (Leiden: Brill, 2011), 439 – 92，还可参见本书第 10 章。

势，但这种误解又似乎不无道理。在希腊，类似这种带有角色扮演环节的仪式——庇西特拉图如同王室入城式般返回雅典的举动也的确算是一种仪式——之所以能够进行下去，靠的可不是拙劣到如此赤裸裸的骗术，而是对假扮神明行为的集体默认。这种仪式十分奇特，它能让参与者认为真的感受到了神明，哪怕明明知道这其中的所有机巧都不过是人类自己所为。（其实这种现象不仅存在于前现代，直到今天，消费者们不也是明知自己受到广告诱导，但照样兴致勃勃拜倒在名牌产品的神圣光环下。）①

　　如此看来，人类可以通过多种多样的途径获得某种神性，我们应当把人类与众神抗争的现象置于这样的语境。妒忌神的特权并非"罪恶"：早期希腊并不存在什么神授戒律可供破除，因而希腊人对何为"罪恶"的意识向来淡薄。（圣经的希腊语译者为此采用了一个极生僻的词 alitērios，用来指称这一全然陌生的外来概念。）渴求自身更加完美，追求人神可以共享的幸福生活，这是人类最自然的取向，人神交战故事探索的正是这种完全自然的人类天性。如果说人神交战有"错"，那么错不在　〔47〕触犯了天条圣典，而在于（至少在神话中）对双方实力的误判实在大得离谱。

　　与神作战还另有更深层、更抽象的寓意。按照基于荣誉的零和博弈逻辑，任何因荣誉而起的竞争都是在拿身份、地位冒险。倘若人类真的以某种方式战胜了神，神的性质就会受到各种质疑。有趣的是，《伊利亚特》中会不时出现这样的时刻，

---

① 　关于庇西特拉图一事，见 Herodotus 1.60，还可参见 W. R. Connor, "Tribes, Festivals and Processions: Civic Ceremonial and Political Manipulation in Archaic Greece"，*Journal of Hellenic Studies* 107 (1987): 40–50。

黄金一代的无畏勇士同与自己相对之神针锋相对，并前去征服他们。比如希腊勇士狄俄墨得斯（Diomedes）盛怒之下先刺伤了爱神阿芙洛狄忒，更令人瞠目的是，接下来他又刺伤了战神阿瑞斯本人。其后又有阿喀琉斯［因为母亲是海洋女神忒提斯（Thetis），所以是半神英雄］与河神斯卡曼德洛斯的对抗，当然，在见到汹涌波涛的瞬间他又后悔了。无论狄俄墨得斯还是阿喀琉斯，都没有因自己的行为而遭受严厉惩罚。这些情节的要点在于戏剧性地表现了那些近乎神一般的人物，让他们尽可能像凡人一样跨越圣俗之界而进入神的境界。但是以这样的方式抬高人类，很可能会贬低神，阿芙洛狄忒和阿瑞斯在这里就是特意用来让人类出一口怨气的。①

人神交战（theomachy）是一种借助神话传说这道媒介，以最极端的形式呈现的无神论。与神对抗意味着否定神之所以为神的威力。要想把握这样的故事思路，我们必须把目光转向创作于公元前 6 世纪的史诗《列女传》（Catalogue of Women）。这部诗作并没有完整流传下来，我们今天看到的部分是由发现于埃及的莎草纸残卷拼合而成的。所幸这一部分篇幅很长，想来，它在罗马时代一定十分畅销。光翻一翻目录会觉得这部作品并不特别引人入胜，它实际上是一部希腊人的族谱，把希腊人始祖赫楞的众多后裔依族群划分开来。书名之所以叫"列女传"，是因为全诗内容围绕因神授孕的女子展开。尽管书名乏味，但其内容实际上像是一部汇集了各种光怪陆离情节的神话故事大全，暴力与色情在书中轮番上阵。这一点无疑可以解释后世读者为什么那么热衷于得到它。

---

① 参见 Homer, *Iliad* 5. 311 – 430, 850 – 909; 21. 211 – 97。

在诗中，风神埃俄罗斯（Aeolus）家族是一个十分惹人瞩目的特殊群体，其领地在希腊北部出名的荒野之地塞萨利（Thessaly）。提到伊奥利亚人（Aeolian），总是容易让人联想到难登大雅之堂的谈吐举止。《列女传》残卷夸耀地介绍埃俄罗斯的几个儿子不愧为"王者、执掌司法大权者"，但是随后又这样列出几个儿子的名字："克瑞修斯（Cretheus）、阿塔马斯（Athamas）、心机闪烁（shimmering）的西西弗斯（Sisyphus）、无法无天的萨尔摩纽斯（Salmoneus）、狂妄自大的佩里厄瑞斯（Perieres）……"这一连串措辞让前面的夸耀成了天大的笑话。"Shimmering"一词即希腊语中的 aiolos（Aeolus 即来自 aiolos——译者注），用在这里显然语义双关，除形容西西弗斯之外，还显示出该家族祖先的名字。至此，我们可以断言，以默认的神话标准进行衡量，只有克瑞修斯和阿塔马斯没有犯什么过错，其余子嗣都是先天带有作恶基因的坏蛋。而我们对此的兴趣所在则与当下议题有关，即这些家伙各自作恶方式不同，但都殊途同归地卷入了与诸神的对抗。

在埃俄罗斯第一代子嗣中，我们首先碰到的是西西弗斯这个"心机闪烁"的家伙——科林斯城邦的缔造者。现代作家阿尔贝·加缪（Albert Camus）的作品让他在冥界受罚的故事得以在当代家喻户晓：他被判罚把一块巨石推上山，但每当接近山顶时，那块巨石都会滚落下去。那么，他到底犯了什么罪才会遭到这种惩罚？传统上对此有多种不同解释，现在已无法肯定《列女传》残卷中提到的属于哪一种，但下面的说法可能性最大：传说宙斯诱拐了河神伊索普斯（Asopus）的女儿伊琴娜（Aegina），西西弗斯却向河神透露了他女儿的下落，为此宙斯大怒，派死神去惩罚西西弗斯，死神反而被西西弗斯绑架，以

〔48〕

至于人间不再有死亡。后来，战神阿瑞斯救出死神，并把西西弗斯交到死神手中，但西西弗斯又设法逃离了冥界，并在世间继续生活了许多年。这一系列事件终于使他触怒了众神。骗过死神的奇幻故事广泛存在于世界各地的民间传说中，西西弗斯神话的与众不同之处在于，这位诡计多端的科林斯国王竟然能够得逞，且不止一次，而是两次得逞。虽然他最终还是受到了惩罚，但是我们在故事中也看到了一个通过打败死亡本身而做到近乎抹去凡人与神之间界限的人类。①

接着再看看埃俄罗斯的另一个后代阿尔库俄涅（Alcyone）。有份杂乱的莎草纸残卷这样概括写在《列女传》中的故事："启明星神厄俄斯弗洛斯（Phosphorus，意即光明使者）之子刻宇克斯（Ceyx）娶了风神埃俄罗斯之女阿尔库俄涅。两人都十分傲慢，他们夫妻彼此相爱，她……称自己的丈夫为宙斯，丈夫称她为赫拉。宙斯得知后大怒，把他们变成了一对鸟儿。"这对夫妇的名字也确实带有鸟的痕迹：Ceyx 希腊语作 *kēux*，意思是"燕鸥"，Alcyone 希腊语作 *alkuonē*，意思是"翠鸟"。我们由此得到一点重要启示，即他们都希望让自己化作神仙。后世有一部百科全书对 Ceyx 作了细节上的补充，说他"希望作为神被崇拜"。看来这对夫妻是因为想取代神成为宗教崇拜的对象而

[49]

---

① 这里采用的故事发现于 Pherecydes 的遗作，参见 *Fragmente der griechischen Historiker* 3 F 119 = schol. *Iliad* 6. 153。之所以认为它是《列女传》中的故事，是因为河神伊索普斯和其女儿伊琴娜故事的开头部分是由倾向于相信《列女传》的 Apollodorus 重写的（参见 *Library* 1. 9. 3）。同一些传说相反，这一故事版本与 Theognis 698－715 以及 Alcaeus fr. 38a 相一致，两者都有西西弗斯逃出冥界的情节，而它可能正是 Pherecydes 作品中重写故事的后半部分。在 A. Aarne and S. Thompson, *The Types of the Folk-Tale: A Classification and Bibliography*, 2nd ed. (Helsinki: Academia Scientarum Fennica, 1981) 中，欺骗死神的民间传说被归入第 332 种类型。

得罪了众神。他们通过自称为神实现了对神的否定，这种对抗神的方式也算别具一格。①

在所有家族成员中，西西弗斯和阿尔库俄涅的兄弟萨尔摩纽斯也许是最惹眼的。在这个案例中，我们有一份较完整的莎草纸文书残卷，详细介绍了《列女传》对萨尔摩纽斯劣迹的描述，后来的一些资料也能使这部分内容得到充实。下面是后世某一版本提供的故事梗概（其细节的充分足以让人确认它和《列女传》的记载是同一版本）：

　　他十分傲慢，渴望和宙斯平起平坐，却为自己的大不敬而遭到惩罚。他说他本人就是宙斯，他拿走敬神的牺牲，并命人把这些牺牲献给他自己。他把风干的兽皮装入一口口青铜大锅，用战车拖拽着，声称正在制造雷鸣，他向天空投掷燃烧的火把，声称正在制造闪电。但是宙斯却以一记霹雳回敬了他，并把他建立的城邦连同居民彻底毁灭。②

这段精彩的故事带有喜剧色彩：比起一通激昂的哲学无神论大道理，使用厨具去同雷神（Thunderer）宙斯竞争的办法更像滑稽的模仿。尽管如此，这则故事在理论上仍值得探讨。从理论的角度看，神性在这里已然降格为一系列可以轻易模仿的标志，如神的威名、神所发出的巨大声响、空中的闪电等。萨

---

① 引文见 R. Merkelbach and M. L. West, *Fragmenta Hesiodea* (Oxford: Clarendon Press, 1967), Fragment 10 (d) = *P. Michigan inv.* 1447 ii 14–19；还可参考 Apollodorus, *Library* 1.53。此外可参阅 *Etymologicum Genuinum* 中"Alcyone"条目下的内容。此处希腊文语义有些含混，他"希望作为神被崇拜"也可以理解为他"希望被视为神"。

② Apollodorus, *Library* 1.9.7.

尔摩纽斯行为的寓意在于：对神而言，没有什么比他所模仿的对象更重要，如果这些都能被人类模仿，那岂不是说只要神能够做到的事，人类也同样可以做到？萨尔摩纽斯对"宙斯品牌"的模仿在某些方面近乎后现代行为，其手法同仿造者冒用服装设计师的商标十分相似。其他古代作家在讲述萨尔摩纽斯的故事时，也的确使用"仿冒宙斯"这样精准的字眼来强调他的大逆不道。在希腊人的观念中，模仿（*mimēsis*）一词本身就〔50〕隐含伪造和欺骗的意思。那么，原始的萨尔摩纽斯神话很可能是一篇寓言，寓意人类通过仪式、戏剧、雕塑（雕塑也正是在这一时期，即公元前 6 世纪遍布于希腊全境的）等手段装扮成神的能力，很可能给自身带来危险。如果凡人通过模仿就能塑造出神，那神能有多么现实？[①]

接下来，我们可以作进一步推论。有两位聪明的学者通过观察发现，萨尔摩纽斯使用铜锅兽皮模拟雷声的方法和后人记载的雷鸣器（*bronteion*）几乎一样，这是戏剧中需要发出雷声（*brontē*）时使用的一种拟声装置。在《列女传》形成的时代，戏剧之于希腊人或许还无足轻重，目前所见最早证据属于稍晚于那个时代的公元前 6 世纪至前 5 世纪之交。戏剧一定先于严格意义上的剧场而存在，早期形式的戏剧又必定少不了拟神的剧情，因而雷鸣器被广泛使用于剧场之前，应该已在祭典中得到应用，《列女传》作者对这一装置的了解或许就是由此而来。或许还可补充一点，有证据证明当时剧场也使用一种闪电器（*keraunoskopeion*）模拟闪电效果，这种装置可能同样源于早期

---

① 关于模仿行为，参见下列文献：Diodorus of Sicily 6.6.4 – 5；Vergil, *Aeneid* 6.585 – 95；Galen, *On the Method of Healing* 14.10.18，以及 pseudo-Hyginus, *Stories* 61, 239。

祭祀活动。换言之，萨尔摩纽斯的故事绝不只是个笑话，透过故事可以看出，当时人类已开始通过雕塑、绘画和戏剧在自己的世界制造神明，这篇故事正是对这种造神文化的抽象意蕴所作的一种反思。故事所好奇的是，如果神能由制造而来，那么这世界真的有神存在吗？①

对此，《列女传》的回答十分响亮："有。"宙斯用轰鸣的霹雳重申他对狂妄自大的抗神者所拥有的权力。他以一记凡人自以为可以仿造的霹雳惩罚了萨尔摩纽斯。此事意义重大。它不仅是一次惩罚行动，也是对模仿与被模仿这两者间玄妙差异的再现，它戏剧化地强调了一个事实：闪电和投向空中的火把根本不是一回事。神话中总是出现这样的情形：遇到问题时，就以重建传统真理的方式尽可能给出一个最保守的答案。然而答案的保守并不会使问题本身变得保守。史诗承认萨尔摩纽斯需要受到惩罚，其实也就是在以讲故事的方式告诉人们，公元前 6 世纪时的主要文化焦虑来自人类制造"伪"神。

以保守的叙事方式讲一段人神交战的故事并不值得大惊小 [51]
怪。归根结底，神话的部分作用是为希腊文化的运作方式树立法则。但必须强调一点：神话所呈现的与神对抗行为只意味着神权面临危机，并不意味着对抗行为本身是犯罪。萨尔摩纽斯和他的兄弟姊妹在神话中都很"傲慢"（希腊语为 *hubristai*，英语 hubris 一词即来自此），却并不邪恶。与神作战的家伙之所以被视作傻瓜，因为他们打的是一场毫无胜算之仗，因为他们竟以为人类也能立志成神。无神论既不天生邪恶，也不天生喜欢

---

① 参见 S. Trzaskoma and R. Scott Smith，"Apollodorus 1. 9. 7: Salmoneus' Thunder Machine"，*Philologus* 149（2005）：328 – 46。有关雷鸣和闪电器的记载，见 Pollux 4. 19. 130。

与虔诚作对，但是人却具有夺取神权的冲动。

希腊神话是一种民间智慧，也是一种具有社会凝聚功能的叙事黏合剂，而不是祭司们用来教导世人该怎样信神、信什么神以及为什么必须信神之类的虚张声势的东西。它往往沉稳、正经，但有时也难免谐谑、搞怪，乃至大胆试探。总之，神话是人类最早也是最重要的故事，而不是说教。在我看来，有些神话故事还具有哲学意蕴。虽然故事中那些胆敢挑战神明的家伙最终一败涂地，神权再次得到巩固。但是同时，与神作战的故事也是种探索（虽然短暂有限），看看人类是否有可能推翻神权秩序，过上不依靠神也能自给自足的生活。这就告诉我们：无神论思想在当时文化环境下的流传，已到了值得借助神话去探索和抵制的程度。这些思想在更大的文化范畴究竟会如何表达？对此，我们只能稍作揣测。虽然我们无法得知在公元前6世纪的希腊，是否存在众多刻宇克斯、阿尔库俄涅和萨尔摩纽斯，也不知道这些观点是否仅限于精英阶层；但是，这些形象出现在通俗故事中的事实却提示我们，至少要有足够多的人懂得无神论，这种故事才能吸引人，也才好卖。

第4章 物质的宇宙

　　一般而言，希腊宗教极少言及道德和大千世界本质。以当时的观念而言，监督宇宙治理情况无疑属于众神的工作：阿波罗的任务是驾着他的太阳战车巡视天空，阿芙洛狄忒要保证自然界生生不息，宙斯负责惩治不端行为。尽管希腊宗教带有一种含蓄的宇宙秩序感（因此宗教活动才需要在特定的时间、以特定的方式举行），但它终究不鼓励对宇宙性质作随意揣测，也不大相信有什么特别的方式能描摹出宇宙的模样。以献祭为中心的群体仪式是全程只做事、不说话的活动。祭司的任务是负责把牲畜牵来、主持仪式，直至宰牲和献牲。献祭仪式可不是什么心灵体验的过程，而是一场充满感官刺激的活剧：围观者为听歌而来，为露天游行的盛大场面而来，为一睹牲畜被牵上祭坛、发出垂死的嘶嚎而来，为闻一闻动物肉体被焚烧时散发的气味而来。

　　总之，希腊人在思索世界的性质时，想到的是求助于哲学，而不是有组织的宗教。抽象思辨与祭司职能之间的截然对立，对后世产生了深远影响。希腊哲学从来没有得到过国家资助，也从来不受国家约束。各种学派却适时而起，并确立了各自的体制架构。有些学派确实逐渐变得专断起来，甚至近乎宗教般沉溺于其创始人的信条。但即便如此，他们也总是同官方保持距离，并且往往对主流信仰和实践秉持强烈的批评态度。

　　早期希腊哲学中存在过的各种主张大部分借助保存在后世作家作品中的思想片段和纲要流传至今。现代学者把这些零星

〔53〕 片段辛苦重辑在一起，让那些从小以为哲学只关乎逻辑和精妙推论的人从中看到了一系列让人吃惊的内容。人们常说的前苏格拉底学派（pre-Socratics）并不是一群行动一致的思想家，而是一个来自公元前 6 世纪至前 5 世纪、遍及整个希腊语世界且活跃时间长达 150 年的群体。但他们又确实有着一系列共同关注的问题。其中，许多人把热情投注到解释世界的物质特性上，力图用基于物质成分属性的新兴"科学"模式，来替代史诗中拟人神统治一切的传统宇宙观。这里所说"科学"必须加上醒目的引号。虽然前苏格拉底学派的推理中含有方法论和观察成分，但当时毕竟缺少显微镜和望远镜，因此，他们的论证也毫无意外地带有大量异想天开的臆断成分。例如，泰勒斯（Thales）提出，大地不是垂在空中，而是浮在海面的。应该说，这份答案对于真正科学的问题而言（比如为什么地球看上去似乎静止不动），是不科学的。前苏格拉底派的历史并不是理性主义逐渐战胜神话的历史，也不是向着有关这个世界的客观真理稳步前进的历史。这段历史告诉我们，把现实以及它与神之间的关系概念化的方式正在转变，新的问题正在产生，范式正在转换。首倡范式转换的现代学者托马斯·库恩（Thomas Kuhn）赋予这一概念的完整意义是，以往所无法获得的用来理解世界的方法，现在正一步步成为可能。[1]

---

① 要了解前苏格拉底哲学，可参见 A. A. Long, *The Cambridge Companion to Early Greek Philosophy*（Cambridge：Cambridge University Press, 1999）；J. Warren, *Presocratics*（Stocksfeld, UK：Acumen, 2007）。早期希腊哲学思想的内容片段引自 D. W. Graham, *The Texts of Early Greek Philosophy：The Complete Fragments and Selected Testimonies of the Major Presocratics*, 2 vols.（Cambridge：Cambridge University Press, 2010）。关于"范例转移"的概念参见当代学者 T. S. Kuhn, *The Structure of Scientifc Revolutions*, 3rd ed.（Chicago：Chicago University Press, 1996；1st ed. , 1962）。

哲学的兴起预示着对神的否定变得极其简单。的确，荷马和赫西俄德有关神的思想常常受到责难，遭到抵制。史诗作者逐渐被视为怀古的代表，而哲学家们则把自身定位于怀古的反面。更重要的是，前苏格拉底哲学家提出了我们生活的世界在本质上是一个物质世界的思想，反对以神话中的神解释自然现象，而把物质材料的属性作为解释依据。虽然大多数前苏格拉底哲学家都在自己建构的世界模式中给神留下了一席之地，但其意义已全然不同，神话中酷肖人类的众神和狂热的信仰都已远去，抽象的自然化身和天体秩序取而代之。有位学者认为，早期希腊哲学在很大程度上立足于某种智慧设计理论，即把各天体有序运行、四季交替轮回、生物世界有机体之间共生共荣等一切现象，视为万事万物的存在都是彼此关联、有序一致的证据，这种有序一致势必指向神的存在。而其实，这种神已经与希腊人所熟悉的任何事物都不相同。前苏格拉底哲学家谈到的神往往可以被置换成"自然"，"神"似乎常常是一种隐喻，意指所有生命的相互关联性。当然，这并不意味这些宇宙间的存在具有受人崇拜甚至能与人类互动的神性，因为有关资料从未言及祈祷、献祭、神庙或仪式。〔54〕

宇宙由物质构成的思想在当时十分强势，影响极大，最终为一种无神的现实世界的概念铺平了道路。达到这种认识程度的虽然只有极少数早期哲学家，但他们的榜样作用对无神论的发展具有重大意义。前苏格拉底学派的出现标志着从此开启了一段最终通往"自然主义"的旅程，近代无神论者所说的"自然主义"是指相信物质世界是全部现实存在的总和，相信一切存在皆来于自然，而非神创。①

在现代无神论和世俗主义的形成过程中，前苏格拉底哲学还发挥了另一重作用，即以哲学弘扬批判精神，自觉质疑各种既定价值观念。那种认为一切进步皆来自破除既往、来自拒绝和质疑的看法，并非不言而喻的事实，而是需要加以解释的。科学史家杰弗里·劳埃德（Geoffrey Lloyd）提出，批判性地取代现存模式正是哲学这一社会系统所固有的功能。他认为希腊人探索世界的动力来自古风时代竞争性社会结构，这种竞争从最初两位聪明人为赢得众人喝彩而公开辩论就已开始了。论辩者既要吸引广大听众，又必须提出些新鲜主张。在劳埃德看来——这种看法的确合情合理——早期希腊的智育文化基本上就是对公共竞争性社会环境的一种回应，为获得富有创意且易于理解的思想，这种环境会持续产生自我更新的需要。②

在劳埃德看来，解释这些思想之所以兴盛的原因离不开政治因素。他认为，即便是最具强制色彩的希腊城邦国家，也是以全然不同于埃及、伊拉克、波斯和印度社会的方式在刺激人们自由表达且鼓励发表不同观点。近年来，我们越来越看清往往夹带了"自由"的西方中心论意识形态，于是，上述政治性解释也开始变得让人生疑。有关希腊文化与古代近东地区文化

〔55〕

---

① 关于"智慧设计论"和前苏格拉底学派及其他学派的哲学，参见 D. Sedley, *Creationism and Its Critics in Antiquity* (Berkeley: University of California Press, 2007)。关于自然主义，可参阅 M. Ruse, "Naturalism and the Scientifc Method", in S. Bullivant and M. Ruse (eds.), *The Oxford Handbook of Atheism* (Oxford: Oxford University Press, 2013), 383 – 96。

② G. Lloyd, *The Revolutions of Wisdom: Studies in the Claims and Practice of Ancient Greek Science* (Berkeley: University of California Press, 1989), 83 – 103；参见 Hesiod, *Works and Days* 650 – 62。

具有本质差异的观点，并没有像以往那样被广泛接受。而且，那种只要碰到这类差异就必定以"自由"去划界的做法，让人尴尬地想到，它更像是西方人的宣传。古风时代的希腊各城邦实行多种多样的制度，但几乎无一类似于自由民主体制，暗杀、政变以及种种政治动荡如家常便饭。这样的环境不大可能由其内部产生出智育竞争。①

促使希腊人对自然界作出哲学揣测的动力，并不来自任何一种类似于现代西方国家的政治体制，而是各种因素综合的结果。其中的一个动因无疑是：人们的思想（以及与思想相关的因素）不受政府的限制，且当时社会尚无神启意识，也缺少宗教经典。正因为如此，无论是政治家还是祭司阶层，都没有对当时的思想和写作实行控制。从公元前 8 世纪开始，一场突如其来的贸易浪潮促成了大规模的经济繁荣，其结果是，在社会上占据了主动地位的是发明者和创造者，而不是祭祀阶层。没有神职人员控制的文化环境，理所当然地会有某种"自由"存在，但这和政治机制无关。

另一个主要动因来自与近东地区的文化联系，也来自他们自古以来就思索宇宙的传统。前苏格拉底哲学开始于公元前 6 世纪，但并非滥觞于希腊本土，而是滥觞于土耳其西海岸被希腊人称作爱奥尼亚的地区，距彼时 500 多年以前，希腊人就已在那里定居。这里的城邦处在多元文化环境中，不同的文化因素在这里相遇、相融。青铜时代晚期，来自安纳托利亚（Anatolia，

---

① 现代学者 Kostas Vlassopoulos 格外质疑希腊/近东差异说，参考他的 *Unthinking the Greek Polis: Ancient Greek History Beyond Eurocentrism*（Cambridge: Cambridge University Press, 2007）; *Greeks and Barbarians*（Cambridge: Cambridge University Press, 2013）。

大致相当于西土耳其）的卡里亚人（Carian）占据了爱奥尼亚沿海大部分地区。这一地区曾由赫梯帝国控制，直到公元前 12 世纪赫梯帝国解体以后，希腊人才开始正式在这里定居。尽管已经几个世纪过去了，这里依然保有古时的遗风 。比如公元前 5 世纪的历史学家希罗多德［来自哈利卡那索斯，即今土耳其的博德鲁姆（Bodrum）］就是半个卡里亚人。居鲁士大帝在公元前 540 年代把这一地区并入波斯帝国，其后，爱奥尼亚地区的文化多样性被更进一步发扬光大，人员的迁移和思想的交流在帝国永远会得到鼓励。①

〔56〕

按照传统的说法，泰勒斯是第一位希腊哲学家。他是位富商，活跃在公元前 7 世纪到前 6 世纪之交的港口城市米利都（Miletus）。从坊间逸事传说中可以看出他对物质宇宙有着浓厚的兴趣。据说，他常常心不在焉，曾因仰望星空而跌入水井。还有更恭维他的故事，说他曾预测过一次日食。人们认为几何学也是由他引入希腊语世界的。所有这些无疑是受巴比伦地区科学、数学和天文学影响的结果。巴比伦人记录天体运行的历史至少可以上溯至此前 500 年，并且在公元前 8 世纪巴比伦国王纳巴那沙（Nabonassar）在位时期，就已成为一种制度。大约在同一时期，巴比伦人开始使用闰日（我们把它沿用至今，才有 2 月 29 日），并且确认每 18 年为一月食周期。在泰勒斯生活的年代，米利都还未落入波斯人之手［波斯人征服该地区是在公元前 546 年，居鲁士打败吕底亚国王克罗伊斯（Croesus）之后］，但它地处亚洲边缘，这样的位置使它成为希腊和近东地

---

① 关于近东地区对前苏格拉底哲学的影响，参见 M. L. West, *Early Greek Philosophy and the Orient*（Oxford：Oxford University Press, 1971），这种看法并未被普遍接受，但肯定有所启发。

区思想交流的理想中介。作为商人，而且还是有着腓尼基血统的商人，泰勒斯本应广泛接触各种文化。所有迹象表明，前苏格拉底学派在爱奥尼亚时期对宇宙所作的探索，都源自希腊人对近东科学的发现。①

　　爱奥尼亚的哲学家们是一群彼此互不相干的人，但他们共同热衷于以某种物质世界的单一"本原"（arkhē）去解释自然现象。正因为如此，他们被称为"一元论者"，即 monists，这个词来自希腊文 monos，意为"单一"。泰勒斯认为这种原始的物质是水（这应该不是巧合，泰勒斯的名字 Thales 似乎来自腓尼基词 thal，指湿气或水分，或许他的绰号就是 Wetty?）。公元前 6 世纪中叶，泰勒斯有了两位米利都追随者。其中一位是阿那克西曼德（Anaximander），他提出的理论更为复杂，他认为一切来源于"无穷"（infinity，下文会解释），但同时又认为风具有特殊作用。阿那克西曼德的弟子阿那克西米尼（Anaximenes）几乎与老师同名，他把本原归于"气"（air）。让人吃惊的是，师生二人所热衷的都非超自然的解释，他们告诉世人，一切存在并不来源于神创，而是来源于物质。这批最早的哲学家的观点仅以纲要的形式保留在一些后代作家的著述中，并不系统，往往还因作家们自身目的的需要而被扭曲，因此很难断定究竟哪种"物质"在他们看来最为重要。他们认为物质至上且可以自给自足吗？他们是从"神"那里把它识别出来的吗？又或者，他们设想的物质世界本身是由一种泛神的存 〔57〕

---

① 泰勒斯落井的故事见 Plato, Theaetetus 174a，预测日食的故事见 Herodotus 1. 74. 2, Pliny, Natural History 2. 53。泰勒斯家族具有腓尼基血统的记载见 Herodotus 1. 170. 3, Diogenes Laertius 1. 22，他在埃及学习的经历见 Diogenes Laertius 1. 24, pseudo-Plutarch, Opinions 1. 3. 1, Proclus, On Euclid 65. 3 - 11。

在赋予生机，以至可以说物质就是它自己的神吗？虽然证据不足，我们不可能得到确切答案，但我们至少有可能重新建立一种与近代无神论自然主义相互兼容的彻底的唯物主义。①

我们的看法是：泰勒斯的确可能设想过一个规划并创造出宇宙的理性之神。根据后人的报告，与泰勒斯相比，阿那克西曼德和阿那克西米尼关注的是如何以物质因素去解释世界，更让人震惊的是，他们竟力图通过解析自然的方式，去解释传说中象征宙斯权力的雷电现象。阿那克西曼德认为雷电是风和云碰撞的结果，阿那克西米尼的解释大致相同。这种基于物质因素对自然现象所作的描述，反复出现在史料中。特别是阿那克西米尼，他参照太阳在天空的位置解释四季变换，认为彩虹是阳光照射到云层的结果，而地震则是雨后大地变得干涸的结果。他的每一解释都含有对神力的否定。如果依照他的解释，这世界便不再需要时序女神荷赖（Horae）和彩虹女神伊里斯（Iris），也不再需要"撼地神"波塞冬。这种基于自然因素的解释同样适用于整个宇宙。两位思想家都认为天体并不是超自然的存在。阿那克西曼德认为，大地被一圈火包围着，这圈火如幕布般遮挡了我们的视线，我们眼中的星星就是从天幕缝隙处泄漏出的火光。阿那克西米尼认为，大地一直在空中蒸发着水分，直至起火燃烧，最终分解成碎片，这些碎片就是星星。甚至人类生命的创造，也不是一个超自然的过程。阿那克西曼

---

① A. Drozdek, *Greek Philosophers as Theologians: The Divine Arkhe* (Aldershot: Ashgate, 2007) 中，从不同视角探讨了前苏格拉底学派"本原"中与神学有关的内容。还可参见 S. Broadie, "Rational Theology", in Long, *The Cambridge Companion to Early Greek Philosophy*, 205 – 24。关于泰勒斯一名与腓尼基词 *thal* 的联系，可参见 A. Feldman, "Thoughts on Thales", *Classical Journal* 41 (1945): 4 – 6。

德对现代演化生物学似有一种让人惊怵的预感，他提出原始生命起源于水，原始水生动物非常神奇地携带着其他物种从海洋登上陆地，因此人类是动物王国的迟到者。若以现代标准判断，上述理论当然有些异想天开，即便他们碰巧触及我们通过科学手段而获得的事实，也不过是偶然的运气，并非直觉使然。然而现代标准并不适用于这里，阿那克西曼德和阿那克西米尼在公元前 6 世纪条件下所做的，只是尝试着运用来自现实世界而非神话世界的解释，以新的语汇去说明这个世界。人人都认识火、岩石、空气、云和水的模样，也知道当这些因素经过不同的组合，就会形成陌生的新事物。两位思想家力图从实在可见的现实中作出推论，以此解释所有的存在。杰弗里·劳埃德认为早期希腊科学从根本上带有竞争性，这种看法似乎得到了印证：为赢得喝彩，思想家们不但需要以强烈、果断的方式否定现有观点，而且也需要求助于某种听起来可信又易于被听众理解的真理。①

　　可以肯定，无论阿那克西曼德还是阿那克西米尼，都谈到过神。阿那克西曼德把神和无穷联系在一起，无穷是一切存在的终极来源。阿那克西米尼则把气体与神并列。同以往一样，这些论断离开作者的原话便很难作出判断。他们的见解表面上看起来承认这世界上真的有神存在。然而，还有一个更具颠覆

[58]

----

① 关于泰勒斯把神设想为造物主和宇宙设计者一事，见 Graham, *The Texts of Early Greek Philosophy*, fragments 35 - 37。阿那克西曼德对雷电的解释见上书 fragments 30 - 31，阿那克西米尼的解释见 fragments 12, 27 - 28，阿那克西米尼对四季变换的解释见 fragments 30 - 31，对彩虹的解释见 fragments 32 - 33，对地震的解释见 fragments 34。阿那克西曼德对天体的解释见 fragment 20，阿那克西米尼的解释见 fragment 12。生命来自海洋的观点见 Anaximander fragments 19 - 20。

性的解释，即他们可能始终认为，通常所说的"神"实际上不过是物质世界自身的一种属性，你说"神"，而我则说空气、风，或是其他物质成分。如果没有说错，那么这种观点恰好就与我们今天所说的有神论主张相对立，也就是说，所有似乎需要加以超自然解释的一切都不需要它。这一点，就阿那克西米尼观点而言，很可能非常明显，因为"空气"的物理特性是无法否认的。但阿那克西曼德的"无穷"乍看却显得神秘有余而物性不足。然而就算如此，他的解释还是不能归入超自然范畴。阿那克西曼德可能只是想从一个个具体存在的事物中，区分出哪些是有可能毁灭的实在之物，哪些不是这样的实在之物。一位古代评论家解释说："无穷是一切现存事物的本原，因为万物的产生皆由它而来，消亡后又复归它而去。"换句话说，这一主张可能并不意味"无穷"是传统一神模式中的造物主，只是说为了理解现实，我们需要从它那里获得"神眼"的目光。既然所有个别的生命、物种，乃至大千世界都来自本原又终会回到本原，我们就不应从某一个别视角去考量它。无论个别要素的命运如何变幻，整个宇宙都将继续存在，因此，我们应当抓住的是整体宇宙内部的相互联系。总之，既然这种存在已由其自身的不朽性所精确定义，那么不妨就把它叫作"神"。但这只是对神的传统语义所作的一种隐喻性延伸，而不是对传统意义上神的存在所作的一种肯定。①

〔59〕

　　上述问题相当微妙，以目前的证据来看，无论使用哪种方

---

① 阿那克西曼德对神的解释见 Anaximander fragment 19，阿那克西米尼对神的解释见 Anaximenes fragments 36－38。引文见 Anaximander fragment 19。阿那克西曼德还认为神就等于"无数个世界"（见 fragment 41）和"数不胜数的天体"（见 fragment 42）。上述晦涩的表述无论依据的是什么，有关神性的思想都反反复复同无穷的概念联系在一起，这点无疑令人十分吃惊。

法都无法加以证明。但认真思考各种可能性还是有益的，因为从中可以看出神的概念有多么模糊，多么易变。我们正在谈论的是一个有智慧、有知觉的存在吗？也就是说，我们正谈论的，是那个具有设计、选择和造物能力的"至高神"吗？还是说，我们走向了另一极端，正在用此前提到过的、用以描述自然本身的那种更宽泛、更隐喻的方式思考神？这其中的差别对现代读者至关重要，因为它所因循的是宗教认同中一种具有重大缺陷的思路，"至高神"的基本指向是有神论，其次才是无神论或自然主义（无神论者很可能并不乐于在描述自然时贴上"神"的标签，但其潜在模式却与自然主义信念一致）。其实，早期希腊人对这些问题并没有明显争议，他们并不觉得神究竟是什么这类问题该由神学权威来提供答案，没有什么经典文献能够证明某人给神下的定义比其他人更加可信。即使米利都哲学家确实以我们提到的激进方式谈论过神，但在古代读者看来，他们也只是在为一个并不确定的概念展开争辩，并非多么了不得的渎神行为。当然，古代文献也并没有以无神论去指责他们。希腊宗教所具有的包容性给那些令今人联想到无神论的思想提供了一席之地，即便如此，米利都学派的思想仍然是革命性的，因为他们已开始从自然法则（或者至少在当时被视为自然法则）出发来描述这个世界。

　　科洛封的色诺芬尼是我们能读到其著作的第一位爱奥尼亚学者，他居住在安纳托利亚沿海米利都以北的一座古城，和阿那克西米尼大约是同时代人，主要活跃在公元前 6 世纪中叶。他对荷马和赫西俄德用拟人化笔法描述众神的做法十分不屑，认为"是荷马和赫西俄德把那些在众人面前丢尽脸面的事都推到神的头上，让众神去做些鸡鸣狗盗、荒淫无耻之事"。在他看　〔60〕

来，人们对神的错误概念来自某种投射或臆想，即推断神应该和我们人类是一样的。他写道："凡人认为神和自己一样也是父母所生，也要穿衣，也会说话，也有着和人类一样的躯体。"在另一段记载中，他尖刻地嘲笑这种幼稚的看法："假设牛、马或狮子有手，并且会像人类一样用手画画、做东西，那么马画的神就是马的模样，牛画的神就是牛的模样，这些动物还会造出和它们自己一样的身体。"接着，他又写道："非洲人说他们的神长着塌鼻梁、黑皮肤，色雷斯人（Thracian）说他们的神长着蓝眼珠、红头发。"这些内容累积起来，成为反驳荷马和赫西俄德有关拟人神思想的实例。现代认识论在解释宗教起源时认为，人类总喜欢有意用类似于人类自己的形象，去解释令人费解的对象。其实，这些现代理论家的结论早在 2500 年前就已被色诺芬尼抢先发布过了。①

色诺芬尼的讲话充满了当时那个文化新时代的自信。他能举出色雷斯人和非洲人的事例，说明他游历广泛，四海为家，对周围世界具有独到见解。史诗神话对他来说只是过时的废话，是"虚构的先民故事"。他强调，预言在传说中是神人交流的中介这一说法并不可信。同米利都哲学家们一样，他对世界的理解也来自对物质事实的观察。流传下来的他的著作片段一再显示，他对观察自然现象有多么着迷：他讨论过大地的升温、洞穴、降雨现象，还谈到过存在多个太阳系，谈到过海水里的盐分、海洋生物化石等，总之，诸如此类的内容还可以举出许

---

① 色诺芬尼观点见 Graham, *The Texts of Early Greek Philosophy* 之 Xenophanes fragments 29，31，32，33。关于宗教中的神人同形同性论，参见 S. Guthrie, *Faces in the Clouds: A New Theory of Religion*（New York: Oxford University Press, 1993）。

多。他用物理原因解释气候现象，并且格外迷恋云的作用，认为日月是燃烧着的云，闪电是云彩在移动的瞬间发出的光，彩虹现象也是由云层造成的。这种解释方式甚至还被他用来说明彗星、流星以及被称作圣艾尔摩之火（Saint Elmo's fire）的海事现象。同其他米利都学派成员一样，这里的重点不在于色诺芬尼学说在科学上有多么精准（当时能够为他所用的工具无非是一双裸眼、一个满是疑问的大脑，再加一颗穷究云层奥秘的执着之心），而在于他把自己置于当时主流认识的对立面。他渴望说明闪电和彩虹生成的道理，这似乎再次挖了宙斯和爱丽丝 〔61〕神话传说的墙脚。①

色诺芬尼在某种程度上是位自然主义者，反对依据神话这一传统方式去解释万事万物的道理。他相信世界是由物质要素构成的，许多奇异现象源于自然，而非超自然因素使然。但是同阿那克西曼德和阿那克西米尼一样，他也谈到过神，更确切地说，是谈到过"在众神与凡人之中最伟大的一个神，在肉体和精神上全然不同于凡人的神"。这个神在色诺芬尼学说体系中是最重要的因素。他处在某个地方，始终静止不动并且恒常不变，距离我们所知世界相当遥远，他不生、不灭，通过自身的精神力量引起其他物体运动。换言之，这是一个引发万物盛衰、星际运行的神，是驱动宇宙的根本。在我们看来，这唯一的神就是自然本身。但在此处，这个神可不只是一种隐喻，他能思

① 视史诗神话为虚构故事的观点见 fragment 9.21－22。对预言的看法见 fragments 43，44，关于大地升温的看法见 fragment 56，关于洞穴见 fragment 57，关于降雨见 fragment 53，关于太阳系、盐分和海洋生物化石见 fragment 59，关于日月是燃烧的云见 fragments 60，67，闪电生成原因见 fragment 71，彩虹生成原因见 fragment 72，关于彗星、流星和陨石见 fragment 70，关于圣艾尔摩之火见 fragment 73。

考，有意图，有愿望。这时，那个至高神又卷土重来了（如果他确曾离开过）。①

色诺芬尼怎么说都算不得无神论者。他没有否认神的存在，只是从根本上重新定义了神，把神从神人同形同性的预设框架中移出，从而使之成为对生命和运动的另一种解说，成为狄兰·托马斯（Dylan Thomas）所说的那个能够"以绿色导火索催开似锦繁花的驱动力"。那个唯一神甚至在"精神"上也全然不同于拟人神，当色诺芬尼宣布神以其精神驱使万物运动时，就在明白无误地告诉世人，这是一种与人类全然不同的精神。色诺芬尼把众神请出奥林匹斯山，然后把他们植入每一条鲜活的生命，植入科学和物质中。但是若从另一角度看，这又是对传统希腊宗教最致命的一击，传统希腊宗教是狂热膜拜众多神庙（众神之家）和神像的宗教，人们如何能做到只崇拜那个唯一神？又该用什么仪式去崇拜他？那个"唯一神"也像传统天神一样永远不朽且权倾天下，但是，假如他不能为人所知，又不属于我们这个世界，那么，在其本体尚无可靠定义的情况下，"神"这个字眼不过是放在表达概念位置上的符号。就算我们把"唯一神"置换成"自然"，色诺芬尼对这个世界的描述又能缺少些什么？

〔62〕 在公元前 5 世纪早期，哲学思想的中心向西转移到南部意大利和位于今奇伦托（Cilento）地区的埃利亚（Elea），这是一处建立较晚的殖民城邦。正是在这里，巴门尼德（Parmenides）

---

① 关于色诺芬尼的唯一神见 fragment 35，关于唯一神静止不动恒常不变见 fragments 38，42，唯一神不生不灭见 fragments 41，42，唯一神通过自己的精神引发其他物体运动见 fragment 37。关于色诺芬尼在一神论和多神论之间摇摆不定的问题，参见 Versnel, *Coping with the Gods: Wayward Readings in Greek Theology* (Leiden: Brill, 2011), 244 – 68。

教导世人，感觉的证据并不可靠，真理之道只向理性开放。芝诺（Zeno）作为他的后继者（依传统还包括爱戴者）之一，提出了否认运动可能性的悖论。其内容大抵如下：如果要从 a 点到 b 点，必须先走到全程二分之一处的 c 点，但是到达 c 点之前又必须先到达 a 点至 c 点之间二分之一处的 d 点，到达 d 点之前又必须先到达 a 点至 d 点之间二分之一处的 e 点……如此不断分割这段距离的结果是无限倒退。芝诺以此说明，一切运动在逻辑上都是不可能的，运动时我们所体验到的一切都只是其表象，而真实必定是恒常不变的。爱奥尼亚的哲学家们坚持依据对物质世界自然现象的观察以及由此作出的推论来解释一切存在，而埃利亚学派在某种程度上是对上述主张的一种回应。在他们看来，观察是一种误导，只有理性的思辨才能抵达真理。这种把物质宇宙同抽象的理性世界区分开来的思想，对哲学的发展具有深远影响，为各种强大的有神论理论反复出现提供了空间。物质世界和感觉被贬低，理性被神化。巴门尼德把他发现现实世界真理的过程，想象成一段神秘旅程，"一路上神的话语不时响起，随处点化，那是引领慧心的凡人径直穿越万物之神"。于是，一条等级界限从此就这样横亘在精神和肉体、理性和感觉、神圣真理与凡人体验之间。后来，这条等级线为柏拉图所用，并且最终成就了早期基督教的发展。翻开任何一部福音书，都可以读到布道者约翰（John）那段最著名的卷首语："太初有道，道与神同在，道就是神。"这个"道"是逻各斯（logos），也可译作"理性"。这位布道者就是精神上的巴门尼德。①

---

① 芝诺学说的内容见 Graham, *The Texts of Early Greek Philosophy* 之 Zeno fragment 15。

尽管如此，唯物主义并没有消亡。公元前 5 世纪，哲学重心再次转移，这次移向了雅典。公元前 5 世纪中叶的雅典，凭借其对海洋的控制，已成为地中海地区最大且最富庶的城市，[63] 同时也是醉心于言辞表达的城市。在民主政体之下，发明创新、说服他人的口才和理性的推论都被视为最有价值的能力。结果，雅典吸引了来自希腊语世界各地的智者贤才。他们希望在这里靠着为有钱人及其子弟教书挣一份报酬，也希望融入这座以善于接受新思想为荣（至少在原则上）的城市。

萨摩斯岛的希博（Hippo of Samos）就是这样一个人物。萨摩斯是爱奥尼亚沿海附近的一座小岛，希博在很大程度上承袭了泰勒斯、阿那克西曼德和阿那克西米尼等人的学术传统，他们的思想在公元前 6 世纪的米利都一带曾盛极一时。希博和泰勒斯一样，认为水是单一的物质本原，现实的一切皆由它而来。但接下来，他又向前推进了一步，提出灵魂也是全然肉体的，灵魂不过是大脑而已。这是相当极端的一步。相信生物有灵魂的思想在希腊出现得较晚（荷马和赫西俄德都没有这类观念），它的兴起似乎同应许来世的俄耳甫斯（Orpheus）神秘教派有关，公元前 6 世纪以后才逐渐从色雷斯（Thrace）传播到其他地区。特别是，酒神狄奥尼索斯也逐渐同死后部分人体仍将继续存在的观念联系在一起。这种观念似乎正是从各种仪式逐渐渗透到哲学中的。毕达哥拉斯（Pythagoras，同希博一样来自萨摩斯岛）的追随者不仅相信灵魂不灭，而且相信这些灵魂会脱胎于其他人或动物而转世重生，为此，他们实行严格的素食制度。毕达哥拉斯本人称他记得自己的前世是特洛伊人，名叫欧福耳玻斯（Euphorbus），曾参加过特洛伊战争。由此可知，对希博来说，灵魂与大脑相关联是对上述观念的直接攻击。他很可能也否认过神的存在。有关他的证据往往同前苏格拉底学派成员混在一起，十分简陋，而且资料中的希博甚至连多数人都不如。现在我们所知道的是，希博在世人眼中是位无神论者，他甚至有可能是希腊历史上获此声名的第一人。①

　　下面两项证据表明，希博是现代意义上的无神论者。首先，写作年代晚于希博一百多年的亚里士多德（Aristotle）批评他的唯物主义有些过头，认为他似乎看不见物质以外的任何因素对世界所起的作用。这种评价无疑表明他并不信神。第二项证据较为微妙，来自他为自己撰写的墓志铭，我们刚好能看到其内　〔64〕容：

　　　　这是希博之墓，命运让他在死后与不朽之神平等。

　　我把这段话按传统方式译出，其意义无非是自负地指出，希博生前的成就让他在死后获得不朽的声誉。但是对碑文也有另一种解释，迈克尔·亨德里（Michael Hendry）认为，希博在

_____

①　有证据表明希博是南意大利人，他有可能是从萨摩斯某地移居南意大利的（其间多次在两地间往返）。雅典喜剧诗人克拉提努斯（Cratinus）一首滑稽诗证明他在雅典的活动，参见 H. Diels and W. Kranz, *Die Fragmente der Vorsokratiker*, vol. 1, 6th ed.（Berlin: Weidmann, 1951），385 – 87 之 Hippo *testimonium* 2。关于灵魂就是大脑的看法见 testimonium 3。视希博为"无神论者"见 testimonia 4，8。更多内容参见 S. Shapiro, "Hippon the Atheist: The Surprisingly Intelligent Views of Hippon of Samos", *Journal of Ancient Civilizations* 14（1999）: 111 – 23。关于荷马和赫西俄德没有灵魂观念的看法，参见 J. – P. Vernant, "Psuche: Simulacrum of the Body or Image of the Divine?", in F. I. Zeitlin（ed.）, *Mortals and Immortals: Collected Essays*（Princeton: Princeton University Press, 1991），186 – 94。关于神秘教派问题，参见 W. Burkert, *Ancient Mystery Cults*（Cambridge, MA: Harvard University Press, 1987）。

这里还想暗示人们，众神本身已不复存在。形容词"不朽"本该用于具有强烈讽刺意味的语境，而命运在剥夺了希博的生命之后，让他"与不朽之神平等"——在他和神同样已死亡的意义上，两者的确平等了。希博甚至很可能就是在宣告，众神已被他的唯物主义绞杀。这使他成为最卓越的抗神者（theomakhos par excellence），成为向众神开战并最终获胜的凡人。①

阿那克萨戈拉（Anaxagoras）是又一位极富创见的爱奥尼亚哲学家，他出生在克拉佐美尼［Clazomenae，临近今土耳其伊兹密尔镇（Izmir）］，于公元前430年代来到雅典。巴门尼德把感知的物质世界与意会的理性世界区分开来，阿那克萨戈拉则成功地把爱奥尼亚的唯物论与巴门尼德所作的区分调和在一起。他所主张的现实实在是由各种物质成分构成的，这些成分以不同的方式混合在一起，就可以生成不同物质。所有生命都合乎自然地起源于原始的种子。他与米利都学派前辈一样极其关注自然，从物理角度解释雷电、地震、彗星、洪水、冰雹等现象。但他也提出了某种"精神"的东西，希腊语称为"奴斯"（nous）。奴斯全然不同于物质世界，它纯粹、恒常、无限，潜在地推动着星辰的运行，每一个生命的存在都是这个宇宙奴斯的一部分。阿那克萨戈拉力图以这样的方式去调适巴门尼德的宇宙抽象理性，同时又无须否定物质世界的实在性。②

那么，阿那克萨戈拉是无神论者吗？这是个在任何时代都

---

① 参见 Diels and Kranz, *Die Fragmente der Vorsokratiker* 之 Hippo fragment 2。迈克尔·亨德里的观点可参见网页 http：//www. curculio. org/loci/november. pdf（accessed April 2014）。

② 关于阿那克萨戈拉所说的精神或奴斯，见 Graham, *The Texts of Early Greek Philosophy* 之 fragments 30‐34，笔者采用的是经 Sedley 复原的阿那克萨戈拉思想，参见 Sedley, *Creationism*, 1‐30。

不会过时的问题。公元前 430 年代晚期，他因否认天体具有神性（这一点无疑是他所为）而受到"大不敬"（impiety）的指控。这或许是历史上第一次有人因个人宗教信仰问题而受到指控。虽然他最终逃过一劫，但一直没有摆脱思想邪恶的骂名，〔65〕苏格拉底（Socrates）在受审时就不得不提醒陪审团，不要把他与阿那克萨戈拉混为一谈。一方面，阿那克萨戈拉的观点与某种形式的有神论主张明显具有相通之处，他的宇宙"精神"与色诺芬尼的"唯一神"处在同一层面，十分相似，它孤高、自负、无所不能，它完全不同于具体的物质要素。另一方面，我们知道，驱动星辰和一切天体有序运行的正是精神，为有机体注入生命的还是精神。实际上，这一切都像是造物主刻意而为。然而，就我们所知，阿那克萨戈拉又从未承认过他所说的精神或奴斯等同于神。他的沉默有些意味深长，可以肯定的是，假如他真的希望他的"奴斯"等同于"神"，他会明白无误表达出来。但事实却是，他似乎在回避"奴斯"究竟是什么的问题。难道是故意回避？对此，柏拉图断定，只要谈到宇宙智慧，阿那克萨戈拉总会用各种物质因素去解释宇宙存在的方式。柏拉图的批评一语中的。最终，我们碰到了面对色诺芬尼时同样的问题，即如何通过字面寓意去探究那些形而上的问题。我们是否认为精神或奴斯真是宇宙的属性，真的具有如神一般的设计和创造力？可以肯定的是，有时阿那克萨戈拉谈到它时的确把它作为一种起终极作用的因素，例如，当谈到它从置于运动状态的万物分离出各种要素时，就是把它作为一切存在的源起。在这里，精神或奴斯的作用就像是《圣经·创世纪》中的耶和华或是《古兰经》中的安拉。但是在现已散佚的原始文献中，关于造物的说法很可能只是一种形象化的比喻，意思是宇宙就如当下所见，是有一定结构和秩序的。或许，他只是想说明，关于物质宇宙存在的方式存在着一种条理清晰、自成一体的解释，且这个答案一定能为人类探索精神所揭示。①

对于前苏格拉底哲学家（埃利亚学派除外）来说，典型意义的"神"并不是一般宗教中的神，而是一种以无形力量把物质世界联结在一起的纽带，也是一切仅凭观察和知觉无法解释的现象的总和。现代神学家引"缝隙之神"（the god of the gaps）为证，按照这种理论，因为世间并非每件事都能用科学加以解释，所以才有人认为应该信仰神明。表面上看，缝隙之神与前苏格拉底学派的神有相似之处，其实两者完全不同。它在科学无能为力之处也是无所作为的，这一点十分重要，毋宁说，这才是合乎科学本质的概念。它把一个个对于物质世界的孤立体验归纳、综合在一起，使之形成一种内在一致、理性且可以预见的结构。从现代的角度看，这正是前苏格拉底学派的神经常滑向隐喻的原因：那原本就不是真正的神。这或许也可以解释阿那克萨戈拉为什么弃用"神"而选择了"精神"或"奴斯"，因为这样的方式才能更好地表达出具有系统知识且明白晓畅的世界观。

[66]

当然，也有部分前苏格拉底学派唯物论者选择了一条全然不同的道路。生于公元前 460 年的德谟克利特（Democritus）就是其中的一员，他的家乡是色雷斯地区的阿布德拉（Abdera）城，此地恰巧是被来自阿那克萨戈拉故乡的克拉佐美尼的殖民

---

① 关于阿那克萨戈拉的无神论者名声，参见 Plato, *Apology of Socrates* 26c – d。有关他受到控告的更多情节参见本书第 8 章。柏拉图对他的批评见 *Phaedo* 98c，以及 Sedley 的 *Creationism*, 87。关于作为造物主的精神，见 fragment 33。

者发现的。与大多数同时代人不同的是，德谟克利特在雅典生活时间很短（据他自己说"我到雅典去，那里没人认识我"）。据说原子论就是他和他的导师留基伯（Leucippus）提出的，这种理论认为，现实世界中最小的元素是一种极其微小的、毁灭不掉和看不见的物质微粒，希腊语称它为原子（*atomos*）。德谟克利特认为，宇宙在本质上是由原子和虚空（void）组成的，自然界一切实质性变化（诸如尸骸腐朽或水转化为蒸汽等）只不过是组成这些物质的原子群在结构上的重新排列组合。①

原子具有某些属性，它们在震动中彼此碰撞，引发运动，它们大小不一，形状各异，这些特质决定了它们在虚空中运动的方式。原子以可预见方式运动的习性，在一定程度上解释了宇宙井然有序的原因：例如，天体之所以会以可预见的方式运行，是因为以这种方式运动正是具有这类原子结构的天体自身属性使然。然而接下来，倘若不诉诸宇宙背后的智能设计，我们又该如何说明有机生命的一切似乎都安排得如此完美这样一个事实？这时，德谟克利特借助于存在无数个世界这一假设回应了这一挑战。按照他的解释，在这无数世界中，有些无法维系生命的存在，有些却能够维系不同层次的生命形式。换言之，我们的世界之所以如此这般，并非宇宙总体设计的结果，而是偶然的运气使然。德谟克利特是第一位提出"机遇"或运气（*tykhē*）具有关键作用的哲学家。

听起来似乎难以置信，我们这个复杂共生的生命支撑系统竟然只是碰巧撞上好运的结果。比如，一些现代有神论者在宇 [67]

---

① 关于德谟克利特在雅典的情况，参见 Graham, *The Texts of Early Greek Philosophy* 之 Leucippus and Democritus fragment 4。

宙性质问题上对设计论十分感兴趣，他们热衷于指出，如果宇宙系统恰好处在维持生存条件的状态下，大爆炸发生的概率便趋近于无穷小，"假设大爆炸最初爆发时强度不同，小到只有 10^{60} 分之一，这时宇宙要么迅速坍缩，要么迅疾膨胀，其速度快到星体来不及形成"。对于上述主张，从德谟克利特理论的角度是可以给予答复的。首先，德谟克利特提出的无数个"世界"可以用来指行星，从现有证据来看，目前其他星球都不足以维持生命，原本以承载生命为主要目地而创造万物的神，为什么却设计出这么一个广阔无比却不容生命存在的空间？其次，我们或许有能力依据现有知识构想出多种可供选择的宇宙。但问题在于，我们所设想的宇宙就一定是那最有可能给生命以保障的宇宙吗？全能的造物主难道就不能把地球造得更大一点，免得它过度拥挤？又或者，难道就不能在地球旁边造出一颗行星，用来接纳地球上的移民？如果事情真如德谟克利特所说，宇宙数量无穷无尽，那么，接下来便应该有若干个想必更适宜维系生命（并且可能存在着优于我们这些碳基生物的另一些生灵）的行星存在。德谟克利特以上两种与设计论相悖的观点都揭示出，基于设计论的有神论主张存在严重缺陷，这种有神论总是假设有一个由完美的神所设计的宇宙，其本身必定是完美无缺的。但可惜的是，我们无法检验我们这个世界是否就是最好的那一个，也就是说，我们无法再现宇宙形成的过程，无法用各种可变参数去查验是否有可能出现其他更好的生命生成的模式。[①]

---

① 关于存在多个世界和不同层次生命形式的问题，参见 Graham, *The Texts of Early Greek Philosophy* 之 fragment 53。关于大爆炸问题，参见 W. J. Wood, *God* (Durham, UK: Acumen, 2011) 第 21 页所引 R. Collins 的观点。

　　德谟克利特的唯物宇宙观虽然没有给超自然力量的存在留下明显余地，不过他仍然提到过灵魂和神。他认为，灵魂等同于由原子构成的精神。换句话说，灵魂即是我们所说的意识。他推断人一旦死亡，灵魂也随之消散（他那些伊壁鸠鲁派的追随者们也持同样看法）。他对神的看法则较为复杂。一方面他认为，传统宗教的神祇之所以会产生，是因为以往时代人们天真地误以为雷电、日食、月食这类自然现象之所以会发生，是神在展示自己的威力。他甚至认为人们有可能在睡梦中见到神，因为恶魔的影像（*eidōla*，指幻影或幽灵）就弥散在空气中，贯穿于我们的身体中。他明确感到需要用物理和唯物的话语去解释为什么有些人说自己在梦中与神邂逅。而这一切对他的思想体系来说只是附带的，原子和虚空学说已足够解释这世界是怎样运行的。在德谟克利特的物质世界里，众神只是寄居一时的过客，而不是主人。① 〔68〕

---

① 　关于灵魂也是由物质构成的思想，参见 Graham, *The Texts of Early Greek Philosophy* 之 fragments 113 - 15。关于神产生于对自然现象的错觉，参见 fragment 183。关于神是一种夜间幻象，参见 fragment 186 - 88。

第二部分

古典时代的希腊：
无神论及其所受压制

〔71〕　　公元前 5 世纪到前 4 世纪期间被称为希腊历史的"古典时代"，民主制的雅典以自己迷人的形象把"古典"这一美名赋予了一个时代。在这一时期，雅典成为地中海地区最大的城市，无处不在的完美建筑把它装点得光彩夺目，它在戏剧、雄辩术、历史、哲学等诸多方面均大有建树，这一切成就了它无比卓越的文化地位。虽然所有希腊城邦都建基于包罗万象的公民思想之上，但民主体制本身出现得较晚。公元前 6 世纪晚期，雅典推翻了最后一任僭主希庇亚斯（Hippias），由此造成的权力真空毫无悬念地在雅典精英中引发了夺权之战。

　　克里斯提尼（Cleisthenes）是卷入纷争的贵族之一，他争取到了广泛支持，因而胜出。此后，他彻底改组雅典社会，把由全体成年男性自由民构成的雅典公民划分成 10 个氏族和 139 个"德谟"（demes）或社区单位，每一单位实行地方自治。这是一个为防止这个或那个集团专权而设计的民主制度，它相应地代表了每一社区的利益。克里斯提尼从每一氏族抽出五十人组成新的五百人会议，负责为城邦政策和法律制定议程。到公元前 501 年，雅典民主体制已形成自身的标志性特征：公民大会是最高权力机构，大会向全体公民开放，每个公民拥有平等的发言权。司法裁判也由人民决定，出庭的陪审团成员多达一千五百人。[①]

① 关于城邦数量，参见 M. H. Hansen，"95 Theses about the Greek 'Polis' in the Archaic and Classical Periods: A Report on the Results Obtained by the Copenhagen Polis Centre in the Period 1993 – 2003"，*Historia: Zeitschrift für Alte Geschichte* 52 (2003): 257 – 82, at 263 – 64。关于雅典民主政治的取向，可参阅 J. Ober，*Mass and Elite in Democratic Athens: Rhetoric, Ideology, and the Power of the People* (Princeton: Princeton University Press, 1989); R. Osborne，*Greece in the Making*, 1200 – 479 BC, 2nd ed. (Abingdon, UK, and New York: Routledge, 2009), 276 – 97; *Athens and Athenian Democracy* (Cambridge: Cambridge University Press, 2010)，还可参阅 P. J. Rhodes，*Athenian Democracy* (Oxford: Oxford University Press, 2004)。更普及的读物还有 S. Hornblower，*The Greek World*, 479 – 323 BC, 3rd ed. (London: Routledge, 2002)。

公元前 5 世纪是雅典的世纪。在伯里克利（Pericles，公元前 495－前 429）的领导下，标志性的雅典娜贞女庙，即帕特农神庙（Parthenon）经过平等争议、平等献计献策，在公元前 438 年落成。我们现在所说的帕特农神庙大理石雕像（即沿建筑外墙分布的浮雕）也完成于稍晚的公元前 432 年，作者是当时最负盛名的雕塑家菲狄亚斯（Pheidias）。他还用黄金和象牙打造了一尊巨大的雅典娜女神塑像。在这一时期，人们的精神生活非常丰富，雅典吸引了当时最优秀的才子贤哲，如哲学家和诡辩家阿那克萨戈拉（Anaxagoras）、普罗泰戈拉（Protagoras）、高尔吉亚（Gorgias）、历史学家希罗多德以及其他方面的学者。雅典自公元前 6 世纪僭主时期就已举办过戏剧节，但是只有到民主政治时期，这些活动才走向鼎盛，出现了著名的悲剧作家埃斯库罗斯（Aeschylus）、索福克勒斯和欧里庇得斯，还出现了著名的喜剧作家克拉提诺斯（Cratinus）、欧波利斯（Eupolis）和阿里斯托芬（Aristophanes）。〔72〕

给这场文化革命提供资金支持的雅典城邦实际上已像个帝国，它的财富来自从其他希腊城邦，特别是基克拉泽斯群岛（Cyclades）各城邦索取的供奉。提洛岛（Doles）是整个基克拉泽斯群岛的轴心，以该岛名称命名的"提洛同盟"（Delian League）成立于波斯人两次入侵希腊之后。波斯军队第一次入侵发生在公元前 492～前 490 年，由国王大流士一世（Great King Darius Ⅰ）率领；第二次入侵发生在公元前 480～前 479 年，由大流士一世之子薛西斯一世率领。雅典在抗击波斯入侵的战争中发挥了决定性的作用，特别是在公元前 490 年的马拉松（Marathon）战役、公元前 480 年的萨拉米（Salamis）海战和公元前 479 年的普拉塔亚（Plataea）之战这三次著名战役中，雅典的作用尤其显著。希腊各城邦联合起来，共同抗击波斯入侵，在现实中，虽然还远未达到所有希腊城邦共同抵御外敌的程度，但是经过雅典人自私视角的过滤、加工，演变成希腊人共同神话的一部分。波斯人的战败就像后来历史上的阿金库尔（Agincourt）战役、约克镇（Yorktown）战役或是斯大林格勒（Stalingrad）战役那样，很快成为民间故事题材。马拉松和温泉关（Thermopylae，即德摩比利）之名至今不绝于耳，并且依然具有意识形态意义。它们能唤起这样的联想：一群英勇、卓绝的自由战士，正击退波斯暴政统治下的无数军人。如今，掩藏在动人神话故事背后的历史事实几乎无人触及，比如，我们并不知道波斯人是如何看待这场战争的，就连希罗多德创作的《历史》这部被视为我们手中最完整，或许也是最准确的史料，其字里行间依然不免流露出胜利一方的优越感。①

　　战后双方仍不时地爆发一些无谓的摩擦。从战争结束到公元前 450 年前后，雅典人开始以希腊各邦最大的保护者自居，带领希腊人抵抗蛮族威胁，并加强在东爱琴海地区的海上优势。提洛同盟在原则上应是为防御波斯人再次入侵而建立的防护体系，实际上却成为勒索工具，入盟成员必须缴纳巨额盟捐。公元前 454 年，同盟金库迁至雅典，这明确标志着从此以后雅典在同盟中拥有真正优先的权力。帕特农神庙最终被指定为金库所在地，其实建造神殿的真正目的正在于此，也就是说，它不

[73]

---

① 参阅 T. Holland, *Persian Fire: The First World Empire and the Battle for the West* (London: Little, Brown, 2005)，该书生动记载了波斯的兴起以及与希腊的对抗。

是，或不单纯是一座普通的神殿。①

战争对希腊历史影响极大，希腊与波斯之间的战争并不是公元前5世纪最后一场重大冲突。公元前431年，貌似对雅典扩张感到不满的斯巴达人（Spartan）向雅典宣战，并开始蹂躏雅典所在的阿提卡（Attica）地区。伯里克利采取的战略是避免与恐怖的斯巴达重装步兵直接交锋，转而依靠自己的舰船。然而，斯巴达把居民围在城中，引发了可怕的瘟疫，人口大批死亡，伯里克利本人也去世。此后，更强势的雅典将军们把战事推进到斯巴达境内，并取得决定性胜利。公元前421年，双方暂时休战。公元前415年雅典攻占西西里岛上的叙拉古（Syracuse），当地居民与斯巴达人族群相连，于是远征西西里的行动彻底成为一场灾难，雅典军队付出了惨重代价。而后，斯巴达人重新开战，在阿提卡筑起防御工事，如此一来，能否把粮食运进城里便成为关乎民心向背的关键因素。最终，雅典只得在公元前404年投降。斯巴达人坚持要废除雅典的民主体制，随后，一个短命的军人政府成立，史称"三十僭主"，许多人在这一时期遭到屠杀。三十僭主被推翻后，雅典再次恢复民主制度。公元前336年，马其顿（Macedon）国王腓力二世（Philip Ⅱ）在喀罗尼亚（Chaeronea）战胜底比斯和雅典联军，喀罗尼亚战役标志着雅典城邦古典时代的终结。②

雅典是座充满矛盾的城市。它在政治上崇尚理想主义，倡

---

① 关于提洛同盟，参阅 A. Powell, *Athens and Sparta: Constructing Greek Political and Social History from 478 BC*, 2nd ed. (London: Routledge, 2001)，还可参阅 P. Low (ed.), *The Athenian Empire* (Edinburgh: Edinburgh University Press, 2008)。

② 关于伯罗奔尼撒战争，请参阅 G. Cawkwell, *Thucydides and the Peloponnesian War* (London: Routledge, 1997); D. Kagan, *The Peloponnesian War* (New York: Viking, 2003)。

导言论自由和法律面前人人平等，它在文化上充满活力。所有这一切，都很容易让它赢得世人的钦佩。但与此同时，它也有高压和蛮横的一面。妇女在政治生活中毫无地位，除去宗教活动之外得不到公众的认可。普通居民拥有奴隶是司空见惯的现象，奴隶的绝对数量很难估计，但是非自由民数量肯定多于自由民。奴隶的生活十分严酷，位于劳里昂（Laurion）地区的银矿更是恶名昭彰。有这样一份记载："无论老弱病残还是妇女儿童，一概得不到同情和怜悯，所有人都因惧怕殴打而被迫忍受艰苦的劳作，直至在这种奴役中可怕地死去。"雅典人对于卖淫者、划船的桨手、野外体力劳动者之类，想必也很难持宽容态度。此外，堂堂雅典帝国对待盟邦也十分严苛，毫不留情。谁若不顺从雅典，绝逃不脱最严厉的惩罚。退出提洛同盟的城邦居民会被大批处死，或是全部被贬为奴隶。①

〔74〕

上述道义上的种种矛盾渗透雅典人生活的方方面面，当然也包括他们的宗教。一方面，在前苏格拉底学派基础之上成长起来的一代知识分子，从哲学高度上探索无神论，人类第一次有可能不借助于神力而揭示如战争、灾难等这些人类生存所面临的困境。另一方面，雅典也让无神论者遭受了压制和迫害。总之，这个时代在希腊历史上独一无二，它的文明大体上与强制的宗教正统性无关。

---

① 有关劳里昂银矿的引文见 Diodorus of Sicily 3.13.3，作者所依据的可能是更早期的证词。R. Osborne 对奴隶的数量做过调查，详见他的著作 *Athens and Athenian Democracy*（Cambridge：Cambridge University Press，2010），86 – 88。有关雅典奴隶制的问题，还可参阅 T. E. Rihll，"Classical Athens"，in K. Bradley and P. Cartledge（eds.），*The Cambridge World History of Slavery*，vol. 1，*The Ancient Mediterranean World*（Cambridge：Cambridge University Press，2011），48 – 73。关于古典时代雅典帝国暴虐的一面，Aelian 在其著作 *Varied History* 2.1.9 中提供了一系列史实。

第 5 章　因与果

前苏格拉底哲学提出了有关世界和宇宙性质的基本问题。希腊最早期的宇宙论者借鉴近东地区天文、历法和数学的专门知识，去解释雷电、彩虹等自然现象，他们没有把这些现象归结为神在以某种不同寻常的方式表达自己的意志，而把它们看作由物质因素产生、可以用自然规律加以解释的。在对这些事物的构想中，"神"不再是神话和宗教仪式中拟人化的神，而被重新定义为物质世界潜在动力的总和。

前苏格拉底时代的唯物论既具有革命性，又富于感染力。到公元前 5 世纪，神的作用在许多领域大幅度下降。奠定希腊文化基础的《伊利亚特》在其开篇便出现阿喀琉斯和阿伽门农争吵的场面，接着诗人设问："是哪位天神让他们互相吵起来的？"随后又立即回答："是勒托（Leto）和宙斯的儿子。"此处指的是阿波罗。在荷马史诗中，这种充满缪斯灵感的叙述随处可见，可以从特洛伊平原一直排到奥林匹斯山乃至更遥远的地方，举凡人类的重要事件，都可以毫无争议地把起因归结到某位具有明确身份的神祇头上，大事件则需要宏大的解说。但是到了公元前 5 世纪，雅典已充满智慧的创造力，涌动着自身的时代感，于是神再也不能被直白地作为事物的起因了。

因人类行为而怪罪于神的做法看起来像是在逃避责任。以西西里诡辩哲学家高尔吉亚创作的《赞颂海伦》（*Encomium to Helen*）为例，这篇写于公元前 420 年代的作品看似恪守法度，

〔76〕 实际上却戏谑地利用悖论替海伦的行为辩解。海伦背弃身为斯巴达国王的丈夫墨涅拉奥斯与特洛伊王子帕里斯私奔一事，成为引发特洛伊战争的导火索。海伦在时人心目中几乎完全是负面形象，她被塑造成荡妇耶洗别（Jezebel）那样的坏女人。高尔吉亚却提出，假设下列四个条件成立，那么海伦与情人的私奔就不是出自本意：其一，若是因为武力胁迫，那不是她的过错；其二，若是听从神意，那也同样是被胁迫；其三，为了爱情，那也不是自愿，因为厄洛斯（Eros）是神，恋爱之神；其四，被帕里斯说服，即便如此她也该被原谅，因为具有说服力的语言本身也是一种巨大的力量。最后，高尔吉亚坦白说，上面那番话不过是个"小游戏"。而可笑之处在于，起初想借助神明这种外部力量减轻个人应承担的责任，结果却为所有这类道德辩解开了一道方便之门。那么，如果有人劝说你去犯罪，并且告诉你无须承担责任，你会照做吗？难道佩托（代表"说服力"）自己就不是个女神了吗？

雅典最深刻的剧作家欧里庇得斯在他创作的悲剧《特洛伊妇女》（Trojan Women）中表达了自己的思想，该剧在公元前415年被搬上舞台。剧情设定为在特洛伊战后，余烬尚未消散，剧中集中刻画了劫后余生的妇女们在忍受失败命运时的种种挣扎和心态。其中有一幕情节激烈，帕里斯之母、特洛伊王普里阿摩斯（Priam）的遗孀赫卡柏（Hecuba）大骂引起战争的海伦，这样的场景犹如法庭审判。面对赫卡柏的控诉，海伦竭力为自己辩白。她称自己无辜的理由实际上就来自高尔吉亚，她说既然爱神阿芙洛狄忒答应把她送给帕里斯，有谁能抗拒神意呢？所以错不在她。但赫卡柏厉声答道：她一说到自己干的蠢事（aphrosynē），就提阿芙洛狄忒的名字——不错的文字游戏

（希腊语阿芙洛狄忒与愚蠢一词前半部分发音相同——译者注）。在这个虚构的法庭，人们很容易看出，对众神的指责是一种推卸责任的修辞策略。[1]

法庭是审理个人过失或罪责的重要场所。早在公元前508年，即雅典民主体制确立之前，希腊就有法庭，只是到了公元前5世纪，它们又作用于新的民主目标。对雅典而言，公元前6世纪毕竟曾出现过僭主政治，僭主们把法庭作为限制贵族权利、扩大民众支持的工具。但是不管当地环境如何，公元前6世纪的雅典还是能对影响希腊多数地区的社会潮流作出反应：法庭是当时改革浪潮的一部分，改革推动了集体公民权在古风 〔77〕时代希腊各地的成长。法庭成为捍卫公民对抗权力滥用的一种基本途径，也成为保障权力经由国家分派而不至被少数富人把持的一种基本途径。[2]

高水准的雅典法律制度最终仍不免成为历史。虽然如此，但它给后人留下大量雅典人的法律陈词，其中绝大多数出自公元前4世纪。这些资料之所以能够流传下来，是因为此后的希腊人极其推崇雄辩的辞藻，一些演说大家如吕西亚斯（Lysias）、埃斯基涅斯（Aeschines）、狄摩西尼（Demosthenes）等甚至被封为圣徒。而社会历史学者们则力图在这些文本中发掘出雅典人在一切问题上的观念，因为文本内容从性别、两性到家庭，再到经济和政治理论，几乎无所不包。没有人在发言时能像律师那样对群体价值观充满自信，这就是这些文本如此富于启示作用的确切原因。更重要的是，宗教在其中所起作用极

---

[1]　参见 Euripides, *Trojan Women* 988 – 90。

[2]　关于古希腊的法庭，请特别参阅 A. Lanni, *Law and Justice in the Courts of Classical Athens* (Cambridge：Cambridge University Press, 2006)。

小。当然，有些罪名带有宗教性质，比如利西阿斯代讼的一桩官司，委托人被控罪名是移走一棵神圣的橄榄树。其实这样的树遍布雅典各地，不过据说它们都是由雅典娜种下的第一棵橄榄树繁衍而来的，于是才成为圣树。此外还有若干案例，辩护人也是极力证明自己的委托人是心地虔诚的好人，而对方是蔑视宗教的恶徒（这种辩护其实只是一种偶尔为之的策略，辩护重点在于强调自己的委托人是负责任的公民以及其对待人类同胞的方式）。但是，人们从未感觉法庭本身是实现神意的工具，或者说也从不会以为神的意愿当真会被列入法庭考察议程。雅典的法律与宗教神学无关。法庭独立判案，人类行为由人类自己负责，若有谁想把过错推到神的头上，会遭人耻笑。①

法庭上不再出现以神意作辩解的声音，这成为当时雅典的一股潮流。人们对几乎每件事都要作一番非超自然因素的探索，从星辰运行、人体机能，到个人道德的作用乃至政治历史，无不如此。有一种非凡的合力正在酝酿之中。自从所有工作在不同文化地域的人类全都开始使用同一种智慧的语言以来，这是最让人振奋的时代之一。而法庭这一新政治景象的象征，也成为识别新思维方式最直接的标志。这时从自然界到人类社会，许许 [78] 多多有待探索的领域都敞开着大门，等待人们用实证的方法去检

---

① 关于神圣橄榄树一案，见 Lysias 7。关于希腊人演讲中的宗教因素，参见 G. Martin, *Divine Talk：Religious Argumentation in Demosthenes*（Oxford：Oxford University Press, 2009），1 – 216。作者在该书第 205 页认为，神的干预并不明显。阿里斯托芬在喜剧 *Clouds* 85 中模仿对神的责难，对此柏拉图显然并不赞成，参见他的 *Republic* 379c – 380c，还可参见 pseudo-Plato, *Alcibiades* II 142d。其实，认为凡人总是归咎于神的看法源于荷马，参见 *Odyssey* 1. 32 – 34。

验，用理性去推演概括，也等待专家学者为之展开争辩。①

这一时期的雅典虽然还不是文献记载中最完备的古代城市，但我们已经可以看到它在整个希腊语世界所产生的影响。一些与科斯岛的希波克拉底（Hippocrates of Cos）有关的医学作品（虽然数量极少，但只要是同他有关的文本，似乎都出自他本人笔下）为我们提供了一份宝贵的非雅典人的对比样本。同希波克拉底有关的作家们也和雅典的律师一样，把宗教当作常规生活的一部分，虽然如此，但他们还是坚决反对用神学来解释疾病。当时的医药执业者还不可能成为直接的无神论者，他们中有不少人隶属于阿斯克勒庇俄斯（Asclepius，医神）神庙，尽管如此，但他们明确反对以神学去干扰对疾病的解释。希波克拉底全部医学思想的前提是，健康是由我们自身独有的生理特性决定的，它可以通过对日常"饮食"（diaitē，这个希腊词不仅指吃饭，而且还指包括睡眠、体育锻炼和性事在内的整个身体系统的调养）的选择加以调控。②

以希波克拉底的《神圣病论》（On the Sacred Disease）为例，文中讨论的疾病是癫痫，如果看文章很快就会明白，说这种病"神圣"不过是一般人的想象。这个病的英文名称来自希腊文 epilēpsis，字面意思是仿佛被某种恶意的超自然力"抓住"或"占有"。但《神圣病论》作者认为，疾病的成因可以全部用人体内部的构造加以解释。他在文章中解释道："在我看来，它一点不比其他疾病神

---

① 关于这一时期基于政治变化而来的知识变化，G. E. R. Lloyd 的研究非常重要，参见他的下列著作：*Magic, Reason and Experience: Studies in the Origins and Development of Greek Science* (Cambridge: Cambridge University Press, 1979); *Science, Folklore and Ideology* (Cambridge: Cambridge University Press, 1983); *The Revolutions of Wisdom: Studies in the Claims and Practice of Ancient Greek Science* (Berkeley: University of California Press, 1989); *Demystifying Mentalities* (Cambridge: Cambridge University Press, 1990)。

② 参见 Lloyd, *Magic, Reason and Experience*, 38 – 49。

圣或是非凡。它和别的病一样，也是由自然因素引起的。把这种疾病的性质和病因归结于神，是因为人们的无知和好奇心。"接下来他又谈道，对这一病症的错误认识最初来自宗教骗子，包括"法师、精炼师、江湖术士、自吹自擂的庸医等，他们装出一副虔诚的样子，装作拥有特殊的洞察力"。在文中，他有两处提到"神是没有责任的"，使用法律罪责这样的用语让人震惊。读着这些文字，仿佛看到希波克拉底站在法庭同一群把癫痫病说成神怪附体的人唇枪舌剑。①

　　从科学或无神论与宗教之争的角度去理解希波克拉底的主张当然不合时宜，因为他对疾病的解释并不全然符合科学。他认为癫痫病是痰液从肝脏通过静脉流入大脑引起的，这种看法并没有观察和实验作依据，只是对人体机能工作方式所作的推断和假设，而这些推断和假设，如我们所知，是完全错误的。希波克拉底大夫没有做过人体解剖。此外，他的论断也不是为了证明神并不存在，而只是单纯说明诸神在解释人类病理方面的作用十分有限。总之，作者争辩的不是这世界是否存在神明，事实上他有时还认为，因癫痫病而怪罪神、把病因归于神实在是对神的冒犯。他认为，人体组织是依照自然法则有规律代谢更新的。作家希波克拉底与色诺芬尼在解释彩虹或闪电时的做法十分相似，先列出一种看似不可思议的现象，譬如癫痫症状，然后把它的起因归结为易于理解的自然因素，同时又嘲笑那些乞灵于神明的幼稚行为。应该说，无神论对医学领域的影响只限于局部，而非全局，它力图否定的也不是神的存在，而是神在这一独特领域的作用。②

〔79〕

---

① 所有引文均出自 Hippocrates, *On the Sacred Disease* 1 - 2。更多内容见 Lloyd, *Magic, Reason and Experience*, 15 - 27。

② 关于古希腊科学中诋毁对手的言辞，参见 Lloyd, *Science, Folklore and Ideology*, 119 - 35。早期医书作者明确承认神具有影响力的一个领域是梦境，参见 Hippocratic, *On Dreams*。

历史写作是这一时期最显著且最具影响的特征，这种写作成为一种能广布全天下的新形式的"法庭陈词"。一切有文字的社会都渴望把自己的过去记载下来，但是，希腊人公元前 5 世纪的历史写作明显区别于其他古代叙事传统——有别于伊拉克史诗《吉尔伽美什》（*Gilgamesh*），有别于荷马史诗，也有别于希伯来律法——之处在于，凡是涉及人类事务、涉及需要仔细甄别各种相互矛盾的资料才能获悉历史真相时，有关神意直接插手的传闻便会被弃置一旁。这一时期，众多文化领域的巨大进步大都发生在西安纳托利亚地区，历史写作也不例外。历史学家希罗多德出生在小亚细亚南部城市哈利卡那索斯，即今土耳其的博德鲁姆。他受惠于这片多元文化传统荟萃之地，在许多方面与爱奥尼亚的前苏格拉底学派十分相似。他的家族兼有希腊和卡利亚血统，他生活的城市在公元前 5 世纪初叶之前一直被波斯人占领，他本人曾广泛游历过东地中海地区。他创作的《历史》以洋洋九卷巨制记载了希腊和近东地区之间的对立和摩擦（这种敌对状态在大流士和薛西斯率波斯军队入侵希腊的公元前 5 世纪达到顶峰），反映了从地中海地区到埃及、埃塞俄比亚、美索不达米亚、伊朗以及黑海北岸斯基泰（Scythia）地区在文化和地理诸方面所发生的剧烈动荡。① 〔80〕

大约在公元前 420 年代前后，希罗多德似乎已在雅典从事

---

① R. Lane Fox 对希腊式和圣经式历史记录方式作过直言不讳的比较，参见他的 *The Unauthorized Version: Truth and Fiction in the Bible*（London: Penguin, 2006）。希罗多德援引现已残缺的米利都的赫克特斯的作品作为部分先例。有些人对希罗多德本人所说的那些游历表示怀疑，参见 D. Fehling, *Herodotus and His Sources: Citation, Invention and Narrative Art*, trans. J. G. Howie（Leeds: F. Cairns, 1989）。

他的写作，其中确切提到雅典以及与雅典有关的资料，多于人们原来的意料。他的作品不时闪现出公元前 5 世纪晚期特有的智慧锋芒，他对各种事物"起因"（aitiai）的执着尤其值得注意。起因一词在希波克拉底的人体观念中也同样至关重要。希罗多德在自己著作的开篇便告诉人们，他的目的不只是记载希波战争中的宏大事件，而且还要"把他们产生纷争的起因（aitiē）记载下来"。他也像希波克拉底式的医生那样，懂得凡是惊人现象（比如希波战争）总能追溯出明确的起因。对他来说，要做的便是循着时间的线索一步步回溯。回溯的结果是，他认为公元前 6 世纪一位安纳托利亚君主的所作所为就是双方对立的终极原因。"我知道谁是最初开始向希腊人闹事的那个人……吕底亚人（Lydian）克罗伊斯是阿吕亚泰斯（Alyattes）之子，也是哈利斯河（Halys）西岸各族居民的统治者。"这里已不见荷马式笔法，即怪罪某些神祇引发双方争斗。在希罗多德看来，历史就是探究人类事件，探究"希腊人和蛮族人做出的非常举动，发生的惊天大事"①。

希罗多德的《历史》是一次了不起的实验，全书的体裁非常灵活，作者极其大胆地尝试着把前苏格拉底学派思想作为指导写作政治军事事件的基础。希罗多德屡次嘲讽那些用匪夷所思的或非自然的因素去解释历史的做法。他在书中提到三件事：其一，前僭主庇西特拉图让一高个子妇女扮成雅典娜的模样，站在战车上当众欢迎他返回雅典复位，雅典人竟愚蠢地相信了这套把戏。其二，克罗伊斯王是怎样带着他的军队跨过哈利斯

---

① 关于希罗多德与当时雅典知识界的关系，参见 R. Thomas, *Herodotus in Context*: *Ethnography*, *Science and the Art of Persuasion* (Cambridge: Cambridge University Press, 2002)。引文见 Herodotus, preface; 1. 5 – 6。

河的呢？据说，当时"希腊人的一般说法"是，正在营中的哲学家泰勒斯让本应从军队前方流过的河流改道，从军队后方流过。但希罗多德认为这是无稽之谈，假如当真如此，军队岂不是没了退路，因此，这支军队想必是架桥过河的。其三，雪水融化造成尼罗河泛滥的看法也不可靠，因为河流来自南方热带地区。总之在他看来，每一种解释都必须"看起来合理"（oikos），也就是说，应该符合于我们所了解的世界运行的方式。①

　　希罗多德对于神的看法也来自前苏格拉底学派。有些学者严厉指责他，认为他在书中之所以提到神明，或许是为了给理性史学装点门面，或许只是表示他并没有因现代致力于自然主义的解释而抛弃传统的虔敬之心。其实这两方面的指责都不对，都过于看重过时的科学或过时的宗教的影响。问题的要点在于，希罗多德同阿那克西曼德、阿那克西米尼和色诺芬尼一样，在他笔下，典型的"神"都不是宗教意义的神，即都不是那种人格化的存在或崇拜对象，而是作为自己理性主义体系的一种延伸，也是对万物内在和谐有序的一种象征性表达。毫无疑问，希罗多德对所有形式的宗教都怀有极大的兴趣，当他用笔描摹出千姿百态的文化风貌时，自然也就展现出形形色色的宗教行为和神祇观念，比如巴比伦的庙妓现象、埃及的阿比斯（Apis）圣牛崇拜、斯基泰人（Scythian）的以马献祭等。他也提到各种神在世间一举一动的能量，比如，在许多场合下，冒犯神庙尊严的行为都会立刻招致惩罚。然而，当他用自己的话语表达一些能够左右人类命运的力量时，基本是指可以

〔81〕

①　关于高个儿女子假扮雅典娜一事见 Herodotus 1.60；泰勒斯让河流改道的传说见 Herodotus 1.75；尼罗河水泛滥的成因见 Herodotus 2.22。

被抽象称为"神"或"天意"（to theion）的超自然力。这种天意的存在可以维系世间道义，确保恶有恶报（有时报应会在几代人之后），确保个体和社会都能获得均等的机遇。希罗多德所说的报偿（tisis），或万事万物背后的互动互惠也在天意的监督之下，但天意只能经由被人类拼命破解其含混语义的神谕才能传递到人间。希罗多德展示了长期以来人类命运的跌宕起伏（如他所说"人类的繁荣从未长久停留在同一个地方"），通过这些命运变迁，他把自己的历史写作当成了揭示政治历史中道义模式的行为。在此意义上，他的"神"也如前苏格拉底学派宇宙论中的神一样，不是宗教之神，而是作者经过千辛万苦方才揭示出的一种抽象的潜在体系。神是能够一统宇宙历史的道义逻辑。①

---

① 关于希罗多德的理性主义，参见 D. Lateiner, *The Historical Method of Herodotus* (Toronto: Toronto University Press, 1989)；关于希罗多德的宗教思想，参见 T. Harrison, *Divinity and History: The Religion of Herodotus* (Oxford: Oxford University Press, 2000) 和 J. D. Mikalson, *Herodotus and Religion in the Persian Wars* (Chapel Hill: University of North Carolina Press, 2003)。近年来对希罗多德的评论可参见 S. Scullion, "Herodotus and Greek Religion", in C. Dewald and J. Marincola (eds.), *The Cambridge Companion to Herodotus* (Cambridge: Cambridge University Press, 2006), 192 - 208, 在该书第 194 ~ 197 页，文章作者探讨了一些很少提到的特殊神灵以及表达抽象神性的平民语言。还可参见 Harrison, *Divinity and History*, 158 - 81。关于人类繁荣的引文见 Herodotus 1. 5。希罗多德对因果报应的执着是 J. Gould, *Herodotus* (London: Weidenfeld and Nicolson, 1989) 一书的核心议题。《历史》中也的确记载了一些显然有神参与的场合，比如 Herodotus 1. 87 所记克洛伊斯向神祈祷后大雨如期而降，Herodotus 6. 105 所记潘神（Pan）对菲迪皮德斯（Phidippides）显灵，再如 Herodotus 8. 36 - 39 所记德尔斐英雄降临在入侵的波斯人面前。以上事例中，希罗多德对神明无疑抱有更传统的虔诚态度，但是他在思想上对神的干预却总是保持一定距离，比如在第一个例子中，他没有排除偶然的可能，在第二个和第三个例子中，他使用的是转述书中人物话语的方式，而不是用自己的话。

如果把希罗多德比作历史学领域的阿那克西曼德或色诺芬尼，他们都把天意视同理性的世界秩序，那么，他那位伟大的后继者修昔底德（Thucydides）大致相当于萨摩斯岛的无神论者希博。修昔底德是位富有的雅典人，他记载了雅典和斯巴达 〔82〕之间曲折漫长的战争，这场战争从公元前 431 年开始，到公元前 404 年以斯巴达人的最后胜利而告终，绝大多数希腊城邦都被卷入其中。和希罗多德不同的是，修昔底德曾作为将军（虽然做得不那么成功）亲身经历了他所描述的战争。如果说希罗多德描述了一个令人好奇的世界，那么修昔底德让世人看到的则是一个苛刻的真实世界。在他的思想体系中，神的干预和人类命运的道德模式都没有存在的余地。从伯里克利时代的巨大繁荣到公元前 430 年，一场灾难性瘟疫夺去无数生命，雅典从巅峰跌落，人类命运总会经历大起大落。但是这样的命运起伏在宇宙原理中找不到合理解释，也不符合希罗多德所说的"神只是让人生尝到一点甜头儿，然后连这点甜头也让他自己嫉妒不已"。在修昔底德看来，命运变幻完全无解，只是一场残酷的讽刺。①

据古代传记作家记载，修昔底德曾与前苏格拉底学派唯物论者阿那克萨戈拉一同研习哲学，"结果他被人私下里说成是无神论者"。一些现代学者赞成这种说法。我们当然无从得知在历史上著书立说的那位修昔底德究竟持怎样的个人信仰，但他的《伯罗奔尼撒战争史》（*History of the Peloponnesian War*）确凿证明，人类行为可以多么惊世骇俗，可以完全脱离神意的摆布。这是思想史上一个了不起的时刻，从此众

① 引文见 Herodotus 7.46，这段话是阿尔达班（Artabanus）与薛西斯（Xerxes）谈论人生苦短时的一段感叹。

神不再是——哪怕在隐喻中也不再是——人类行为的驱动力。①

在修昔底德笔下，宗教信仰和宗教实践无处不在，但从未和任何有意义的问题相关，相反，在许多方面倒是和欺骗或伪造牵扯在一起。这一点在写到有关神谶（这正是希罗多德借以感知天意的关键因素）的问题时最为明显。书中记载，瘟疫过后，雅典人想起老人们曾言之凿凿提到很久以前神就已预言过"多利克（Doric，指斯巴达）战争和瘟疫（loimos）"［修昔底德在这里使用"言之凿凿"（phaskein）就表示他已经怀疑是否真有什么神谶存在，但是这和我们当下议题无关］。然而，希腊语 loimos 一词听上去很像 limos（"饥荒"），由此人们又对神谶中究竟说的是 loimos 还是 limos 展开过一番争议。修昔底德说，在这种情况下，当然是主张 loimos 的人赢了，因为瘟疫已实实在在发生，于是"人们根据实际遭遇相应调整了自己的记忆"。而他推测，如果再爆发另一场多利克战争，而且这次也同时发生一场饥荒（limos），那么"人们转述的预言很可能又是另一番内容"。在修昔底德笔下，神谶所揭示的不是神对世界所作的安排，而是人性自我愚弄本事，人们竟以为命运注定是一个被

---

① 参见 Marcellinus, *Life of Thucydides* 22，这是古代晚期的传记，但作者明确表示他的研究资料来自生卒不详的文法家 Antyllus 。Marcellinus 写道，我和多数评论家不同，在"他被人私下里（ērema）说成无神论者"这句话中，我并非不加任何修饰，而是在动词后面加了一个副词（也就是说，我写的是"他被人私下里看作无神论者"，而不是"他被人视为无神论者"）。参见 W. Furley, "Thucydides and Religion", in A. Rengakos and A. Tsakmakis（eds.）*Brill's Companion to Thucydides*（Leiden：Brill, 2006），415 – 38，文章作者对修昔底德对宗教和神明的态度作了出色的研究。

随意摆弄的过程。①

　　修昔底德在描述伯罗奔尼撒战争的灾难性过程时，关注的重点不是支配宇宙的神的法则，而是"人类天性"（anthrōpinon）。在他的眼里，人性阴暗又无情。最令他厌恶的人物是迎合民众的领导人克里昂（Cleon）。在希腊语中，克里昂这样的领导者被称作 dēmagōgos，意为"蛊惑人心的政客"（demagogue 一词的现代语义，很大程度上来自修昔底德对克里昂的刻画）。大约在公元前420年代，伯里克利去世，战争处在第一阶段，克里昂开始掌握权力。此时，雅典各盟邦的财税捐献对于战争进展至关重要。但就在这样的形势下，公元前428年，位于莱斯沃斯岛的米蒂利尼（Mytilene）城邦想要背离提洛同盟而投向斯巴达，雅典城顿时惊惶一片。克里昂力主对米蒂利尼人严惩不贷，以儆效尤，理由是"人类天生就轻视待自己好的人，敬畏强硬的人"。这是一份以人类天性为托词的霸道宣言。当然，最终克里昂的主张被驳回，米蒂利尼总算幸免一劫，但整个事件如一出恐怖的闹剧，此前，雅典已派船前往米蒂利尼执行屠城命令，幸亏另一艘船只携带修改后的命令及时赶到。如果这时再看人类天性，那就是懦弱、优柔寡断、暴虐还有堕落，一样不少。②

　　修昔底德笔下的历史充满了这种被冷峻嘲讽的紧要关头。位于希腊海岸东南方的米洛斯岛在战时保持中立，而雅典人在公元前416年至前415年竟然争论是否应当为此而杀光该岛全

①　参见 Thucydides 2.54；关于修昔底德对待神谕的更多内容，参见 Furley，*Thucydides and Religion* 418 – 21。关于把宗教作为人类实践的研究，参见 B. Jordan, "Religion in Thucydides", *Transactions of the American Philological Association* 116 (1986)：119 – 47。

②　参见 Thucydides 3.36 – 50，引文见 3.39。

体成年男子，米蒂利尼的悲剧重新上演。修昔底德叙述了米洛斯和雅典双方代表之间的辩论。米洛斯人祈求神明的公正，他们说：我们知道你们比我们强大，但是"神祇会保佑我们不被打败，因为我们正直，我们反对不义之人"。雅典人可没有时间为虔诚问题打口水仗，他们估计神意实际上会站到他们一边，因为他们"遵从这样的信念，即神意和人道在一切领域都服从同一个自然定律，那就是你在哪里有实力，你就是哪里的主宰"。这里所说"定律"在希腊宗教思想中并不常见，这是雅典人给支撑自身地位的大道理草草抹上的一层宗教色彩。接下来，他们便开始屠杀米洛斯岛的男人，奴役该岛的妇女和儿童。①

这段历史随着世间最大的蠢行一起走向终点。公元前404年，战争结束，修昔底德可能在此前就已辞世，因而没能看到战争结局。不管怎么说，他所记载的史实截止于公元前411年。出名的是，书中最后一句话只写到一半，就仿佛他坐在书桌前，离世时笔还在手中。无论结尾是否出自修昔底德的构想，雅典人远征西西里岛一事都堪称全书的高潮所在，对它的描述在全书8卷中占据了第6、7两卷篇幅。在公元前410年代，雅典已被战争拖入极大的困境，急需补充新的资源。于是在公元前415年至前413年间，他们对传说中富庶的西西里岛发动了一场战争，该岛很久以前就有希腊人的殖民城邦。虽然一开始雅典人打过几场胜仗，但最终还是惨败。修昔底德沉痛叙述了雅典军队的狼狈撤退以及他们在岛上被装备给养都优于自己的叙拉古军队追杀，直至被奴役的结局。他估计大约有七千名幸存

① 同米洛斯代表的辩论见 Thucydides5. 84 – 116，引文见 5. 105。

者在战后的叙拉古采石场劳动："他们中有许多人挤在一处露天的狭窄石坑中，白天阳光暴晒，呼吸不畅，夜晚又要忍受秋天的寒气，忽冷忽热的温差造成疾病……许多人因伤、因气温变化或因其他类似的原因而死去，死者尸体一具具被摞起来，散发出令人窒息的气味。与此同时，活着的人要忍受饥渴，在 8 个月的日子里，他们每人每天只能喝到半品脱水，吃到一品脱谷物。"不可一世的雅典人该有多么羞耻、多么屈辱。西西里远征是"我们所知希腊历史上最重大的一次行动，对胜利者来说，这是最光辉的一次胜利，对失败者来说，这是最悲惨的一次失败"①。

公元前 415 年，雅典人在为是否出师西西里而争论不休时，有两派主要人物参与其中。其中一方是年轻的亚西比德（Alcibiades），他魅力十足，充满活力，认为这是取得一场辉煌军事胜利的大好时机，还设想自己能成为抓住战机的将军。另一方则是谨慎的尼西亚斯（Nicias），他一向爱好和平（事实上早在公元前 421 年，他就曾和斯巴达人达成短期和平协议）。亚西比德因向雅典人许诺通过战争可以获得土地而在辩论中胜出——可惜成为又一个冷酷的笑话。无奈之下，尼西亚斯只得奉命指挥军队同亚西比德一道出征。但是刚刚到达西西里岛，亚西比德又被急速召回，而尼西亚斯最终被叙拉古人杀害。在修昔底德笔下，尼西亚斯是个谨言慎行、讲究道德且与人为善的人，因而"是我们这个时代所有希腊人中最不该遭到如此悲惨结局的人"，但同时他也有优柔寡断和迷信的一面。②

特别是，在紧要关头，尼西亚斯却因宗教禁忌而支吾其词。

---

① 参见 Thucydides 7. 87。
② 评论尼西亚斯的引文见 Thucydides 7. 86.

公元前413年，斯巴达出兵援助叙拉古，打破了雅典人维持的均势。于是，当时正受困于疾疫的雅典军队决定秘密撤离。撤退当晚恰逢月食，而尼西亚斯（据修昔底德记载）"过于相信占卜预言（theiasmos）以及类似的事"，以致把撤退行动拖延了27天。结果，无此禁忌的叙拉古人把饱受疾病困扰的希腊军队逼向绝境。月食当然只是种自然现象，希腊学者已根据物理规律孜孜不倦地对它研究了150年。尼西亚斯的虔诚被引入歧途，并且造成灾难性的后果。[①]

宗教问题多少影响到修昔底德对西西里远征的整体描述。雅典人的房屋和神庙外都立有赫尔墨斯石像（herm），这种石像以长方形石块雕成，顶部为人首，身体部分有时饰以男性生殖器。远征西西里的前夜，大部分石像面部被神秘损毁，没人知道是谁干的。修昔底德写道："整个事件都受到严重关注，因为人们把它看作远征行动的先兆。"这种说法听起来和希罗多德所说的天意神兆颇为相似，并且从后面故事看这件事也的确被当成一种警示。其实，修昔底德对这类民间的流言蜚语完全不感兴趣，他关注的是这些传言如何被政治利用。他写道，有些人把毁坏赫尔墨斯石像"当作密谋用革命手段推翻民主体制的证据"。一场搜捕行动由此开始，据说有可能率军远征西西里的亚西比德也成为嫌犯，因为此前他曾和一伙年轻人在酒醉后把赫尔墨斯石像面部毁坏，还曾丑化厄琉息斯神秘仪式（Eleusinian Mysteries），这也是后来他被从西西里召回并被解除将军一职的原因。修昔底德不无讽刺地指出，对亚西比德指控最尖刻的人正是那些最嫉妒他的影响和人脉的人，也是最渴望

---

① 参见 Thucydides 7.50。

取代他的人。修昔底德与希罗多德最大的不同在于，神秘征兆在他笔下不再是天意的标志，而成为居心叵测之人操弄世事的机会。①

在公元前 5 世纪，对历史的解读中出现一股摒弃神意的趋势，修昔底德的《伯罗奔尼撒战争史》一书把这种趋势推向高峰。他不仅拒绝接受非自然主义的因果分析，而且也对自己书中人物假借神灵的行为进行讽刺。无论他个人信仰如何，他书写的历史都堪称人类历史上流传至今的第一部无神论之作。

---

① 赫尔墨斯石像被毁事件见 Thucydides 6. 27 - 8。

第6章　"说到神，我不知道"

[87]　　"说到神，我无法得知他们存在还是不存在，也不知他们的模样，因为有许多因素在妨碍我们的认识，譬如说这问题本身太玄妙，而我们的人生又太短暂。"如此具有冲击力的话是普罗泰戈拉为自己的《论神》（*On the Gods*）所作的开篇。若是只说人类或许无法得知神的模样，应该不致引起争议。即便在荷马史诗中，神出现在凡人面前时也是长着人类的模样，说着人类的语言。当然，众神在奥林匹斯山时是什么样子，我们不得而知。然而，普罗泰戈拉说的竟然是他不能确定神是否真的存在，这就颇有些不同寻常了。

　　普罗泰戈拉出生在公元前5世纪早期色雷斯地区的阿布德拉城，是那个时代非常著名的学者。伯里克利对他尊敬有加，委托他为南意大利一座新建的殖民城邦图里（Thurii，年轻的希罗多德也是该城奠基人之一）制定法典。公元前430年代，他前往雅典居住过一段时间，当时的雅典，一批经验丰富的学者聚集在伯里克利身边，他们被看作智者（*sophistai*，意即"智慧专家"）。普罗泰戈拉在这批智者中是较为年长的政治家。智者们在雅典靠教授富家子弟赚钱，他们极其重视运用语言的技巧，因为在一个民主体制的城邦，知识精英能够直接影响政治的唯一途径就是让自己变得更加雄辩。同时，他们也对许多问题表达自己的看法，诸如道德、荷马解析、语言学理论、人类文明的起源等。智者运动最终导致哲学探索的范畴进一步扩展,它不仅包括宇宙和神学问题,还包括更人文层面的内容,诸如伦理、逻辑、认识论、美学等。①

柏拉图的对话录《普罗泰戈拉篇》(*Protagoras*) 虽然写于普罗泰戈拉死后 40 年,但它描述公元前 420 年代人们听说普罗 〔88〕泰戈拉重返雅典时激动兴奋的情景依然栩栩如生。②

> 昨夜或今晨破晓时分,希波克拉底用棍子拼命敲打我的房门,他是阿波罗多罗斯(Apollodorus)之子,法松(Phason)之弟。门开了,他冲进来大喊:"苏格拉底,你睡醒没有?"
>
> 我听出他的声音,说道:"是希波克拉底吗?你带来了什么消息吗?"
>
> "好消息,当然是好消息。"他答道。
>
> "那我太高兴了",我说道,"但你为什么要在这个时候到我这里来呢?"

---

① 关于智者,参见 W. K. C. Guthrie, *A History of Greek Philosophy*, vol. 3, *The Fifth Century Enlightenment. Part* 1:*The Sophists* (Cambridge:Cambridge University Press, 1969),其中第 226 ~ 247 页内容涉及对传统宗教的批评;还可参见 G. B. Kerferd, *The Sophistic Movement* (Cambridge:Cambridge University Press, 1981) 以及 S. Broadie, "Socrates and the Sophists", in D. N. Sedley (ed.), *The Cambridge Companion to Greek and Roman Philosophy* (Cambridge:Cambridge University Press, 2003), 73 – 97。古代作家散佚文本收录在 D. W. Graham, *The Texts of Early Greek Philosophy*:*The Complete Fragments and Selected Testimonies of the Major Presocratics*, part 2 (Cambridge:Cambridge University Press, 2010) 中。《论神》引文出自上书之 fragment 29。

② 关于普罗泰戈拉到访雅典的时间,参见 J. Walsh, "The Dramatic Dates of Plato's *Protagoras* and the Lesson of *Arete*", *The Classical Quarterly* 34 (1984):101 – 6,文章提出,柏拉图在一些具体事项上把此次到访与更早一次到访弄混了。

他走近一步说道："普罗泰戈拉已经到了！"

"嗯"，我回道，"他前天就到了，你才知道吗？"

"是啊，天哪，我怎么昨晚才知道。"①

这段话让我们看到一幅超级明星即将莅临的景象：人们翘首以待，小道消息迅速蔓延，粉丝们互相攀比着谁知道的消息更多。而此时，普罗泰戈拉正寄宿在一位雅典有钱人卡里阿斯（Callias）家中，苏格拉底和希波克拉底好不容易才获准进入卡里阿斯家，雅典知识界上层在此齐聚一堂，其中有伯里克利之子赞提帕斯（Xanthippus）和厄利斯（Elis）的智者希庇亚斯（Hippias），还有正裹着毛毯打盹儿的喀俄斯的普罗迪科斯（Prodicus of Ceos）。此外，还有医师埃里克希麦克（Eryximachus）、悲剧诗人阿迦同（Agathon）以及魅力超凡也反复无常的政治家亚西比德，这三位人物在柏拉图的《会饮篇》（Symposium）中也有所描述。甚至就连克里提亚斯（Critias）这位青年诗人，亦即斯巴达打败雅典后掌政的三十僭主之首，也前来捧场。总之，很难想象还有比这更星光夺目的阵容。只要普罗泰戈拉到来，所有有身份的人、所有纨绔子弟都想与之结交。

"说到神，我无法得知他们存在还是不存在，也不知他们的模样……"我们虽然只有《论神》中的这句卷首语，但是其他线索依然可以帮我们重建普罗泰戈拉的观点。他的话并非简单地表达出一种不可知。根据他的哲学原理，如果众神无法被认识，众神便不是真实的存在。他在其他场合说过"如果万物是

---

① 引自 Plato，*Protagoras* 310a - b。

真实的，它们的存在就等同于它们的出现"。这句话在英语中相 〔89〕
当难以捉摸，但是在希腊语中十分明确。如果提到某事物"出
现"，意味着对某人而言这一事物出现了，被这个人感觉到了。
换句话说，只有被人感觉到的事物，才是存在的。树木在荒无
人烟的森林中倒下是没有声音的。同理，无法被人感知的神是
不存在的。①

　　普罗泰戈拉主张的存在等同于可感知，这就涉及更广泛
的相对论争议。按照相对论的观点，世间并不存在普遍真理，
每一社会、每一共同体，当然还有每一个人，在面对同一事
物时，都会有各自不同的看法。关于普罗泰戈拉相对主义理
论，有一个额外话题可以帮我们充实对普罗泰戈拉神明思想
的认识：他在提出存在等同于出现，即可感知之后，举出一
系列例子来说明事实真相怎样"不确定"（adēlon）。第一个
例子十分简单：如果我要坐下，你只有和我处在同一房间才
能确定我要坐下。只对于目击者而言，看到的才是确定无疑
的。第二个例子与月亮有关：只有实际看到月亮，月亮才是
确定的。这个问题更复杂些，因为在望远镜产生之前（并且
当时也不知道存在不同的半球）的世界，看不到月亮的日子，
月亮的存在并非不言而喻的事。普罗泰戈拉十分正确地提醒
那个时代的人，不要轻率假定看不见的事物会继续存在。最
后一个例子有些不同：他说，蜂蜜有些人吃起来觉得很甜，
而另一些人吃起来却觉得苦（比如正在发烧的人），所以甜
味不是蜂蜜的固有属性，而只是尝到这种味道的人作出的一
种判断。这是一种全然不同的"出现"，在这里，"不明确

---

① 参见 Graham（ed.），*The Texts of Early Greek Philosophy*，Protagoras，fragment
21。

的"不是蜂蜜是否存在，而是蜂蜜的味道或属性是什么。这三个例子中的每一个都在强调真理的主观性。无论是普罗泰戈拉要坐下，还是天上有月亮，又或者蜂蜜的味道是甜的，所有这些事实只对于那些目睹这些现象的人，才是一种真实的存在。

以上事例和《论神》有什么关系？那些流传下来的话提示人们，普罗泰戈拉最关心的问题是"该如何得知众神是否存在"以及"该如何得知神的模样"。与此相对应，普罗泰戈拉要坐下和天上有月亮两例可以回答第一个问题：如果看不到月亮或看不到普罗泰戈拉坐下，那么就没有证据证明它们的存在，即他们是"不确定的"。简单说，如果你看不见神，那么，对你来说神就是"不确定的"。第二个问题即神的模样可借由蜂蜜的味道得到答案。如果我们同意（推论需要作此假设）神是存在的，那么，接下来我们面临的问题就是，处在不同文化环境的人所想象出的神是不一样的。色诺芬尼观察到，"非洲人说他们的神长着塌鼻子，黑皮肤，色雷斯人说他们的神有着蓝眼睛，红头发"。假如普罗泰戈拉认识希罗多德，那么，他无论是通过当时的图里城还是通过当时的雅典，都有可能听说埃及那些动物形象的神祇，也就会听说巴比伦、叙利亚、伊朗以及斯基泰人那些千姿百态的神。众神给不同的人以不同的感觉，就如同蜂蜜味道依品尝者口味而变化。总之，宗教的多样性在这个已知世界无处不在，由此看来，所谓众神本质的普遍真理并不存在，而这似乎正是《论神》一书的立论基础。或者也可以这样说，众神的本质是"不确定的"：色雷斯人说他们的神长着满头红发，而埃塞俄比亚人说他们的神是黑皮肤，其实双方中哪一方的话都不比另一方

〔90〕

的话更加可信。①

以上推论非常有力且富于理性。后人称，雅典人因为《论神》而把普罗泰戈拉逐出雅典，并放火焚烧他的书。如果这种说法真实可信，那么它凸显了雅典人对知识分子矛盾纠结的态度。如果这种说法并不真实，那么它反而更证实了普罗泰戈拉在后世所获得的无神论声誉。一些现代学者常常喜欢赋予希腊人以虔诚的形象，他们提出，普罗泰戈拉的真实目的不在于否定神的存在，而在于把注意力转向作为人类社会实践的宗教庆典。一位批评家写道："他在《论神》开篇中那段充满不可知论的卷首语给以人为中心的人本主义宗教创造了空间，这种宗教并不了解神，但了解神所带来的恩泽。"然而这种看法证据不足，并且使用神赐（"神所带来的恩泽"）这种缺少根据的语言显露出作者本人是在为有神论代言。柏拉图的《普罗泰戈拉篇》在讲述早期人类文明这一主题时所使用的方式，的确是在提示众神真的存在："人有了一份神性，人首先成为崇拜众神的唯一动物，因为只有人与神有亲缘关系，也只有人建立神 〔91〕坛，塑造神像。"如果这是普罗泰戈拉的真实意思，那么，这番话不仅像是在说众神真的存在，而且还把人类对神的崇拜看作一种天性，一种固有偏好。然而事实上，没有理由认为柏拉图是在原封不动地照抄一段神话，他笔下所记普罗泰戈拉这次到访实际发生时，他本人只有五岁。文中提到神的部分极短，而且与正在讨论的话题——美德是否可教——无关。由此看来，那极有可能是柏拉图弄出来的一种点缀，并不反映普罗泰戈拉的真实思想。从《论神》卷首语几乎可以肯定，这部论著

---

① 色诺芬尼的观察参见 Graham（ed.），*The Texts of Early Greek Philosophy*（vol.1），fragment 33。

对于神是一种客观存在的假说是一种打击，而非赞赏人类对神的主观体验。[1]

有些人对宗教人类学十分感兴趣，然而他们的研究导致了灾难性的后果。柏拉图笔下翘首期待普罗泰戈拉教诲的雅典知识界中，有位身裹毛毯的人，即喀俄斯的普罗迪科斯，他是古代世界又一位身负无神论盛名的智者，然而人们却很难解释他何以会获得这样的声誉。直到1970年代，公元前1世纪哲学家菲洛德穆（Philodemus）的著作《虔诚论》（On Piety）经重编后面世，谜底才被揭开。这部《虔诚论》的传播途径与一般古典文本不同，它并未经过中世纪的手写传抄，而是一直和其他古代典籍一起被收藏在意大利的莎草纸庄园（Villa of the Papyri）图书馆。这座图书馆位于那不勒斯湾（Bay of Naples）的赫库兰尼姆（Herculaneum）镇，公元79年维苏威火山（Vesuvius）喷发时，赫库兰尼姆城内1800多卷莎草纸文献全部烧焦，而后被奔流的岩浆埋藏，《虔诚论》也在其中。此后，人们试图展开纸卷时，这批资料又进一步受损，为了得到里层的内容，纸卷外层多半被毁。在此过程中，《虔诚论》上卷也

---

[1] 关于普罗泰戈拉遭到驱逐以及著作被焚一事，见 The Texts of Early Greek Philosophy（vol. 1），fragment 31（Cicero，On the Nature of the Gods 1. 24. 63）。关于普罗泰戈拉的无神论声誉，参见 M. Winiarczyk，"Wer galt im Altertum als Atheist？"，Philologus 128（1984）：177 - 78。关于人本主义宗教，参见 L. Lampert，How Philosophy Became Socratic：A Study of Plato's Protagoras，Charmides，and Republic（Chicago：Chicago University Press，2010），60，还可参见 E. Schiappa，Protagoras and Logos：A Study in Greek Philosophy and Rhetoric（Columbia：University of South Carolina Press，1991），141 - 53。Lampert 十分重视著名保守思想家 Werner Jaeger，The Theology of the Early Greek Philosophers（Oxford：Oxford University Press，1947），189 - 90。与早期文明相关的神话见 Plato，Protagoras 320c - 322d，也可参见 The Texts of Early Greek Philosophy，Protagoras fragment 45。

被分割成两部分，并被分别编目。此后，又经历了几代人，才发现这两部分应属同一作品。后来，有人把该馆部分文书残件和全部图像资料从意大利偷运至牛津，致使这批资料状况变得更加糟糕。1996 年，德克·奥宾克（Dirk Obbink）把这批经过重新拼合并修复整理的文书结集出版，这是现代古典学术研究领域的一大成就。①

　　虽然该书第二卷至今尚未全部出版，但至少让世人看到了　〔92〕公元前 5 世纪两位思想家抨击宗教作为人类社会建构的工具，其中一位是前苏格拉底哲学家德谟克利特，另一位是普罗迪科斯。德谟克利特（公元前 460 - 前 380）不仅提出了了原子和虚空理论，他感兴趣的其他领域也多得惊人，这些兴趣也延伸到宗教人类学。我们现在确切知道的是，德谟克利特认为，人类最初的生活和动物一样，然后，为抵御其他猛兽的攻击而结成社会，由社会而产生人际交流和语言，然后穿上衣服，开始耕作，接下来住进居所，学会用火。这种理论把文明的发展看作人类智慧应对紧迫生存需要的结果。而且他认为，宗教是文明化进程的一部分。早期人类注意到四季转换，对此，菲洛德穆解释德谟克利特的观点说，"接着他们自然而然就会假设这些现象发生的背后存在某种力量，并且崇拜这种力量"。从这些观察中得出的逻辑结论是，传统宗教产生的基础是错误的认识，即早期人类只是误解了本可以用科学唯物论解释清楚的现象。此外，他还认为，既然文明还在继续发展，我们便不再需要这些原始

① 关于普罗迪科斯的无神论声誉，参见 Winiarczy, "Wer galt", 177。关于这批莎草纸文献，参见 D. Obbink, *Philodemus on Piety Part* 1（Oxford: Clarendon Press, 1996）；还可参阅 A. Henrichs, "Two Doxographical Notes: Democritus and Prodicus on Religion", *Harvard Studies in Classical Philology* 79（1975）: 93 - 123。

的解释模式。①

　　普罗迪科斯（公元前 460 – 前 390）是第二位把宗教看作人类文化产物的哲学家。他同德谟克利特一样学术兴趣极其广泛，涉及语言学、伦理学、宇宙学等诸多领域（由此可见前苏格拉底学派哲学家与智者之间的区别并不严格）。但他的作品原件无一传世，这点也和德谟克利特一样，因此我们只能依赖其他资料重新建构他的学说，在这种情况下，保存在莎草纸文献中的菲洛德穆作品残卷就是必不可少的。其中有关部分（可惜已成残卷）内容如下：

　　　　［……］说受到普遍信仰的神其实并不存在，人们缺乏知识，并且古人赞赏 ［……］ 大地的果实以及一切有益于生命的东西。②

　　这批莎草纸文书残卷中虽然没有提到普罗迪科斯的名字，但其他线索足以说明，一定是他提出了早期人类把神归结于对

---

① 关于德谟克利特的学说，还可参见本书第 4（原文为 5，疑为 4 之误——译者注）章。关于德谟克利特奠定人类学解释基础的观点（重新审视菲洛德穆之前）收在 Diodorus of Sicily 1.8 中，参见 T. Cole, *Democritus and the Sources of Greek Anthropology*（Cleveland：Western Reserve University 1967）。关于德谟克利特对宗教起源的研究，参见 Sextus Empiricus, *Against the Mathematicians* 9.24 = Graham, *The Texts of Early Greek Philosophy*, fragment 183。关于赫库兰尼姆残卷，参见 *Herculaneum Papyrus* 1428, fragment 19。还可参见 Henrichs, "Two Doxographical Notes", 96 – 106。

② 引自 *Herculaneum Papyrus* 1428, fragment 19, 这部分内容相当于 R. Mayhew, *Prodicus the Sophist：Texts, Translations, and Commentary*（Oxford：Oxford University Press, 2011）, fragment 72。此处引文采用的是 Henrichs 的英译本，参见第 119 页。Henrichs 较为全面地阐述了普罗迪科斯的无神论主张，参见他的文章 "The Atheism of Prodicus", *Cronache Ercolanesi* 6（1976）：15 –21。

人类有益的自然因素的观点（反之，德谟克利特则把神归结于对人类有害的自然因素）。普罗迪科斯阐述这一主张的作品名称可能叫作《四季》（*The Seasons*），看来他认为宗教的产生同农业发展密切相关（他可能赞同农民诗人赫西俄德的观点，赫西俄德对希腊神学的创立具有极其重要的影响）。前面所引菲洛德穆那段话的要点在于，他对早期宗教所作的人类学解读带有强烈的无神论意味。从"受到普遍信仰的神其实并不存在，人们缺乏知识"这段话来看，他似乎设想宗教的产生经历了两个阶段：第一阶段，原始人类先是把土、火、水、空气这四种要素以及太阳和月亮加以神化；第二阶段，随着对土地的开发、利用，那些发现具有营养价值的粮食作物的人也开始被神化，接下来，发明酿酒技术的狄奥尼索斯、发明面包的得墨忒尔（Demeter）、守护航海者的卡斯托尔（Castor）和波吕克斯（Pollux）兄弟也纷纷被奉为神明。另一点需要强调的是，我们通过其他资料得知，普罗迪科斯非常喜欢创造性地运用研究字词来源的语源学。菲洛德穆在另一段话中，把普罗迪科斯列入那些"给神的名字改写字母"的人。想来在这些改动过字母的词汇中，应该有从"air"（空气，希腊语为 *aēr*）一词派生而来的"Hera"（赫拉，希腊语为 *Ēra*），后来的文献证实了这一点。因此，在普罗迪科斯神殿或许会看到下列内容：[1]

〔93〕

---

[1] 关于普罗迪科斯和自然馈赠被神化的观点，参见 Cicero, *On the Nature of the Gods* 1. 42. 118，还可参见 Sextus Empiricus, *Against the Mathematicians* 9. 18, 9. 52。这些内容被作为普罗迪科斯的观点收入 Graham, *The Texts of Early Greek Philosophy* 之 fragments 29 – 30 以及 Mayhew, *Prodicus the Sophist*, 73 – 75。关于原始宗教发展的两个阶段，参见 Henrichs, "Two Doxographical Notes", 111, 113 – 15; Mayhew, *Prodicus the Sophist*, xvii – xiii。Mayhew, *Prodicus the Sophist* 之 fragment 71 提到卡斯托尔和波吕克斯，但其后部分残缺，因此没有具体指出他们的发明。他们往往与航海相关，但是可能 （转下页注）

> 宙斯 ＝? 上天?
>
> 赫拉 ＝ 空气
>
> 波塞冬 ＝ 水
>
> 赫费斯托斯 ＝ 火
>
> 该亚 ＝ 大地
>
> 得墨忒尔 ＝ 谷物、农耕和面包的发明者
>
> 狄奥尼索斯 ＝ 酿酒术的发明者
>
> 卡斯托尔和波吕克斯 ＝ 航海术的发明者

这份清单是否完整？他开列的这份希腊众神的名单还有多长？这一切我们都已无从知晓。虽然如此，但有一点非常重要，即他同德谟克利特一样，把宗教看作早期人类的一种发明，产生于自然状态，因此宗教并非人类天性的一部分，而是一种文化的发明。现在再看菲洛德穆明确表示"受到普遍信仰的神其实并不存在"一语，则很可能被用来说明普罗迪科斯的本意是认为存在真正的神，而不是神话和宗教仪式中那样的神。由此可见，翻译时的措辞十分重要，如果换一种译法，应当是"那些被人类视为神的一切"，那么全句即〔94〕是，其实"那些所谓的神并不存在"。总之，在我看来，普罗迪科斯的确像是彻底的无神论者，他绝不承认任何神的存在，难怪在古代，人们动不动就把他同对神的全盘否定联系在一起。①

（接上页注①）与骑射也有关联。关于"改变拼写"，参见 Obbink, Philodemus, *On Piety* 19，也可参见 Mayhew. E. R., *Prodicus the Sophist*, fragment 70。Dodds 认为普罗迪科斯的思想是 Euripides 创作悲剧 *Bacchae* 274 - 85 的基础，参见他的 *Euripides*, *Bacchae*, 2nd ed.（Oxford：Oxford University Press, 1960），104 - 5。

① 有关英译本的不同译法，参见 Mayhew, *Prodicus the Sophist*, 47。

如此有悖于常人的思想，除去在有钱读书人的狭小圈子流传之外，很难说能对大众文化产生过多大影响，但是有迹象表明，它们在大众舞台上找到了传播途径。在雅典，戏剧是一种大众娱乐活动，在整个公元前 5 世纪到前 4 世纪，戏剧创作的数量极大，它们被搬上舞台，在成千上万人面前演出。这里有一份偶然保存下来的台词——很不幸，又是份缺少前后文的残篇——从中可以看出这类由德谟克利特引发的、有关普罗迪科斯的争议，是如何在舞台上被完整演绎的，也可以看出这种思想是如何被大众文化接受的。这份湮没已久的台词是被后世一些热衷于发展无神论思想的哲学家发现的。台词原作者不详，有份古代资料说它出自悲剧作家欧里庇得斯之手，另一些人认为是克里提亚斯的作品。后一种看法似乎更有道理，因为，若以著名剧作家和其作品尚不为人知的作家相比，一部剧本被误归入前者名下的可能性应该更高。当时，克里提亚斯因为两件事而名噪一时：其一，在公元前 404 年斯巴达战胜雅典后的血腥政变中，他成为三十僭主之首；其二，他是柏拉图的舅父。后一因素对于判断这份台词更为重要。在柏拉图的文中，当年他也聚在卡里阿斯家中迎接普罗泰戈拉，是那群满怀期待的知识界核心成员之一，以他的身份，当然容易被人看作传播前沿思想的人。

在剧本中开口讲话的是神话人物西西弗斯，这本身就非常有趣。西西弗斯是风神埃俄罗斯之子，属于那个神话家族（包括萨尔摩纽斯、阿尔库俄涅和柏勒洛丰）的第二代成员，凡是具有该家族血统的成员，似乎都有过与众神抗争的经历。在赫西俄德的《神谱》中，埃俄罗斯家族似乎一直试图抗拒神所拥有的特权，或是想方设法替人类索取这些特权。然而，在刚刚

提到的残存文书中，西西弗斯的无神论却采取了替宗教起源进行诡辩的形式：①

[95]

人类曾经生活在无序，野蛮且屈从暴力的时代；

那时高尚得不到报偿，或惩罚成为基本手段。

在我看来，人类制定法律，因而裁判成为暴政。

好斗行为受到控制。

任何犯错的人都会受到惩罚。

接着，当法律防止了公开的暴力行动，人们便开始秘密地施暴，

于是在我看来，某位精于诉讼的聪明人发现，凡人都惧怕神，

所以那些卑劣的家伙就算躲在背地里做事、说话，或是想主意，也定然有所畏惧。

于是他引入了宗教，

也就是说，引入了认为存在着一种充盈不朽生命之神的思想，

他用心智去聆听、察看、思考，

---

① 关于西西弗斯台词文书残卷，参见下列文献：M. Davies, "Sisyphus and the Invention of Religion ('Critias' *TrGF* 1 [43] F 19 = B 25 DK)", *Bulletin of the Institute of Classical Studies* 36 (1989): 16 – 32; N. Pechstein, *Euripides Satyrographos: ein Kommentar zu den euripideischen Satyrspielfragmenten* (Stuttgart and Leipzig: Teubner, 1998), P. O'Sullivan, "Sophistic Ethics, Old Atheism, and 'Critias' on Religion", *Classical World* 105 (2012): 167 – 85; D. N. Sedley, "The Atheist Underground", in V. Harte and M. Lane (eds.), *Politeia in Greek and Roman Philosophy* (Cambridge: Cambridge University Press, 2013), 329 – 48; T. Whitmarsh, "Atheist Aesthetics: The Sisyphus Fragment, Poetics, and the Creativity of Drama", *Cambridge Classical Journal* 60 (2014): 109 – 24。

> 关注着这些事，并具有一种神明的本性，
> 神能听到在凡人中言说的每件事，
> 也能看到凡人做的每件事。
> 如果你想悄悄筹划些卑劣之事，
> 神绝不会注意不到。

如果再想说些什么，那就是，以上引文所包含的批评意味比德谟克利特和普罗迪科斯的话来得更为激烈。德谟克利特和普罗迪科斯都把宗教看作一种自下而上的过程，驱动这一过程的则是早期人类渴望把握知之甚少的自然界的欲望。在他们看来，宗教最初是一种认识过程，只是后来才逐渐制度化。但是，对于克里提亚斯笔下的西西弗斯来说，宗教从一开始就是一个社会控制的过程。这里丝毫没有原始的浪漫可言。宗教是精明的人创造出来的，这些人所追求的无非是把社会秩序强加给幼稚的人民。西西弗斯描述了遏制不良行为的两个阶段：首先引入法律，然后当法律仍无法有效制止秘密犯罪时，再引入宗教。法国哲学家米歇尔·福柯（Michel Foucault）在他的著作《规训与惩罚》（*Discipline and Punish*）中阐释了现代刑罚制度的历史，18世纪的欧洲经历了从惩戒犯罪行为转向注重对人的控制的过程。福柯把杰里米·边沁 〔96〕（Jeremy Bentham）为犯人设计的圆形监狱（Panopticon）作为这种转变的典型例证，犯人在这种圆形监狱中无时无刻不处于看守人员的监视之下，但从不自知是否受到监视。在西西弗斯的台词中，类似的转变则伴随宗教的发明而出现：精明的人编造出"存在着一种……神的思想……/神能听到在凡人中言说的每件事，也能看到凡人做过的每件事"。西西弗斯

说，在宗教发明之后，整个社会再也不仅仅只是限于惩处公开的不法和骚乱行动，它还可以说服自己的公民从内心深处服膺于道德的评判。于是，这时的世界就变成一种宗教的圆形监狱。①

说完上面那些台词之后，剧中西西弗斯继续就德谟克利特认为原始人类恐惧自然因素的思想展开讨论。他称，精明的宗教发明者说，"众神居住在最能对人类构成威胁的地方，/他既知道凡人的恐惧从何而来，/也知道由何而施惠于他们的悲惨人生"。换句话说，他把众神置于上苍。德谟克利特认为，原始人自发地把众神同宇宙间那些对他们威胁最大或是让他们获益最大的自然现象联系在一起；西西弗斯的看法恰恰相反，他认为这种信仰是自上而下强加给他们的。宗教是一种自上而下用以维护社会秩序的虚妄之物。

至于接下来的剧情还会怎样发展，由于所有现存文书都已残缺不全，我们只能推测，当然推测也要有根据。在神话中，只要西西弗斯出现，就必定和与神作对的坏事牵连在一起。另外，每位前往古代剧场的看客都知道，当荷马史诗中的奥德修斯到访阴间时，就会看到西西弗斯正推动着那块有名的巨石走向山顶。无论故事经历过怎样的调整，西西弗斯命中注定都要受到可怕的惩罚。这一点无疑会让他的宗教理论有些与众不同：在克里提亚斯的剧作中，西西弗斯很可能恰恰因为自己能沉着、机智地与神作对而受到严厉惩罚。与此同时，看到这一幕的观众却会大受鼓舞，为无神论者的失败而欢呼，当然也为壮观的场面和精湛的演技而鼓掌喝彩，总之，人人都酣畅地沉浸在那

---

① 参见 M. Foucault, *Discipline and Punish: The Birth of the Prison*，该书英文版译者为 Alan Sheridan (London: Allen Lane, 1977)。

一时代浓郁的诡辩气氛中。西西弗斯在剧作中应该是个反派角色，但是，也和弥尔顿（Milton）笔下的撒旦（Satan）一样，他的台词肯定是最棒的。①

---

① 奥德修斯在冥界的经历见 Homer, *Odyssey* 11. 593 – 94。

第 7 章　扮演众神

　　想象一下春季大酒神节（Great Dionysia）时的雅典，黄昏时分，狄奥尼索斯剧场内，清冷，寂寥，昏暗，500名身着长袍的中产人士整齐排列。而另有成千上万喧闹的人聚在雅典刺眼的日光下，狂欢作乐。观众并没有在一排排密集的座席上就座，他们的目光都投向唯一的光源。在这座建在卫城（Acropolis）斜坡上的巨大马蹄型剧场内，到处都散布着坐在木凳上观剧的人群，他们对眼下的城市和一起观剧的同伴所投入的关注，丝毫不亚于对舞台演出的关注。有时他们聊着吃着，开怀笑着，有时又一言不发，一头扎进剧情。观众之所以来到剧场，并不是因为他们自己决定要在这里度过自己的闲暇时光——虽然在一个没有朝九晚五上下班，也没有周末概念的世界，并不存在真正的"闲暇"概念——而是因为全城人都必须参加一年一度的节庆活动。这种场合并不是上流社会盛装出席的庆典，而是大众文化活动。当然，社会上若干群体无疑是被排除在大众文化之外的：首先是妇女，即便她们中有人参加，人数也极少；其次是奴隶，在雅典全城十万左右的奴隶（在总人口中约占百分之四十）中，似乎无一人参加；此外还有异邦人，他们是没有公民权的自由民，大概也不会自动获得参与这些活动的权利。尽管存在上述局限，但雅典的戏剧活动的确有着狂欢节般的气氛，能带给人们丰富多彩、包罗万象的人生体验。

　　大酒神节是雅典人重大的戏剧节日，演出一共持续五天，其中三天每天都上演由同一诗人创作的三部悲剧（tragedy）和一部羊人剧（satyr），即演员装扮成半人半羊模样的滑稽剧（jokey dram）。余下来一天举办诗歌表演，即演唱献给酒神的颂歌（dithyrambs），另一天举办喜剧（comedy）表演。悲剧和喜剧要进行比赛，而后交由雅典各部落随机抽选的人员进行评判。〔98〕评判结果刻在石头上，其中不少铭文保留至今。

　　古代戏剧的起源并不十分清楚。公元前 630 年以后的科林斯陶器上绘有舞者形象，从画面上可以看到酒神祭典时表演者的衣装。由此可以确定的是，戏剧节在雅典和其他地区开始出现的时间，大致在公元前 6 世纪晚期，到公元前 5 世纪，雅典的多样性已逐渐成为民主体制的一种标志。在戏剧中，无名合唱队与署名演员之间的互动表演集中体现了这个社会不断纠结于群体与个体、精英与大众之间关系的态势。典型悲剧所关注的焦点是往昔，是英雄时代的神话人物，也让雅典人有机会思考究竟该维系旧时的贵族统治，还是当下的民主体制。而喜剧所关注的全部是当下社会，思索的问题全都与观众息息相关，剧中语言轻松有趣，人们耳熟能详。雅典这座充满活力且十分成功的国际都市，需要有大众媒介去凝聚人心，并给多种多样的居民提供一种共同的叙事途径。而剧场让这一想象中的共同体感受到了团结和凝聚力。①

---

① 关于雅典的剧场，参见 A. W. Pickard-Cambridge, *The Dramatic Festivals of Athens*, rev. 2nd ed. by J. Gould and D. M. Lewis（Oxford：Oxford University Press, 1988）。关于剧场在雅典社会中的作用，可参阅下列著述：J. Winkler and F. Zeitlin, *Nothing to Do with Dionysus? Athenian Drama in Its Social Context*（Princeton, NJ：Princeton University Press, 1990）；E. Csapo and W. J. Slater, *The Context of Ancient Drama*（Ann Arbor：University of Michigan Press, 1994）；C. Pelling, *Greek Tragedy and the Historian*（Oxford：Clarendon Press, 1997）；D. Wiles, *Tragedy in Athens：Performance Space and Theatrical Meaning*（Cambridge：Cambridge University Press, 1997），以及 E. Csapo and M. Miller, *The Origins of Theater in Ancient Greece and Beyond*（Cambridge：Cambridge University Press, 2007）。

古代剧场与现代剧场另有一点不同之处，即它的宗教功能。大酒神节毕竟是一次宗教庆典，用来祭祀酒神狄奥尼索斯的公共假日被正式标注在城市历书上，剧场建筑也是为酒神而建的，地点就在酒神狄奥尼索斯神庙附近，节庆礼仪包括血腥的献牲仪式。但是，即便有这种宗教背景，戏剧本身也并非宗教仪式的一部分。写作演出脚本的剧作家没有特殊的宗教职能，他们在这些剧本上下功夫的主要目的是参与竞赛，力争在赛事上赢得最负盛名的文学节最高奖项。古代铭文并没有提到哪些剧目为酒神增添了荣耀，由此可知竞争所考虑的因素是写作技巧。

[99]　　然而，不少现代评论家一直坚持认为希腊戏剧基本上都是宗教性的。这种误解多少与亚里士多德有关，他在《诗学》（*Poetics*）中提出，悲剧起源于祭祀酒神仪式上歌队合唱的酒神赞美诗（dithyramb）以及与森林之神萨堤尔有关的诗文，而喜剧起源于男性生殖崇拜游行时的歌咏。他的话并不十分明确，但启示我们，最初的悲剧和喜剧其实都具有仪式性质，都是献给酒神狄奥尼索斯的赞歌。在 19 世纪至 20 世纪早期，围绕这种观点又形成一些更精致的解释框架：以浪漫眼光看待古希腊文化的学者，力图从希腊文学与宗教紧紧交织在一起的那一最初时刻起，追溯悲剧和喜剧的来龙去脉。"悲剧"一词在希腊文中是 *tragōidia*，这似乎提示我们，悲剧是一首山羊（*tragos*）之歌（*oidē*）。其实根本没人说得清悲剧究竟和山羊有什么关联，然而在 19 世纪至 20 世纪早期，深受浪漫思潮影响的一代学者却设想悲剧起初既同献牲的山羊有关，也同人们在仪式上装扮成山羊的模样跳舞合唱有关。这些都是凭空想象。甚至就连亚里士多德有关萨堤尔诗文和男性生殖崇拜歌咏的说法，都有可能是揣测，并没有史料依据。亚里士多德对于悲剧的起源

知道的并不比我们多。即便如他所说，悲剧在最初与祭祀仪式有关，但这也并不说明它在公元前 5 世纪的社会作用。①

此外值得一提的是，悲剧也因其内容而被看作基本上是宗教性的。许多作品以宗教为主题或者是描写神的故事。一个老套的"罪与罚"的故事一再出现在不同的剧作中：人类行为不自量力，惹得诸神妒火中烧，于是一心维护自己权威的神出手将人类打败。于是，沿着这套思路，戏剧营造出一种宗教性的保守气氛，激发观众接受神的权威（但是在喜剧中未必如此），喜剧不仅可以讽刺宗教，甚至也可以连带神一起挖苦，比如在阿里斯托芬的喜剧《蛙》（Frogs）中，狄奥尼索斯这位戏剧之神（既是酒神，也是戏剧之神——译者注）本身就被刻画成一个既笨拙又胆怯的家伙。在悲剧中，与神作对从来都是件早晚难逃一劫的倒霉事。不论是相信自己已躲过阿波罗预言的俄狄浦斯，还是因拒绝性爱而得罪爱神阿芙洛狄忒的希波吕托斯（Hippolytus），又或者是拒绝接受新的酒神崇拜的彭透斯（Pentheus），莫不如此。但是这些事例仍不能证明悲剧主要是一种宗教仪式。因为从一开始，悲剧中的神就不是雅典城邦直接崇拜的神。在希腊众神并存的体系中，宗教仪式往往局限于 〔100〕

---

① 参见 Aristotle, *Poetics* 1449a。关于不赞同悲剧起源于宗教仪式的观点，参见 S. Scullion, "Nothing to Do with Dionysus: Tragedy Misconceived as Ritual", *Classical Quarterly* 52（2002）: 102 - 37。关于以"仪式主义"思路对希腊戏剧所做的解读，参见下列文献：W. Burkert, "Greek Tragedy and Sacrificial Ritual", *Greek Roman and Byzantine Studies* 7（1966）: 88 - 121; R. Seaford, *Reciprocity and Ritual: Homer and Tragedy in the Developing City-State*（Oxford: Oxford University Press, 1994）; C. Sourvinou - Inwood, *Tragedy and Athenian Religion*（Lanham, MD: Lexington, 2003）以及 A. Bierl, *Ritual and Performativity: The Chorus in Greek Comedy*（Washington, D. C.: Center for Hellenic Studies, 2009）。

某地，也就是说，当你向雅典娜祈祷时，你祈祷的对象不是抽象的女神，而是只对你所在神庙显灵的那位雅典娜。悲剧中出现的神不是雅典人崇拜的神，而是荷马和赫西俄德在神话诗歌中描摹的文学人物。更让人难解的是，尽管传说中的神都很正义，但悲剧中出现的神却冷酷、小气、睚眦必报。比如在欧里庇得斯的悲剧《特洛伊妇女》中，雅典娜称，既然特洛伊城已悲惨地陷落，她就不再支持希腊人，反而要破坏他们的还乡之路。海神波塞冬问她："为什么你的心情总这么时好时坏？不管你恨着谁或是爱着谁，这恨都太深，爱也太深。"在欧里庇得斯的另一部作品《希波吕托斯》（*Hippolytus*）中，只因剧中主人公简单地回避了性爱，阿芙洛狄忒便决意把他杀掉，这位女神自私又冷酷；而阿尔忒弥斯最终也同样承诺会杀死一个阿芙洛狄忒最亲爱的人来为希波吕托斯报仇。虔诚的卫道士们一心要把慈悲又公允的美德加诸众神身上，可惜众神在悲剧中极少身体力行。①

雅典戏剧中能够确切说得上是"宗教性的"，仅限于下列意义，即戏剧所深切关注的神的问题都是与当下密切相关且最具挑战性的问题。《西西弗斯》残卷作者克里提亚斯并非唯一对无神论革命作出回应的人。公元前 420 年代，在智者运动的感召下，悲剧和喜剧都已开始探索神是否存在的问题。普罗泰戈拉、德谟克利特、普罗迪科斯等人所探讨的思想借助戏剧舞

---

① 参见 Euripides, *Trojan Women* 67 - 68。有关悲剧对于神的刻画，可参见 R. Parker, "Gods Cruel and Kind: Tragic and Civic Theology", in C. Pelling (ed.), *Greek Tragedy and the Ancient Historian* (Oxford: Oxford University Press, 1997), 143 - 60。与上文相反，也有人认为悲剧教会雅典人做心怀虔敬的公民，参见 C. Sourvinou-Inwood, "Tragedy and Religion", in Pelling, *Greek Tragedy*, 161 - 86。

台传播给无数观众。

阿里斯托芬的第四部作品《骑士》（*Knights*，作于公元前424 年）是一部复杂的寓言式讽刺喜剧，讽刺对象是当时的政治人物克里昂，在剧中，他成为德谟斯（Demos，意为"人民"或"国家"）的奴仆。该剧开场，两个奴仆先是抱怨新来的奴仆，接着又商量如何同主人玩捉迷藏的把戏：

奴仆二：最好的办法是去拜倒在神像（bretas）面前。

奴仆一：你说什么，神像（bretetetas：这个奴仆作出似乎发不出"神像"一词声音的样子）？你真的相信有神吗？〔101〕

奴仆二：当然相信。

奴仆一：怎么才能验证呢？

奴仆二：其实我就是被神诅咒的人，这个行吗？

奴仆一：行吧，对我来说这就够了。①

被神抛弃竟可以用来证明神的存在，真是个高明的笑话。但又岂止是笑话，也是对当时以理智为时尚的一种评点。奴仆二的话提示我们，对神的信仰已经不大流行（"你真的相信有神吗？"），而且神是否存在还需加以"验证"（tekmērion）。"验证"一词多用于专门的哲学范畴，而阿里斯托芬却让这个哲学味道十足的字眼从奴仆嘴里冒出，他是在以此方式娱乐大众。

阿里斯托芬无疑把时尚思想家同不信仰神明的观念联系在一起。公元前 423 年，他创作的喜剧《云》（*Clouds*）问世，这是一部针对当时知识界的讽刺剧。剧作标题暗指前苏格拉底

---

① 参见 Aristophanes, *Knights* 30 – 35。

学派对宇宙性质的猜测以及他们思想的无聊（如他所见）。作品不太成功，为此他又做了改编，流传下来的版本大致完成于公元前 420 ~ 前 417 年。作者在剧中讥讽了当时在雅典兴起的尚智文化。剧中主人公名叫斯瑞西阿得斯（Strepsiades，意为"心术不正之人"），因儿子斐狄庇得斯（Phidippides，意为"嗜马成瘾"）迷恋赛马而欠下赌债，他想走捷径以逃脱债务。听说苏格拉底办了一所学校，能教给学生把任何主张都说得堂皇有理的诡辩之术，于是报名参加。在剧中，他学着怎样把没理狡辩成貌似有理，但最后又赖皮地推翻自己讲过的所有废话，并放火烧掉了学校。现实中的哲学家苏格拉底在剧中被扭曲地模仿，让人觉得他装腔作势、自私空虚、在道德上十分危险。他的弟子否定一切传统道德，也否定对奥林匹斯众神的信仰（"你凭着奥林匹斯的宙斯起誓！真是傻瓜，你才这般年纪就得相信宙斯的存在！"）。在剧中，合唱队代表了被用作剧名的云神，云神是苏格拉底及其同道崇拜的女神。苏格拉底称"她们是唯一的神，其余都是胡说"。"什么？"斯瑞西阿得斯应道，"地神啊！你竟不把奥林匹斯的宙斯看作天神？"苏格拉底说道："说什么呢，宙斯？别胡扯了，哪有什么宙斯！"接着，他又举证说明自己的主张，这些"证据"（*sēmeia*）估计就是《骑士》剧中第一位奴仆所期盼的那种能够验证神确实存在的证据。①

〔102〕

悲剧以巧妙的方式回应了智者，把问题投射到神话的幕布上，如此一来，它与当下文化的关联就变得不那么直白了，只是种暗示或影射。索福克勒斯的《俄狄浦斯王》这一希腊悲剧

---

① 涉及 Euripides 的内容见 Aristophanes 的《地母节妇女》（*Thesmophoriazusae*）451。《云》剧引文见 *Clouds* 818 – 19，365 – 84。

中最伟大的范例就可以说明这一点。该剧的创作时间不太明确，很可能在公元前 428 年前后。这样的时间把剧作置于智者运动的风口浪尖。索福克勒斯常常被视为三大悲剧作家中宗教意识最浓厚的作家，但《俄狄浦斯王》所描绘的画面更复杂，也更具挑战性。该剧的核心是神的预言以及人类力图把已被神谶锁定的命运抓到自己手中。年轻的俄狄浦斯得知阿波罗在德尔斐神庙预言他将弑父娶母，为避免神谶应验，他离开家乡科林斯，到底比斯定居下来。他在那里做了国王，并娶老国王拉伊俄斯（Laius）的遗孀伊俄卡斯忒（Jocasta）为妻。在剧中，他发现了事实真相，原来他就出生在底比斯城，是伊俄卡斯忒和拉伊俄斯的亲生子，这对夫妇在听到了相同的预言后，就把他扔到西塞隆山（Mount Cithaeron）等死。后来他被人解救，才在科林斯长大成人。一次，在通往底比斯的路上，他与拉伊俄斯发生冲突，冲突中，他杀死了自己的亲生父亲。阿波罗的预言就这样在父子双方互不相识的情况下应验了，其间，俄狄浦斯虽然想尽一切办法，但最终仍躲不过弑父娶母的命运。在悲愤中，俄狄浦斯弄瞎自己的双眼，跌跌撞撞离开，从此踏上放逐之路。①

---

① 关于《俄狄浦斯王》创作时间以及当时反响，参见 B. M. W. Knox, "The Date of the *Oedipus Tyrannus* of Sophocles", *American Journal of Philology* 77 (1956)：133 - 47；该文再次发表于 *Word and Action：Essays on the Ancient Theatre* (Baltimore：Johns Hopkins University Press, 1979), 112 - 24。Knox 认为该剧应该写于雅典第二次瘟疫之后，特别是公元前 425 年（但是这种看法似乎更缺乏依据）。据说还有一种解释，认为索福克勒斯之所以要以一场瘟疫作为全剧开场，是把这一场景作为《伊利亚特》（*Iliad*）的回响。有关索福克勒斯与宗教问题的讨论，参见 R. Parker, "Through a Glass Darkly：Sophocles and the Divine", in J. Griffin (ed.), *Sophocles Revisited：Essays Presented to Sir Hugh Lloyd-Jones* (Oxford：Oxford University Press, 1999), 11 - 30。

雅典观众应该会看到戏剧与现实生活的种种相似之处。全剧一开场，瘟疫笼罩下的底比斯一片惨淡，这瘟疫正是阿波罗对俄狄浦斯无意中杀死父亲的报复。而雅典在公元前430~前426年也陷入一场可怕的瘟疫，这是雅典和斯巴达两大城邦交战中伯里克利政策的结果。开战之年，伯里克利把全体公民迁入雅典城内，而斯巴达人则把垃圾抛在城外，由此引发瘟疫。即便不那么直接，观众也有可能一眼就把剧情与现实时局联系在一起。接下来，沉着理智的俄狄浦斯本人无疑也会使观众联想起伯里克利，公元前429年那场瘟疫也同样夺去这位雅典将军和非正式领袖的性命。俄狄浦斯凭借个人智慧独自破解了斯芬克斯（Sphinx）的谜题，从而让底比斯摆脱了她的咒语，这件事让他的聪明才智远近闻名。此外，还有一些迹象似乎也不应被忽略：在剧中，底比斯有一位深受爱戴的领袖，他以自己的理智才能为荣，但是过于自负毁了他；在现实的雅典，备受欢迎的伯里克利对自己与当时知识分子的关系颇为自豪，但是最终也造成可怕的瘟疫。

〔103〕

伯里克利也是雅典知识界的成员，而这些知识分子在公众心目中又总是与无神论不无关联。学者阿那克萨戈拉即是其中一例。在公元前430年代，他因"不信仰神明"的罪名受到控告。指控者狄奥佩特斯（Diopeithes）是个预言家，据说他"提出过一项法案，主张对不敬神明的人和传授天体理论的人提起公诉，他是想通过谴责阿那克萨戈拉引起人们对伯里克利的怀疑"。这件事给《俄狄浦斯王》剧情添上一抹非常现实的色彩，在剧中，俄狄浦斯与能够凭鸟声预测未来的盲人预言家忒瑞西阿斯（Tiresias）展开交锋。正是忒瑞西阿斯第一次道出是俄狄浦斯杀死拉伊俄斯并让这片土地饱受荼毒的真相，俄狄浦斯异常愤怒，以自己曾依靠智慧成功破解斯芬克斯谜题回击先知预言。他挖苦地说道："现在告诉我，你拿什么证明自己是预言家？那只会吟诗的狗（指斯芬克斯）在这里时，你干吗不说出能让人民摆脱厄运的话？她出的谜语可不一般，要用预言家的本事才能破解，但是你却没有从鸟或神那里得到天机。倒是我这个一无所知的俄狄浦斯来了，不懂鸟语，只用智慧破解了她。"换句话说，俄狄浦斯是以理性的人类智慧在对抗艰深晦涩的神意。他怒斥伊俄卡斯忒的弟弟一定是因觊觎王位而收买了"谎话连篇的术士和狡诈的流浪祭司"，弄出这些预言和他作对。以上俄狄浦斯所说的一切，恰好都与索福克勒斯同代人指责宗教狂热的内容有关。剧中称预言家为"术士"（*magos*）是把他看得与波斯占卜师差不多，称他为"狡诈的流浪祭司"是把他与新兴神秘宗教的祭司摆在同等位置，这些宗教是从外部引进雅典的，其信仰包括弗里吉亚大母神（Phrygian Great Mother）崇拜、萨巴齐奥斯（Sabazios）崇拜和本狄斯（Bendis）崇拜。忒瑞西阿斯除了吸收当时流行于雅典的各种外来宗教的古怪做法外，从某种角度看，他还非常奇异地与狄奥佩特斯本人十分相像。两人都是与阿波罗有关的预言家，在索福克勒斯的剧作上演前后，狄奥佩特斯那些怪诞的宗教行为曾遭到喜剧诗人的公开嘲笑，他被看作举止不端、随着鼓点疯狂起舞的"疯子"。阿里斯托芬讥讽地称他为"伟大的狄奥佩特斯"，指责他（一如俄狄浦斯指责忒瑞西阿斯）为自己的需要而捏造神谕。忒瑞西阿斯与狄奥佩特斯当然不会完全一样，俄狄浦斯与伯里克利或阿那克萨戈拉也不会完全一样，但是对古代观众而言，他们所看到的共同之处已足够让他们意识到，演出的剧情正在道出

〔104〕

他们所处时代的重大问题。①

　　俄狄浦斯拼命摆脱神示命运的举动具有极深的神学意义。怀疑预言的效力意味着怀疑神的预见能力。剧中，俄狄浦斯的王妃（真相大白后也是他的母亲）伊俄卡斯忒认为她和俄狄浦斯已通过避开神示的厄运而证明阿波罗的预言不会应验。她说："所以，从此我再也不会因为神谶而左顾右盼了。"这时，她当然不是在否定神本身的存在，却不可低估她这番认为神示无效且无须理会的话语所具有的冲击力。在古代条件下，这绝对是十足异类的主张。②

　　合唱队随后的吟诵把反宗教主题推向高潮，而结尾处更是惊世骇俗：

　　　倘若预言不再对所有凡人灵验，不再让人看得清楚明白，

----

① 关于狄奥佩特斯提出的法案，见 Plutarch, *Pericles* 32. 1（还可参见 Diodorus of Sicily 12. 39. 2）；更多细节见本书下章。关于阿波罗和狄奥佩特斯，见 Xenophon 的 *History of Greece* 3. 3. 3［至于是否是为同一 Diopeithes，参见 M. A. Flower, *The Seer in Ancient Greece*（Berkeley: University of California Press, 2008), 123 - 24］。Aristophanes 在喜剧 *Knights* 1086 中或许也表示与 Apollo 有关（Apollo 是否与自己的先知保持距离）。对忒瑞西阿斯的描述见 *Oedipus the King* 387 - 88。关于对游走各地的新神预言家的称呼，参见 H. S. Versnel, *Ter Unus: Isis, Dionysos, Hermes; Three Studies in Greek Henotheism*（Leiden: Brill, 1990), 116 - 18（虽然应当承认埃斯库罗斯笔下的 Cassandra 也可称为女流浪预言家，参见他的 *Agamemnon* 1273 - 74）。关于狄奥佩特斯被称为疯子一事，参见 Amipsias, fragment 10, Teleclides fragment 7 以及 Aristophanes, *Wasps* 380a、380c 和 988c 的批注。随鼓点起舞一事见 Phrynichus fragment 9（以及 Aelian fragments 22 - 23）。以上所列喜剧残卷均出自 R. Kassel and C. Austin, *Poetae Comici Graeci*（Berlin: de Gruyter, 1983 - 2001)。参见 Aristophanes, *Birds* 980 - 89。

② 见 Sophocles, *Oedipus the King* 857 - 58。

我便不再诚心诚意去朝拜大地中心那不可侵犯的神殿，

不再朝拜艾比（Abae）的神殿，

不再朝拜奥林匹亚。

哦，宙斯王啊，如果你当得起这样的称呼，

统治一切的宙斯啊，千万不要让这件事逃过你的双眼，〔105〕

躲过你永恒不朽的威力。

拉伊俄斯的古老预言已成过往，

不再让人看重。

阿波罗处处得不到尊重；

宗教信仰风光不再。①

　　这段歌咏真是不同凡响。合唱队在歌声中，把德尔斐两大预言中心艾比和奥林匹亚从朝拜对象中除名。这种做法对众神之王的权威有重大影响，他在歌中被人这样呼唤着："宙斯王啊，如果你当得起这样的称呼，统治一切的宙斯啊。"现在可以肯定评论家通常对这段剧情的看法，即剧中呼唤宙斯的方式的确与一般祷告者在无法确定对神的称呼时所使用的表达方式十分相似。希腊人在宗教仪式上，必须正确呼唤神在仪式中的名称，虽然如此，但这一切到了索福克勒斯笔下却丝毫不显刻板、乏味。歌词准确指出一个逻辑问题：假如众神已经控制不了神示，宙斯又何以真正称得起"王"？一旦失去对神示的信任，人们对于神权的普遍信仰也会受到影响，且影响所及不止于两大预言中心。所以合唱队的结论是：宗教——*ta theia*，意为"与神相关之事"——不复存在。这推论背后有一个诡谲的逻

① 引自见 Sophocles, *Oedipus the King* 906 – 10。

辑：如果预言无法应验，就意味众神主宰不了宇宙，那么还有必要信仰这些神吗？对于公元前 5 世纪后期的雅典观众而言，"*ta theia*"一语听起来现代的有些刺耳，它来自当时的知识阶层，而不是诗歌语言。我们从其他史料得知，自从色诺芬尼以来，一直有人否定预言的真实性。比如，欧里庇得斯的悲剧《海伦》（*Helen*）中有位人物的看法，就让人联想到俄狄浦斯对忒瑞西阿斯的抨击，他认为"预言家的话十分低劣且往往谎话连篇……只有纯粹的智慧和苦口良言才能成就最出色的预言家"。索福克勒斯的合唱队用歌声宣告，基于亲眼所见的事实，他们同意上述主张。①

《俄狄浦斯王》是一部排除了神意干扰的、严肃探讨世界观的剧作。在宗教节庆期间，该剧却在竭诚倡导这样一种思想：[106] 我们人类的生活不应由神的意志来支配。在接下来的剧情中，一直被蒙在鼓里的俄狄浦斯以为自己是私生子，为此自称为"幸运儿"。然而，"幸运"（*tukhē*）一词也可以是一个带有唯物色彩、反宿命色彩、非神学意味的哲学词语，它与哲学家德谟克利特格外有缘，德谟克利特相信这个世界是由机缘支配的。俄狄浦斯就沉溺在这个充满不确定性的世界中。他发现自己幸运地摆脱了神示的命运——因为他的确以为自己是无父无母的私生子——于是异常兴奋。这是全剧中最打动人心的情节之一。②

---

① 祈祷时对神的称呼参见 Aeschylus, *Agamemnon* 160 – 61："宙斯，不管他是谁，只要这名字能让他高兴。"对预言的否定参见 D. W. Graham, *The Texts of Early Greek Philosophy*: *The Complete Fragments and Selected Testimonies of the Major Presocratics*, part I（Cambridge: Cambridge University Press, 2010），Xenophanes, fragment 4，还可参见 Euripides, *Helen* 744 – 57。

② 参见 Sophocles, *Oedipus the King* 1080，有关德谟克利特观点，参见 Graham, *The Texts of Early Greek Philosophy* 之 Democritus, fragments 231, 236, 239, 240。

当然，到头来俄狄浦斯还是错了，他的喜悦不过是场痴心妄想。他千方百计想要寻出别样的神意，但在传统的天道面前，一败涂地。他悲泣道："我是神所抛弃的人（*atheos*）！""*atheos*"一词在当时通常指无神论者，较为古老的含义才是"神所抛弃的人"。听到俄狄浦斯悲泣的古代观众需要费些思量才能明白——*atheos* 一词在这里是取其古义。虽然俄狄浦斯认为自己已脱离了神的控制，但他还是承认神的力量。总的来说，多数古代悲剧的情节都比较保守，趋向于肯定现状，维护遭遇挑战的意识形态，并喜欢在最终给整个事件打上神意的烙印。在这个意义上，悲剧可以用来验证神圣的正统性。不过，还有一种对《俄狄浦斯王》更为稳妥的解读，那就是把这部作品视为对神明力量的一种率直又虔诚的确认。在任何一部文学作品中，过程与结局都同样重要，俄狄浦斯在世间不受神意眷顾的经历，是对那一时代知识分子所处的环境的一种深刻的共鸣。我们不妨这样看待剧情的保守风格：这种保守性营造出一种空间，在这个空间之内，人们可以探讨各种危险的宗教主张，而不必担心会触犯些什么。①

欧里庇得斯是比索福克勒斯更年轻的剧作家，他对无神论的本质作过最为直接的探索。阿里斯托芬曾把他写进自己的一部喜剧，剧中一位卖花冠的老妪指责欧里庇得斯创作的悲剧"让所有的人都相信没有神"，如此一来，害得她连生意都做不下去。大约在欧里庇得斯逝后两百年左右，埃及人萨迪卢斯（Satyrus）为他作了一部传记，其中提到他曾因大不敬（*asebeia*）罪而受到擅长蛊惑人心的克里昂的指控。"大不敬"

---

① 俄狄浦斯在剧中称自己是 *atheos*，见 Sophocles, *Oedipus the King* 1360。

正是狄奥佩特斯为指控阿那克萨戈拉而提出的罪名，此后这一罪名还被用来抨击米洛斯的迪亚戈拉斯和苏格拉底。不过，从

〔107〕 历史的角度来看，这些主张并不重要。须知，阿里斯托芬显然是个讽刺作家，被认为长于平面漫画笔法，而萨迪卢斯所采信的那些不入流的报道，很可能来自阿里斯托芬的喜剧，而非可靠的传记事实。然而可惜的是，这两条证据反倒引来一些现代学者的强硬的回应，他们信誓旦旦地向读者担保，欧里庇得斯绝不是真正的无神论者，但论证步骤简单又冒险，其依据仅仅是，他们注意到，剧作者是让剧中人物说出那些拒绝承认神的权威的话，而这并不能表示作者本人相信这些话。他们提醒人们，应当看看剧中那些否定神的人物最终结局如何，作为悲剧，那些人物最终大都悲惨地死去。总的来说，这的确是不可否认的事实。然而，他们却弄错了攻击目标。任何生活在 21 世纪的学者都不会简单到只是宣布一句"欧里庇得斯是无神论者"。传记批判的时代已经过去，这意味着，我们不能仅凭角色台词去揣测作者观点，也不应当把这些情节复杂、刺激但却留下开放性结局的剧作看作是阐释一条孤立简单信息（无论是"我信仰神"还是"我不信仰神"）的载体。重要的是，在所有剧作家中，欧里庇得斯剧中的人物对传统宗教的抨击最富哲理，而剧中观点的依据无疑来自那个时代丰富的智者思想。无论欧里庇得斯本人是不是无神论者，他都肯定被无神论思想深深吸引，并不失时机地向人们传达了这些思想。①

---

① 参见 Aristophanes, *Women at the Thesmophoria* 450 – 51。在另一部喜剧 *Frogs* 第 836 页中，欧里庇得斯也同样被埃斯库罗斯（Aeschylus）指责为"众神的敌人"，参见 Satyrus, *Life of Euripides* F6 fr. 39 col. 10, in S. Schorn（ed.）, *Satyros aus Kallatis: Sammlung der Fragmente mit Kommentar*（转下页注）

　　以《特洛伊妇女》中那段怪诞的祈祷为例，特洛伊王后赫卡柏向宙斯祈祷时讲了一段不同寻常的话："宙斯啊，你承载着大地，又在大地占据一席之地，我很难知道你究竟是谁，不论你是自然界的必然律还是人类的心智，我都向你祈祷。"这不像是一般的祈祷，它似乎故意错乱时光，在一段讲述遥远历史的剧情中，不合时宜地加入前苏格拉底学派的话语。有位古代评论家的看法应该没错，他认为这段祷词其实是在影射让阿那克萨戈拉背负恶名的宇宙观，即宇宙万物是由物质构成并由宇宙"精神"（即"奴斯"，参见第四章——译者注）左右的。但是也折射出与阿那克萨戈拉真实思想有关的若干问题：他所说的"精神"真的可以和爱奥尼亚学者们心目中的神等量齐观，真的可以被视为自然万物的驱动力吗？又或许它不过是一种揭示人类理性思维的基础性结构。① 〔108〕

　　《疯狂的赫拉克勒斯》（*The Madness of Heracles*）可能是欧里庇得斯晚年（他卒于公元前 406 年）作品，这部剧把目光转向对宗教的道德评判。全剧分为四场，第一场人物有赫拉克勒

（接上页注①）（Basel：Schwabe，2004）。参见 M. Winiarczyk，"Wer galt im Altertum als Atheist？"，*Philologus* 128（1984）：171 - 72，文中列举 7 例说明他与无神论的联系。M. R. Lefkowitz 从欧里庇得斯戏剧中（但未包括 *Bellerophon* 残卷，这点令人不解）收集了多处"大不敬"的情节并加以探讨，参见他的文章"'Impiety' and 'Atheism' in 'Euripides' Dramas"，*Classical Quarterly* 39（1989）：70 - 82〔该文重刊于 J. Mossman（ed.），*Euripides*（Oxford：Oxford University Press，2003），102 - 21〕。Lefkowitz 希望减少这些情节造成的冲击，因此文中只讨论发表不敬神言论的人的遭遇，而不涉及这些言论的哲学含义。还可参见 C. SourvinouInwood，*Tragedy and Athenian Religion*，291 - 458（尤其是第 294 ~ 297 页论及无神论的部分）和 A. Rubel，*Fear and Loathing in Ancient Athens：Religion and Politics During the Peloponnesian War*（Abingdon，UK：Routledge，2014），167 - 79。

① 参见欧里庇得斯的悲剧 *Trojan Women* 884 - 88。这位古代评论家针对这段剧情注明剧中祈祷词"来源于阿那克萨戈拉的话"。

斯的义父安菲特律翁（Amphitryon）、妻子墨伽拉（Megara）和孩子，这时，他的家人遭受邪恶的底比斯王吕科斯（Lycus）的迫害，而他本人正在外做苦役。底比斯王宣布要处死赫拉克勒斯的家人。第二场一开始，赫拉克勒斯及时赶回家，准备刺杀吕科斯及其同伙。第三场的剧情全部是女神赫拉的复仇，赫拉克勒斯的生父是赫拉的丈夫宙斯，为此赫拉对他充满嫉妒，派出女神吕萨（Lyssa，疯狂的化身）和信使女神伊里斯把他弄疯，让他把自己的孩子误认为敌人而亲手杀死他们。最终，他从疯狂中清醒过来，虽然极度悲伤，但是经过安菲特律翁和忒修斯（Theseus）的劝说还是决定活下去，并迁往雅典。全剧中诸神的不义之举比比皆是，理应受到谴责。首先是安菲特律翁痛斥宙斯没有好好照顾自己的儿子赫拉克勒斯："虽然我只是一介凡人，但是在德行上却远胜于你这了不起的神……你是个蠢神，要不然就是天生的不公正。"身为宙斯之子的赫拉克勒斯一生多灾多难，由此，人们可以理所当然地认为众神既不能够也不愿意照顾自己的亲人（而这恰恰是希腊伦理中的一项基本义务）。这番话背后的逻辑结构再次提示我们，它来自那个时代的哲学推论。在后面的剧情中，重新摆脱迷离状态和自杀心境的赫拉克勒斯也对宙斯表示怀疑："宙斯究竟是谁？"此时的赫拉克勒斯也如《俄狄浦斯王》中的合唱队那样，在千篇一律的虔诚祈祷中，怀疑是否能正确呼唤出神的名字，但他的表达方式却让人以为宙斯可能根本不存在。他对安菲特律翁说："老人家，别生气，我只把你看作父亲，没当宙斯是父亲。"不久，忒修斯又来安慰他，告诉他即便是神也会遭遇各种磨难，在神话中，神会遭遇配偶背叛，遭遇惩罚，遭遇监禁。赫拉克勒斯答道："我不相信神会喜欢缔结不法的婚姻，或是用锁链把彼此拴牢；也不相信有哪位神能够成为他人的主宰，不但现在不信，将来也绝不会相信。因为真正的神什么都不需要。所有这些只不过是歌者无聊的传言。"虽然赫拉克勒斯是以传统方式批判史诗传说中神的不义之举（可以通过品达的作品回顾一下色诺芬尼），但他的做法让人们看到其中隐含的否定神明存在的逻辑：〔109〕如果存在神这样的事，他们将会得到完全的保佑；但如果他们得到保佑，他们便不再有任何需要；于是，也就无须再去改变任何事（尤其是以不道德的方式）。具有讽刺意味的是，赫拉克勒斯本人此刻也被牵扯进一桩神的不道德行为中（指赫拉暗地里让他发疯）。从某种意义上说，事实推翻了他的观点并重申了传统的神学观。但也凸显了该剧神学问题的核心，即无所不能的众神之王宙斯在哪儿？为何他看起来如此缺乏对万事万物的掌控力？①

《疯狂的赫拉克勒斯》探索的是一种今日神学家们所说的"罪恶问题"：如果有神，且神公正又全能，那么，我们该如何解释这世界依然存在罪恶？这种矛盾在欧里庇得斯一部残存的剧作《柏勒洛丰》（*Bellerophon*）中表现得最为突出：

有人说天上真的有神存在？

没有，没有——即便你心甘情愿

① 参见下列文献：Euripides, *Heracles* 342 – 47, 1262 – 65, 1341 – 46；Graham, *The Texts of Early Greek Philosophy*, Xenophanes fragment；Pindar, *Olympian Ode* 1. 28 –35 以及 *Olympian Ode* 9. 35 – 41。关于《疯狂的赫拉克勒斯》剧所提出的神学问题，参见 H. Yunis, *A New Creed：Fundamental Religious Beliefs in the Athenian Polis and Euripidean Drama*（Göttingen：Vandenhoeck and Ruprecht, 1988）139 – 71。Sourvinou – Inwood 对此问题的看法更为保守，参见他的 *Tragedy and Athenian Religion*, 361 –77。

也别傻傻地接受那些过时的说法。

你自己要认真思考，别让我的话

牵着你的思想。我料想那些暴君

杀人无数，夺人财产，

毁弃诺言，洗劫城市；

尽管如此，他们反倒功成名就，

比那些襟怀虔诚、安分度日的人活得更精彩。

我还听说一些敬畏神明的小城邦

屈从于无视神明的大城邦，

被数量更庞大的军队征服。①

　　在古代文化中，这是最明确的无神论言论之一。遗憾的是我们只能见到片段，它的上下文不详，说话者不详。最理想的猜测是，这番话出自柏勒洛丰本人之口。柏勒洛丰的家世背景提供了一条线索，即他是风神埃俄罗斯的后裔，而风神的所作所为在《列女传》中与无神论密切相关。欧里庇得斯还有其他一些剧作残卷流传至今，其中所反映的处世态度压抑、讥诮又宿命，例如下面的这段话："如果人们看到的都是世道不公、坏人得志，那我宁愿去死，因为这世道已不值得活下去。"从其他一些资料来看，柏勒洛丰具有抑郁倾向。在《伊利亚特》中，

[110]

---

① 见 *Bellerophon* fragment 1。关于罪恶问题及其对宗教思想的影响，参见 M. L. Peterson，"The Problem of Evil"，in S. Bullivant and M. Ruse（eds.），*The Oxford Handbook of Atheism*（Oxford：Oxford University Press，2013），71 - 86。近年来有人尝试复原《柏勒洛丰》剧情（认为"无神论"这样的话出自斯忒涅玻亚［Stheneboea］之口令我难以置信），参见 D. W. Dixon，"Reconsidering Euripides' *Bellerophon*"，*Classical Quarterly* 64（2014）：493 - 506。

据说晚年的柏勒洛丰"在阿尔比恩（Aleion）原野游荡，吃掉了自己的心脏，避开人类的足迹"。荷马没有解释他为何如此痛苦，只提到他"痛恨所有的神"。由此，我们得到一些隐秘启示，看来荷马知道柏勒洛丰的经历，他早年曾是一位成功的英雄，后来不知为何因得罪众神而被流放，这导致他从此冷淡了宗教。①

柏勒洛丰究竟如何得罪了诸神，在荷马史诗中找不到线索，但我们从后世一些文献中得知，原来，他曾豪气万丈地想要骑着翼马珀伽索斯（Pegasus）飞上高高的奥林匹斯山，然而神骥珀伽索斯暴跳着把他摔倒在地。曾在公元前 5 世纪早期创作过多部颂扬运动健将诗歌的著名诗人品达，就知道这个传说。几乎可以肯定的是，柏勒洛丰在空中搏击的场面是欧里庇得斯剧作的一大亮点，为此还动用了一种类似吊车的剧场机械，把他向剧场上空荡去。阿里斯托芬的喜剧《和平》（Peace）对《柏勒洛丰》的拙劣模仿，从另一角度证实了该剧确有这些情节。《和平》上演于公元前 421 年，剧中也同样有一个忧郁的角色特律盖奥斯（Trygaeus），他对神满腹抱怨，想飞上奥林匹斯山去谴责众神。但在剧中，他的坐骑并不是威武的翼马，而是只蜣螂。②

如果我们没有猜错，并且柏勒洛丰也确实说过上面那番话的话，那么，这其中就有了一些有趣的寓意。柏勒洛丰与风神

---

① 参见 Homer, *Iliad* 6. 200 – 201 和 6. 199。参见 Pindar, *Isthmian Ode* 7. 44 – 48 和 *Olympian Ode* 13. 91 – 93。

② 关于阿里斯托芬《和平》与《柏勒洛丰》的相似之处，参见 M. Telò, "Embodying the Tragic Father（s）, Autobiography and Intertextuality in Aristophanes", *Classical Antiquity* 29（2010）：308 – 17, 其中提供了更多文献目录。对于《柏勒洛丰》残卷的深入探讨见 C. Riedweg, "The 'Atheistic' Fragment from Euripides' Bellerophontes（286 N2）", *Illinois Classical Studies* 15（1990）：39 – 53。

其他子嗣一样，也用行动表达了对神的怀疑，比如他试图进入诸神的领域，攫取神的特权。无神论被视为对众神咄咄逼人的挑衅，也被视为替人类争取永生不朽特权的尝试——譬如，就像萨尔摩纽斯把大锅和厨具拴在战车后面模仿宙斯发出轰轰作响的雷声那样。人类飞不起来，但是神话中的神却能飞翔。翼马和萨尔摩纽斯的雷鸣器一样，都是为模仿神的威力而想出的招数。而戏剧本身也能让人类实现同样的目的。依靠化妆、面具、舞台表演、吊车等手段把凡人打造成戏剧中的神，这正是人类的又一发明创造。柏勒洛丰飞向剧场上空的那一刻，人们不只看到了一位神话英雄的不自量力，也见识到戏剧以假乱真、以人造神的能量。

〔111〕

在公元前 5 世纪的反复言说中，在一个神明受到强烈哲学质疑的时代，这种神话模式似乎直接指向神并不存在这一理性结论。于是，无神论从隐含在萨尔摩纽斯那类神话人物身上的寓意，转变为明白无误的主张。柏勒洛丰的推论确实具有哲学三段论的逻辑结构：假如（1）任何存在的神都是主持正义的，并且（2）不正义并未得到矫正，那么（3）这世界就不存在神。这段推论的哲学意味就体现在前面引用的那段台词中，"你自己要认真思考，别让我的话/牵着你的思想"，这分明是一位教师在谆谆教诲弟子要独立思考、自强自立的声音。他口中的动词"思考"（*skeptesthai*）并不是个诗意的字眼，它更适宜于文人学者的高谈阔论。这段台词还告诫人们不要愚蠢地相信"过时的说法"。希腊人所说的古代逻辑（*palaios logos*），也可以指古代的叙事或传说，联系上下语境，它是在暗示发言者正抛出新的理性化之神，以此直接对抗荷马和赫西俄德的史诗之神。在这一点上，发言者似乎与一些哲学评论家立场一致，这些哲学家不仅抨击传统史诗中表现为公正仲裁者形象的神，而且把自己的宇宙观建立在理性观察的基础之上。

此外，一些极细微的迹象表明，在柏勒洛丰那番话的背后直接涉及当时的一位哲人。与此有关的证据需要慎重对待，具体分析。柏勒洛丰剧作残件的最后几行很难解释，上面没有引述。这几行文本或可逐字翻译如下：

> 我想，如果一个懒惰的人向诸神祈祷并且没有用自己的手积攒谋生之财，你就会＜...＞并且厄运强化了宗教……

这样的文字显然读不通，由此，一些学者合理推测文本中标记为"＜...＞"处应该漏掉了一行或是几行。关于漏掉的 〔112〕内容也有许多推测，我们不必被这些推测干扰。文本中"强化"（fortify）一词十分重要，其语义相当于希腊语中的 *purgousin*，而 *purgousin* 一词又来自 *purgos*，即"高塔"（tower）。看来，若是某些因素同厄运结合在一起，就会强化或"建立宗教之塔"。这一独特的隐喻背后掩藏着什么？为什么一定要把宗教想象成"高塔"？可以肯定的是，其中部分原因与柏勒洛丰本人的无神论倾向再加他对奥林匹斯山堡垒的猛烈攻击有关。奥林匹斯这座高山就像一座城池，对柏勒洛丰而言，飞上这座山意味着在天庭占据一席之地。顺便提一句，有趣的是，后来又有份文献提到"高塔"（*pyrgos*）时，把它当作剧场建筑的一部分。如果在古典时代已经有这样的剧场，那么柏勒洛丰借助吊车的飞荡，应该是飞向高塔。①

---

① 参见 Pollux 4.127-32。

　　然而，高塔之所以引人关注还有其他原因。我们不妨把目光放远一些，看看当时的大环境。《柏勒洛丰》写作时间迄今不详，但我们确切地知道阿里斯托芬喜剧《和平》（含模仿部分）上演的时间是在公元前 421 年。被模仿对象在观众脑海中很可能还十分鲜活，因而《柏勒洛丰》上演时间应该在此前五年之内。公元前 432 年，阿那克萨戈拉遭到指控，此后，社会经历了一个极度焦虑的时期，欧里庇得斯正是在这一时期创作了该剧。这部剧作甚至有可能是在影射另一桩顶着大不敬罪名的案件。绰号"无神论者"的迪亚戈拉斯大约就是在公元前 423 年至前 415 年受到指控的。公元前 423 年，他因阿里斯托芬在喜剧《云》（*Clouds*）中对他的讽刺挖苦而变得尽人皆知。也就是说，在《柏勒洛丰》创作时期，雅典人显然很有可能把迪亚戈拉斯看作最具无神论思想的公共知识分子（即便对他的主张一无所知也能作此判断）。

　　这种判断意义何在？就我们所知的迪亚戈拉斯为数不多的几件事中，有一件是：他写过一部名为 *Apopyrgizontes logoi* 的作品，书名有些晦涩难懂，需要费些心思去破解。其中的 *logoi* 含有演说、辩论、陈述之意，而 *apopyrgizein* 则是个无法替代的动词，由 *apo*（即离开或脱离）和 *pyrgos*（即高塔）两部分复合而成。"高塔"正是在前文有关柏勒洛丰残卷部分所讨论过的词。那么，迪亚戈拉斯这部作品的名称有可能是什么意思呢？据我们所知，那个时代的智者和哲学家写作时喜欢使用相同的书名，比如普罗泰戈拉写过一部 *Knock-Down Arguments*（打倒这些观点），塞西马库斯（Thrasymachus）也写过一部 *Knocking-Over Arguments*（打败这些观点）。如此看来，迪亚戈拉斯这部 *Apopyrgizontes logoi* 或可译作《击倒高塔的论战》（*Arguments*

〔113〕

That Knock Down Towers）。许多哲学家都坚称自己不相信奥林匹斯诸神的存在，而他却极可能象征性地占领了奥林匹斯山本身。我们无从得知迪亚戈拉斯是否特意提到过柏勒洛丰飞上奥林匹斯山的壮举，但在 19 世纪，有位敏锐的评论家似乎首次对此作过一番揣测，他认为，当欧里庇得斯让柏勒洛丰说到那些能起"强化"（*purgousin*）作用的因素时，他是在微妙地暗示迪亚戈拉斯写作的《击倒高塔的论战》，这部作品显然直接影响了当时的雅典社会。笔者猜想，迪亚戈拉斯在这部无神论作品中，很可能让作者围攻，至少是象征性地围攻了奥林匹斯"高塔"，而欧里庇得斯创作《柏勒洛丰》的时间可能在迪亚戈拉斯这部惹人非议的作品问世之后的公元前 420 年代后期。剧中主人公试图解释隐喻，并投身于某种攻占奥林匹斯山的行动，这些情节都在隐隐指向迪亚戈拉斯的作品。①

　　这种攻击天庭的无神论思想被阿里斯托芬用在了他的喜剧《鸟》（*The Birds*）中。该剧上演于公元前 414 年，在剧中，两位雅典人找到世上的鸟儿，帮他们建造一座空中之城的"云中鹁鸪国"（Cloudcuckooland），还让众神因得不到人类献祭而挨饿，并最终就范。剧中直言不讳地提到迪亚戈拉斯以及雅典人在公元前 416 年至前 415 年对待迪亚戈拉斯的行为：鸟儿们宣布"无论是谁杀了米洛斯的迪亚戈拉斯，都能得到一塔兰特赏

---

①　关于相似书名的问题，可参见 R. Janko, "The Derveni Papyrus（'Diagoras of Melos, *Apopyrgizontes Logoi*?'）, A New Translation", *Classical Philology* 96（2001）：1 - 32，其中第 7 页内容尤其值得重视。尽管 *apopyrgizein* 一词语义未经其他希腊语资料证实，但是有一个与之相近的词 *apoteikhizein*，后半部分 *teikhos* 意思是"墙"，古代作家在论及围攻手段时使用这个词来表示"推倒一座城墙"。关于迪亚戈拉斯，可参见 T. Bergk, *Griechische Literaturgeschichte* vol. 3, ed. G. Hinrichs（Berlin：Weidmann, 1884）, 473，更多内容多见本书下章。

金"（当时的一塔兰特相当于许多白银）。鸟儿们想把"米洛斯饥荒"带给神界的情节肯定也和迪亚戈拉斯有关。在他那部无神论作品问世后的大约十年间，种种希冀人类翱翔于天空的幻想便和攻占奥林匹斯山后取代众神地位的雄心掺杂在一起，一波又一波地涌现出来。①

那么，我们该如何总结雅典人的戏剧和宗教？对戏剧而言，宗教当然是其必不可少的一面：戏剧演出是在酒神节这一宗教性空间和时间展开，并以献祭仪式开场的。剧场是雅典人宣讲、解释宗教主题的重要场所，其实也是人们在这座城邦集体思索自己宗教体系意义所在的唯一场所。多数剧作在总体意义上对神的态度基本上是虔诚的。尽管如此，但这里依然留有充分的余地，可供人们去同情乃至建设性地探讨前苏格拉底学派和智者们所倡导的那些挑战神权的思想。试想一下，一神论有可能做到这些吗？有哪一座犹太会堂、清真寺或基督教堂能允许人们在自己的领地严肃且正面阐释理查德·道金斯（Richard Dawkins）、克里斯托弗·希钦斯（Christopher Hitchens）以及山姆·哈里斯（Sam Harris）等人的思想？这样的场所即便存在，也一定少之又少。而在当时的希腊宗教文化中，并不存在圣典，也无所谓正统，至于哪些属于圣界分内之事，哪些又该被排除在圣界之外，也没有达成明确的认识。正因为如此，对神的本质提出理性质疑，才不会被视为亵渎神明之举。

[114]

---

① 关于阿里斯托芬的《鸟》与迪亚戈拉斯之间的关系，参见该剧第 1072 ~ 1078 行。关于"米洛斯饥荒"，参见该剧第 186 行，还可参见 F. E. Romer，"Atheism, Impiety and the *Limos Melios* in Aristophanes' *Birds*"，*American Journal of Philology* 115（1994）：351 – 65。

第8章　对无神论的审判

1962 年 1 月，一群希腊建筑工人在塞萨洛尼基以东沿古代 埃格纳提亚大道（Via Egnatia）的国道上发现一座石棺墓，随后，人们在这一地区发掘出一组墓葬群及其随葬品，其中包括一卷现已残碎的古代文献，时间可以上溯至公元前 4 世纪下半叶。这就是我们现在所说的德尔维尼莎草纸文书，德尔维尼是发掘地附近的小镇，这批资料是欧洲所有现存文书中最古老的手稿。正因为如此，无论作为人工遗存物还是作为古代文献，这批资料都是无价之宝。文书内容是对公元前 5 世纪后期一部议论众神本质的神秘诗歌所作的寓言式注解，原诗已失传，而注解带有前苏格拉底学派思想色彩，丧家大约希望这卷文书随墓主一起转入来世。这是希腊人以手抄文书作为随葬圣物——虽然只在仪式意义上而非文本意义上——的罕见事例。估计当时人们认为原诗具有神圣性而注解没有，而莎草纸文书原作（多数已损毁）最初就包括了注解；又或许只有注解部分是准备用来下葬的。无论怎样，墓主很可能是某一神秘教派成员，这些教派都信奉灵魂转世，现代学者把它们一并归入"俄耳甫斯教"（Orphic）名下，以莎草纸文书随葬可能是希望墓主一路走好，顺利转世。①

---

① 关于德尔维尼文书及其译文和其他细节，参见 G. Betegh, *The Derveni Papyrus*: *Cosmology*, *Theology and Interpretation* (Cambridge: Cambridge University Press, 2004)。更多讨论可参见 A. Laks and （转下页注）

在最早辨识出来的文本中，有一段作者斥责"不信神"（apistousi）的内容："假如他们不理解梦境或是各种其他事物，那么，举出什么例子能让他们相信呢？他们被错误征服，也被快感征服，他们不理解或不相信。不相信和不理解是一回事。因为，如果他们不理解或不知道，就不可能相信。"就我所知，[116] 这在希腊文史料中，是最早把宗教信仰视为宗教社团基础的文献，也是最早给本教派以外的人贴上不信神者标签的文献。这就警示人们，任何不含宗教歧视色彩的古典希腊画面，都应当是有细微差异的。比较而言，多数保存至今的古风时代和古典时代的文字资料则不那么较真，而这也正是它们虽然历经不同时代的宗教和政治意识形态，却依然能够流传至今的重要因素。虽然如此，德尔维尼莎草纸文书也让我们看到了另一种人，他们坚持认为只有他们自己及其宗派才能正确理解神的本质，而其他人都是不信神者。此外，文书作者很可能认为只有他这一派才可能活到来世。①

无神论既是一种哲学立场，也是一种社会分类，赞同无神论的成年人乐于把它设定为一种哲学立场，而自诩为正统宗教

（接上页注①）G. Most（eds.），*Studies on the Derveni Papyrus*（Oxford：Oxford University Press，1997）。关于俄耳甫斯教，请慎重参阅 Betegh，*Derveni Papyrus*，68 - 73。在亚伯拉罕诸教意义上，俄耳甫斯祷文肯定不是宗教经典，参见 R. G. Edmonds III，*Redefining Ancient Orphism：A Study in Greek Religion*（Cambridge：Cambridge University Press，2013），95 - 138。还有一点需要注意，在公元前 5 世纪后期的西西里岛塞利努斯（Selinous），有一首被称作"盖蒂六音步诗行"（Getty Hexameters）的"俄耳甫斯教"诗，诗中提到"无法无天的家族"（lawless houses）（22），有可能就是指该教派以外的人。关于"盖蒂六音步诗行"之文本、翻译以及研究文章，参见 C. A. Faraone and D. Obbink（eds.），*The Getty Hexameters：Poetry，Magic，and Mystery in Ancient Selinous*（Oxford：Oxford University Press，2013）。

① 笔者译文收在 Betegh，*The Derveni Papyrus* 一书中。

捍卫者的人则把它作为一种社会类别，凡与他们信仰不一致者都被划入这个类别。这个类别就如同社会科学家所说的"外群体"（outgroup）。"外群体"由海盗、异端、恐怖分子和无神论者构成，而无神论者这一社会类别则是由被宗教"内群体"（ingroup）所否定的人构成。这就是古希腊社会的真相，和当今社会几乎完全一样。无神论的历史并不只是公开表示不信仰神明者的历史，它还必须把那些在德尔维尼莎草纸文书中隐约可察的社会势力考虑在内，那些势力让无神论历史改头换面，呈现与真实信仰相反的一面。

无神论的创造性在于从语源学和历史两个方面否定了神创思想。在希腊语中，atheos 一词最早出现在公元前 5 世纪，意指"没有（a-）神（theos）"。更古老的语义是指那些失去神明佑护的人，也就是古英语中所说的"不信神者"（godless）或"被神遗弃者"（godforsaken）。该词往往和其他否定性形容词一道用在语气夸张的渐强句式中，例如"无神论者（atheos）既不守规则（anomos），又目无法纪（adikos）"。句中的无神论者行为粗鲁，缺少教养，与希腊人文明得体的举止正好相反，这让人想起荷马史诗中的独眼巨人，那是个"狂妄自大、无法无天（athemistōn）、根本不相信神的家伙，而且他既不耕耘土地，也不收获庄稼"。而在古典时代的雅典民主体制下，该词又多了一重含义，用来指称那些在思想或实践中并不承诺信仰神明的人。根据柏拉图的记载，苏格拉底在公元前 399 年的庭审中曾辩称："我肯定是信神的，因此我不是彻底的无神论者（atheos）。"据说，从公元前 430 年来以来，无神论者就像姓氏或绰号一般被加到一些人头上。例如萨摩斯岛的希博，这位活跃在公元前 430 年代中期的前苏格拉底学派哲学 〔117〕

家，就"被人冠以无神论者的姓氏"。米洛斯的迪亚戈拉斯和昔兰尼的西奥多罗斯也被加上了同样的头衔。也就是说，如果你唤一声"无神论者希博"，那么人人都知道你说的是哪一位希博。①

比 atheos（无神论）更具贬义的词是 asebēs，意思是"大不敬的"（impious）。"大不敬"是十分严重的问题，因为它在法律上可以入罪。动词 sebein 的意思是以传统方式崇敬神，向神明供奉他们应得的祭品［一如现代人名塞巴斯蒂安（Sebastian）之意（这个名字即来自希腊语 sebein，取其"可崇敬"之意——译者注）］。大不敬（asebeia）这一罪名最初似乎针对的是任何不依传统习俗履行圣事的行为和任何因违背当地神庙规定而受到祭司惩戒的行为。有大量证据表明，神庙可以向被判大不敬罪者科以罚金，比如，某人砍伐了圣树，某人身为祭司却未能履行适当的礼仪，等等。但是进入公元前 430 年代，预言家狄奥佩特斯似乎挑起过一系列事件，最终导致该词在词义上发生无

---

① 荷马并不知道"没有神（atheei）就不会发生这种事"的表达方式（参见 *Odyssey* 18. 353），但是我可以在公元前 5 世纪作家 Aeschylus（参见 *Eumenides* 540 和 *Bacchylides* 11. 109）和 Pindar（参见 *Pythian Odes* 4. 162）的作品中找到最早的用法。在他们的作品中，这种说法其实含有"被诅咒"之意。关于夸张的渐强句式，参见 Gorgias，*Palamedes* 36，Euripides，*Bacchae* 995，1015，*Andromache* 491 和 *Helen* 1148（可比较悲剧 *The Madness of Hercules* 433）。在早期希腊语中，副词总是和另一否定句连用，参见 Antiphon，*Against the Stepmother* 21，23 和 *Tetralogy* 1，以及 Plato，*Gorgias* 481a，523b。关于苏格拉底，参见 Plato，*Apology* 26c。关于独眼巨人，参见 Homer，*Odyssey* 9. 106 - 8。关于"姓"（或类似）无神论者，参见 H. Diels and W. Kranz，*Die Fragmente der Vorsokratiker*，6th ed.（Berlin：Weidmann，1951），Hippo *testimonia* 8，9。关于 Diagoras，参见 M. Winiarczyk，*Diagorae Melii et Theodori Cyrenaei reliquiae*（Leipzig：Teubner，1981），testimonia 6A，9B，17，53，etc.。关于 Theodorus，参见前书之 1A，B，C，17，26B。

可挽回的改变。①

本书此前曾提到狄奥佩特斯，他是被喜剧诗人嘲讽的宗教狂人，索福克勒斯剧作《俄狄浦斯王》中那位懂鸟语的预言家身上或许也有他的影子。历史学家普鲁塔克（Plutarch）曾道出他对公元前 5 世纪无神论的重要影响，据普鲁塔克记载，他"提出一项法案，主张对不承认神的人和传授天体理论的人提起公诉"。普鲁塔克认为，指控伯里克利的好友阿那克萨戈拉在信仰上违禁不过是借口，狄奥佩特斯真正想要攻击的目标是雅典最有权势的伯里克利本人。普鲁塔克这段记载让学界一派茫然。难道说如此理智又如此充满求知欲的雅典人，果真通过了一项法案来禁止人不信奉神明，也禁止人探索天体吗？此外，普鲁塔克提到的法律程序也非任何一种古老的诉讼形式，他所说的 *eisangelia*（控告、检举）是诉讼形式中最严厉的一种，在实际上相当于指控被告犯有颠覆民主制度罪。其指控过程不是在陪审团面前进行的，而是在政治上拥有决策权的议事会或公民大会面前举行，这类案件中的绝大多数

---

① 关于 *asebeia* 一词目前仍有许多没有弄清的问题，但笔者在这里依然采纳了 M. Ostwald 对该词的解释，参见他的专著 *From Popular Sovereignty to the Sovereignty of Law：Law，Society and Politics in Fifth-Century Athens*（Berkeley：University of California Press，1986），528 - 36。E. Derenne 也把狄奥佩特斯法案改变了 *asebeia* 一词语义的看法作为自己著作的立论基础，参见他的 *Les process d'impiété intentés aux philosophes à Athènes au Vme et au IVme siècles avant J. - C.*（Liège：Vaillant-Carmanne；Paris：Champion，1930）。关于与 *asebeia* 一词有关的神庙铭文，参见 A. Delli Pizzi，"Impiety in Epigraphic Evidence"，*Kernos* 24（2011）：59 - 76。关于狄奥佩特斯其人其事，参见 M. Flower，*The Seer in Ancient Greece*（Berkeley：University of California Press，2008），124 - 25。据笔者所知，最早提到 *Asebeia* 一词的时间是在公元前 6 世纪，参见 M. L. West，*Iambi et elegi Graeci*，vol. 2.（Oxford：Clarendon Press，1972），Theognis 1180；Xenophanes fr. A14。

被告会被判处死刑。①

　　一些现代评论家对此事深表怀疑，理由是，对狄奥佩特斯
〔118〕 来说，说服同胞去告发不信神者是一种令人难以容忍的恶劣行
径，即便在有关宗教信仰的公共立法中也是一种特例。然而，
如果不是为了维护雅典人开明自由的美誉，确实没有理由怀疑
狄奥佩特斯法案的真实性。普鲁塔克有关这一事件的记载在年
代排序上的确存在若干问题，但是法案本身所用语言在技术上
确实属于雅典官方文件用语。普鲁塔克的传记虽然成书于该事
件过去了近五百年之后，但他收集的文献资料始自事件初发之
时，其中包括公元前 3 世纪早期马其顿的克拉特鲁斯
（Craterus）整理的雅典法令汇编，这些法令都是逐字誊写并加
有批注的。通过克拉特鲁斯或其他类似学者的帮助，普鲁塔克
或许还曾获得过保存在雅典官方档案中的狄奥佩特斯法案的具
体条款。总之，这一切应该足以证实其真实性。②

---

① 关于狄奥佩特斯提出的法案，参见 Plutarch, *Pericles* 32.1。对于此事在历史
上真实与否存在争议，参见 K. J. Dover, "The Freedom of the Intellectual in
Greek Society", *Talanta* 7 (1976): 24 - 54, 重刊于 *The Greeks and Their
Legacy*: *Collected Papers*, vol. 2: *Prose Literature*, *History*, *Society*, *Transmission*,
Influence (Oxford: Blackwell, 1988), 135 - 58, 138 - 41。J. Mansfeld 对法案
和起诉事件的证据进行了极其严格的筛查，结论是两者都是历史事实，参
见他的文章 "The Chronology of Anaxagoras' Athenian Period and the Date of His
Trial. Part II. The Plot Against Pericles and His Associates", *Mnemosyne* 33
(1980): 17 - 95, 法案出现于公元前 438 年或前 437 年，告发事件发生在
公元前 437 年或 436 年，早于多数人的遭遇。关于 *eisangelia* 一词的法律含
义，我采纳 H. Hansen 的观点，参见他的 *Eisangelia*: *The Sovereignty of the
People's Court in Athens in the Fourth Century B. C. and the Impeachment of
Generals and Politicians* (Odense: Odense University Press, 1975)。

② 关于普鲁塔克对克拉特鲁斯资料的使用，参见 P. A. Stadter, *A Commentary on
Plutarch's Pericles* (Chapel Hill: University of North Carolina Press, 1989), lxix - lxx;
还可参见 C. Higbie, "Craterus and the Use of Inscriptions in Ancient Scholarship",
Transactions of the American Philological Association 129 (1999): 43 - 83。

狄奥佩特斯法案针对两类犯罪。第一类犯罪是不承认（*nomizein*）神的人。在希腊语中，*nomizein* 一词语义并不十分明确，既可以表示礼仪上对神的崇敬，又可以表示相信神的存在。这种语义上的含混或许是刻意为之，以便告发者能使用法律手段清除疏于履行宗教义务者和相信异端邪说者。与此相应的是，大不敬罪也从仪式行为范畴扩展到思想信仰范畴。第二类犯罪是非法"传授天体理论者"，从表面看，它和前一种罪名似乎是完全不同的问题。那么，前苏格拉底学派对宇宙本质的推测，究竟同不信神有何关联？或许这才是全部问题的关键：在本质上，狄奥佩特斯法案得以出台的背后因素是政治原因，目的是把阿那克萨戈拉的理论推测同对城邦守护神的彻底否定捆绑在一起。而更具颠覆意义的是，在希腊人的公共生活中，这是第一次企图以立法形式干预人们对于世界本质的认知。如果你不相信有关这个世界的正确观念，就不会相信关于神的正确观念，于是也就不可能有效地崇拜神。雅典人第一次领教了正统宗教思想的滋味——要想做个好公民，不仅要行为端正，还必须思想正确。[1]

---

[1]　M. Giordano-Zecharya 认为，在柏拉图之前，"*nomizein* the gods"一语一直含有"通过礼仪对神表达崇敬"之义，参见他的文章"As Socrates Shows, the Athenians Did Not Believe in Gods"，载于 *Numen* 52（2005）：325 - 55；H. Versnel 对上述观点提出批评，参见他的 *Coping with the Gods：Wayward Readings in Greek Theology*（Leiden：Brill, 2011），554 - 59。W. Fahr 考查了此语在古典时代的全部含义，参见他的 *ΘΕΟΥΣ NOMIZEIN：Zum Problem der Anfänge des Atheismus bei den Griechen*（Hildesheim：Olms, 1969），作者在该书第 166 页列举证据证明"*nomizein* the gods"具有"信仰神"之意至少可以追溯至公元前 420 年代。D. Cohen 认为，对神怀有正确的信仰是雅典人虔诚观的核心（他提供的全部证据在时间上都晚于狄奥佩特斯法案，他认为该法案并不可信），参见他的 *Law, Sexuality and Society：The Enforcement of Morals in Classical Athens*（Cambridge：Cambridge University Press, 1991），211 - 13。

〔119〕　　狄奥佩特斯在喜剧诗人笔下是个蹦蹦跳跳的疯子，他的行为很可能只是受宗教狂热的驱使，而事件背后的政治动作应该是伯里克利的政敌克里昂所为。此人在公元前420年代的公众集会上非常活跃，成为当时最有影响力的公民。在民主体制下的雅典，舆论动员能力在任何人手中都可以成为最锋利的武器。大不敬作为新入刑的思想罪不仅可以用来实施国家监控，还可以成为对政敌施暴的口实。这时，雅典人所尝到的不仅有宗教正统性的观念，而且还有其政治化的果实。①

　　语义极其含混的 *asebeia*，即"大不敬"被引入法律，促进了正统宗教政治化的进程。狄奥佩特斯法案把该词语义的适用范围从有限的仪式场合释放出来，它便可以被用来指称任何事物。亚里士多德在界定这个词时，提出"大不敬是对神祇、神意、父母、亡者和祖国的冒犯"，这个定义几乎可以把所有不当行为网罗净尽。亚里士多德当时谈论的是道德，而非法律条文，并且可以确定的是，以大不敬罪名提交法庭的案件同宗教不端行为之间的关联，往往更加牵强。但即便如此，这些案件还是没能彻底摆脱宗教问题。例如下面这个案例：某人检举自己的父亲谋杀，结果在案件中他本人反倒成为被告，罪名是大不敬，因为他检举的人是自己的父亲。有时大不敬的罪名似乎还被添加到已有案件上，以增加指控力度。以公元前4世纪演说家狄摩西尼（Demosthenes）为例，他在雅典剧场时被自己的政敌梅地亚斯（Meidias）当众掌掴，他高喊对方大不敬，并声称自己当时正担任合唱队指挥这一官方职

---

① 关于法庭政治化问题，参见 R. Bauman, *Political Trials in Ancient Greece* (London: Routledge, 1990)，作者认为对伯里克利及其同道的审判是一种政治手段（参见该书第35~49页）。同许多人相比，Bauman 把更多的后世传说当作历史。

务，而侵害又是发生在剧场正举行神圣宗教庆典的场合，这样一来，梅地亚斯岂不同时犯下大不敬和人身攻击两桩罪？①

作为一种规则，雅典法律回避给某些特定罪行以严格界定，并且其立法以每个公民天生具有正义感为前提。以现代人的眼光来看，希腊的法律用语的确过于随意。而这种随意性又很难避免，因为雅典不同于罗马，不存在以解释法律为业的职业法学家。做出判决的是普通人，整个制度赖以建立的基础也是普通人常识中的正义观念，而不是那种很可能经过严格界定的冷峻法条。这就意味着，法律既是民主化的，同时也是可以被恶 〔120〕意诽谤者公开利用的。然而，即便在这种颇具伸缩性的制度下，对大不敬罪的解释仍嫌太过随意。其实甚至直到今天，我们仍然没有弄清是否存在专门针对大不敬罪的特定法律，比如认为某种行为被描述为大不敬，便足以对其加以起诉这种简单规定。从措辞来看，普鲁塔克在提到大不敬时也并未把它当作原始法令的内容。我们有把握确定的是，在狄奥佩特斯提出法案之后，以大不敬罪名对付政敌和看不顺眼的读书人成为许多人乐于使用的手段，大众文化也如人们在戏剧中所见的那样，开始热衷于给一些个人或是思想观念贴上大不敬的标签。②

①　参见 Aristotle，*Virtues and Vices* 1251a。我认为对 *asebeia* 一词解释过于随意的看法来自 Cohen，参见他的著作 *Law, Sexuality and Society*，203 – 217。R. Parker 对此问题做过敏锐、慎重又简洁的探讨，参见他的文章 "Law and Religion"，in M. Gagarin and D. Cohen（eds.），*The Cambridge Companion to Ancient Greek Law*（Cambridge：Cambridge University Press，2005），65 – 68。关于不孝之子状告父亲一案，参见 Plato，*Euthyphro*。关于狄摩西尼指控梅地亚斯的理由，参见 Demosthenes，*Against Meidias* 51，55。

②　Delli Pizzi，"Impiety" 4 注意到没有提及与狄奥佩特斯法案有关的大不敬罪。关于大不敬罪名滥用于政治的问题，参见 Bauman，*Political Trials*（索引 "asebeia" 和 "impiety" 条下），书中告诫我们在前面已提到过。关于戏剧，见本书第 7 章。

要想弄清在大不敬罪名下究竟有多少人因无神论而受到审判，并不是件容易的事。同以往一样，这成为问题的根源之一。到希腊文化晚期，认为雅典人热衷于尝试各种宗教异端的看法成为所有知识分子传记的出发点。例如，据说悲剧作家埃斯库罗斯和欧里庇得斯曾受到审讯。阿波罗尼亚的第欧根尼（Diogenes of Apollonia）在当时是位年轻的自然哲学家，也是阿那克萨戈拉曾经的学生。他认为气体是像神一样的存在，后来他的名字被列入《无神论者名录》（atheoi），据说他在雅典也"险些遭遇不测"（无论这句话意味着什么）。普罗泰戈拉也曾受到审讯，他的著作《论神》在集市被当众焚毁，他本人被判处死刑，只是最终侥幸脱身。在公元前 4 世纪后期受到指控的哲学家，据说还有亚里士多德、德马德斯（Demades）、泰奥弗拉斯托斯（Theophrastus）、法勒鲁姆的德米特里（Demetrius of Phalerum）、迈加拉的斯提尔波（Stilpo of Megara）等。人人都猜测这些传说到底有多少真实可信，而学界对其中多数说法一般不予采信。①

尽管如此，以下四个案例多少应该是可信的：

---

① 关于阿波罗尼亚的第欧根尼，参见 Diogenes Laertius, *Lives of the Eminent Philosophers* 9. 57；Aelian, *Varied History* 2. 31（testimonia 1 and 3, in H. Diels and W. Kranz, *Die Fragmente der Vorsokratiker*, 6th ed. ［Berlin：Weidmann, 1952]）。关于普罗泰戈拉，参见 Aristotle fragment 67 Rose（有关被检举），Timon of Phlius fragment 5 Diels 和 Diogenes Laertius 9. 52（有关焚书），以及 Sextus Empiricus, *Against the Mathematicians* 9. 56（有关被检举和最终脱身）。关于公元前 4 世纪对无神论的审判，参见 L. – L. O'Sullivan, "Athenian Impiety Trials in the Late Fourth Century B. C.", *Classical Quarterly* 47（1997）：136 – 52。Derenne 在 *Les procès d'impiété* 一书中收录了以上全部资料，只是鉴别不足。R. Parker 对笔者所依据的资料做过客观冷静的评价，参见他的 *Athenian Religion：A History*（Oxford：Oxford University Press, 1997），207 – 10。Delli Pizzi 引用过更多的研究成果，参见他的 "Impiety", n. 3。

其一，阿那克萨戈拉极有可能是因无神论而被检举的，当然，对其中一些细节还存在较大争议，比如他是在何时、被何人检举，他是否因此受到法庭审判，等等。古代史料常常提到这一审判，大约事过五十年之后，柏拉图也曾影射过这次审判。

其二，诗人亦即《击倒高塔的论战》（*Arguments That Knock Down Towers*）的作者米洛斯的迪亚戈拉斯是因大不敬罪名被驱逐出雅典的，有一份青铜铭文记述的内容就是悬赏一塔兰特银币追杀迪亚戈拉斯。但问题在于，迪亚戈拉斯是作为真正的无神论者而遭到检举，还是因为参加公元前 415 年那次揭露和嘲讽厄琉息斯秘仪才受到检举？学界看法并不一致。一方面，有些资料往往把他的遭遇同亵渎神秘宗教仪式连在一起，却从未提到他因信仰问题而受审。他留在两件文书残片上的诗作也是以传统方式谈及神明的。有些学者据此得出结论，认为他从未公开承认自己是无神论者。但另一方面，认为他是无神论者的证据似乎更充分。比起其他古代人物，人们还是更经常地把他同无神论联系在一起，有三十份资料片段可以明确证实这一点。一开始是大约在公元前 418 年上演的阿里斯托芬喜剧中，剧中人物说"米洛斯人苏格拉底"（把苏格拉底说成米洛斯人意味这一角色是苏格拉底和迪亚戈拉斯的混合体）拒不承认宙斯的存在。如果事实正像上一章所说，欧里庇得斯的《柏勒洛丰》剧是在影射《击倒高塔的论战》，那么两者之间的关联便可追溯到公元前 420 年代。在公元前 4 世纪中叶，亚里士多德的学生亚里士多塞诺斯（Aristoxenus）读过一部他认为出自迪亚戈拉斯笔下的无神论作品，这部作品应该就是《击倒高塔的论战》。除此之外，社会上还流传着一些迪亚戈拉斯傲慢待神的奇

〔121〕

闻异事：据说迪亚戈拉斯失去对神的信仰是在某位诗人庄严起誓绝没有抄袭他的作品之后，当时迪亚戈拉斯眼看诗人上演了这部剽窃之作，却并未因为不信守誓言而受到神的责罚，从此他就不再相信神明。有一次，他告诉别人，他感觉寒冷时曾把赫拉克勒斯的木雕像扔进火堆，并调侃道，"这是你的第十三项苦功"。还有一次，他在海上遇到风暴，船员抱怨说这是因为他得罪了神，他指向另一艘同样在风暴中挣扎的船只说："他们的船上也有迪亚戈拉斯吗？"①

那么，迪亚戈拉斯究竟因为什么被检举？是因为亵渎神秘仪式，还是因为他的无神论立场？其实，这种提出问题的思路并不妥当。在迪亚戈拉斯遭到驱逐之时，雅典正与斯巴达交战，战况很糟，整个雅典一片恐慌，人们疑神疑鬼。对雅典人而言，公元前415年远征西西里一役无异于孤注一掷。就在这样的时刻，又

---

① 关于阿那克萨戈拉因大不敬罪名受审一事，参见 Diodorus of Sicily 12.39.2（转述公元前4世纪 Ephorus 的资料）和 Diogenes Laertius 2.12（告发者是克里昂，而非狄奥佩特斯）等等。Mansfeld 在 "Chronology"，82 – 3 中令人信服地驳斥了否认历史上存在这场审判的观点，并探究了柏拉图在 *Apology* 26d 中对这场审判的影射。有关迪亚戈拉斯的证据，参见 F. Jacoby, *Diagoras ὁ ἄθεος*（Berlin：Akademie Verlag, 1959），3 – 8。此外还可专门参阅 M. Winiarczyk, *Diagorae Melii et Theodori Cyrenaei reliquiae*。Jacoby 认为迪亚戈拉斯是因为信仰问题而被流放的；Winiarczyk 则相反，认为迪亚戈拉斯只是因为谴责了神秘仪式才被人视为无神论者的，参见文章 "*Diagoras von Melos：Wahrheit und Legende（Fortsetzung）*"，Eos 68（1980）：51 – 75。关于无神论，参见 *testimonia* 38 – 68 Winiarczyk。关于亚里士多塞诺斯，参见 *testimonium* 69，还可参见 Decharme, *Les procès d'impiété*，61 – 62 中所做的解释。基督教作家塔蒂安（Tatian）把另一部无神论作品 *Phrygian Discourse* 也归在迪亚戈拉斯名下，其实那可能只是一部沿袭神话历史同源传统的希腊文作品，参见 J. Rives, "Phrygian tales"，*Greek Roman and Byzantine Studies* 45（2005）：230 – 32。迪亚戈拉斯转向无神论一事见 *testimonium* 9B，26，把赫拉克勒斯雕像扔进火堆一事见 *testimonia* 6A and 27 – 33，63，遭遇海上风暴一事见 *testimonia* 34 – 35B。

冒出一起宗教危机：载着放逐者的船只刚要起航，不少赫尔墨 〔122〕
斯石像（男性生殖崇拜立柱雕像）却突然遭到毁坏。迪亚戈拉
斯也因此受到牵连。按照修昔底德的记载，这起事件被视为贵
族阴谋，亚西比德将军和其他一些人受到检举，说他们此前曾
在私人聚会酒醉后毁坏赫尔墨斯石像，并模仿厄琉息斯神秘仪
式。这是一起严重事件，被告的罪名是密谋推翻民主体制，许
多人为此受到牵连（其中六十多人证据确凿）。而亚西比德以
大不敬罪名遭到弹劾（*eisangelia*）。根据当时在世的历史学家修
昔底德的看法，整个案件都是亚西比德政敌施加的政治迫害，
那些人嫉妒亚西比德，想把他的成就据为己有。值此多事之秋，
迪亚戈拉斯的无神论信仰与他对神秘仪式的冒犯，这两者之间
到底有多大差别？还有人会去细究这些差别吗？当然不会。如
果他被看作无神论者，那么告发者把这一条连同亵渎神秘仪式
罪一同起诉，只会更加有利，而且他们一定会不遗余力把一切
可能的罪名都加到他头上。①

　　其三，哲学家苏格拉底在公元前 399 年被控犯有败坏青年
罪和拒不承认城邦神祇罪，这是最著名的案例。当时他有机会
抗辩后被判处流放，但他选择了死刑。有关苏格拉底被判刑的
情况有多种说法，值得为此单列一章。

　　最后一个因大不敬罪而在雅典罹祸的无神论者是昔兰尼的

---

①　关于公元前 415 年若干事件，参见 W. D. Furley, *Andocides and the Herms：
A Study of Crisis in Fifth - Century Athenian Religion*（London：Institute of
Classical Studies, 1996）。关于因大不敬罪而被指控者的名单及人数，参见
Ostwald, *Popular Sovereignty*, 537 - 50。关于此事件还可参考 Thucydides：
6. 27 - 28 以及本书第 6 章。普鲁塔克记载了亚西比德遭受弹劾一事，参见
Plutarch, *Alcibiades* 22，作家的依据很可能来自马其顿的克拉特鲁斯或其他
类似资料。

西奥多罗斯。他到雅典的时间很晚，大约在公元前 315 年才从北非迁来。有关他的案件细节我们所知有限（大约发生在公元前 308 年），但涉案理由十分清楚，那就是人们按照当时的传统，明确称他为"那个无神论者"（the *atheos*）。甚至有可能他和迪亚戈拉斯一样，也是以此身份自居的。当然，相关证据还需仔细甄别。按照传记作家的说法，他有个别名叫作"神"。据说那只是个绰号，源于哲学家迈加拉的斯提尔波跟他开的一个玩笑。斯提尔波问他，你是否赞成"你说你是什么，你就是什么"的主张。西奥多罗斯明确回答赞成。而希腊语不那么严〔123〕格，这句话的意思也可以是"你说什么是存在的，你就是什么"。斯提尔波按照后一种意思接着问他神是否存在，他又表示肯定，于是斯提尔波宣称西奥多罗斯本人就应该是个神（由"你说什么是存在的，你就是什么"一语而推定）。然而，这则传闻不足为信，西奥多罗斯否认神的存在一事非常出名。因此，在最初的传闻中，斯提尔波向西奥多罗斯提出的问题想必不是"一个神"（a *theos*）是否存在，而应该是"一个无神论者"（an *atheos*）是否存在，并由此而"证明"西奥多罗斯本人就是个无神论者（*atheos*）。斯提尔波认为 *atheos* 就其"神所遗弃的"意义而言，是种蔑称。然而，意外的是，西奥多罗斯居然欣然接受了这个新称呼，或许他觉得这个称呼能把他和苏格拉底、迪亚戈拉斯以及阿那克萨戈拉联系在一起。如此看来，他得到的绰号不是神，而是无神论者。如果笔者对这则传闻的复原是对的，那么，这桩笑话也可以作为他确曾主动以无神论者自居的证据。他写过一部《论神》（*On the Gods*）（当然是专门呼应普罗泰戈拉的书），可惜和许多书的遭遇一样，这部书也未能流传下来。但是，有份古代报道说这部书"完全摒弃了对于众神的信仰"①。

狄奥佩特斯法案使得那些因大不敬思想而对其个人进行攻击的行为开始合法化，而对西奥多罗斯的审判，标志着这一合法化进程迈出了最后的步骤。把异端宗教信仰视为对国家根基的威胁是一种危险观念，这种观念一经产生，便会在无良的政治运作中发挥作用。有些人就像躲在背后怂恿狄奥佩特斯法案出台的克里昂和检举亚西比德的塞萨留斯〔Thessalus，西蒙（Cimon）将军之子〕一样，从此可以为了达到个人目的，而不惜借助公众对不适当宗教行为所产生的道德义愤去操控公众情绪。这样的事在历史上不会是最后一次。

雅典发生的事情昭示人们，即便处在希腊这种具有多神信仰、富于变通和自我调适的制度环境下，宗教、法律和帝国权威纠结在一起，依然是一种潜在的毒素。在公元前 5 世纪后期，危急时刻身负如此巨大财富、盛名和权力的雅典，把古风时代或古典时代希腊世界中最接近于事实的先兆，传给了产生政教合一集权制帝国的希腊化世界和罗马世界。于是，发现宗教成为权力的一种杠杆，也许就不那么让人惊讶了。即便如此，我们仍然应该记住，对阿那克萨戈拉、迪亚戈拉斯（原文为 Diopeithes，应该是 Diagoras 之误——译者注）和苏格拉底等人的审判是极其罕见的事例，雅典在通往神权政治的道路上才走了短短几步。在民主体制下，城邦的政治决策过程终究过于散 〔124〕漫且充满不确定因素，因此，某个集团或某种规则很难长期占据支配地位。

① 参见 Diogenes Laertius, *Lives of the Eminent Philosophers* 2. 97, 100。关于西奥多罗斯受审一案，参见 O'Sullivan, "Athenian Impiety Trials" 142 – 46（该文提出，在另外一些文献中有证据证明此案和其他一些案件背后有政治操纵的因素）。

由此看来，公元前 5 世纪雅典人针对无神论的创造性（此处带有贬义）举动，源自他们渴望诋毁某些个人的政治性欲望。但事情似乎还不止于此。如果最初的污名日后却被人拿来当作一种荣耀的标志，事情又当如何？现代社会学家证实确有这样的现象，比如"queer"（怪人）、"nigger"（黑鬼）甚至"geek"（极客）这些字眼，最初都带有贬义，但后来经语义演变，反而成为一些带有正面意义的标签。就 *atheos* 一词而言，不难想象其间的演变是如何发生的。迪亚戈拉斯和他的《击倒高塔的论战》似乎是这一演变过程的转折点。如果我没有猜错的话，他应该是把那些不相信神明的人塑造成一个个抗神斗士（*theomakhos*），接下来很可能会告诉人们：不要一提到无神论者这个字眼，就习惯地联想起独眼巨人之类的野蛮形象，其实无神论者是一种强大有力、充满阳刚之气的众神征服者形象，也就是说，无神论者（*atheos*）是可以让神（-*theos*）消失不见（*a*-）的人。现代学者的研究表明，对污名标签的挪用只是反文化群体形成过程中的第一步。据此，我们接下来也完全有理由推测，*atheos* 一词起初（据说在公元前 430 年代）被人们用来带有贬义地指称成分复杂的前苏格拉底学派成员和智者，他们在当时人眼中是些不信仰神明的家伙，但迪亚戈拉斯或是同他相类似的人却改变了这个词的意味，于是"无神论者"成为一些人在公开或私人场合极力想要贴到自己身上的标签。如果事实的确如此，迪亚戈拉斯或许应该被我们看作历史上第一位主动承认自己是无神论者的人，其后又有西奥多罗斯等人追随他。如果有什么人的行为虽然算不上违法，但能对主流文化造成一定冲击，那么，这种情况下，被指控为无神论者确实要好过被指控为大不敬。正如有位学者所说的，自公元前 5 世纪后期以来，雅典应该一直有一个"地下无神论者群体"在活动，他们相互传阅读物，交流思想，并且明确承认他们自己是一群无神论者。以上所说虽然是推测，但是应该可信。①

在公元前 4 世纪，雅典有位重要思想家，人到暮年却开始相信这样的传言：有个无神论者组成的阴谋团体正在威胁人们，要颠覆整个社会。这位思想家就是我们在接下来的一章要讨论的主人公。

---

① 关于污名标签的"转义"、语义再赋和反文化群体的形成等问题，参见 A. Galinsky et al.，"The Reappropriation of Stigmatizing Labels：The Reciprocal Relationship Between Power and Self – Labeling"，*Psychological Science* 24 no. 10 (2013)：2020 – 29。不知是否是 amakhos（"不可能与之对抗者"）这个具有正面语义的词给"抗神斗士"意义上的 *atheos* 一词提供了一种较为含蓄的表达范式。关于"地下无神论者群体"，参见 D. Sedley，"The Atheist Underground"，in V. Harte and M. Lane（eds.），*Politeia in Greek and Roman Philosophy*（Cambridge：Cambridge University Press, 2013），329 – 48。

第9章 柏拉图和无神论者

公元前399年的雅典成为一处可怕的地方。这座城市在历经二十七年血雨腥风的殊死战争后，在公元前404年最终落入斯巴达人之手。战后余波十分恐怖，原有的民主政体停摆十三个月，后被史称"三十僭主"的亲斯巴达寡头政府取而代之。"三十僭主"首领塞拉门尼斯（Theramenes）和克里提亚斯（有可能是无神论作品西西弗斯残卷的作者）以残暴著称，忠实于民主旧制的派别被发现后，便会遭到审判并被处决，不久，克里提亚斯与塞拉门尼斯之间又开始内讧，塞拉门尼斯最终被杀。公元前403年，坚定的民主派领袖色拉西布洛斯（Thrasybulus）率领军队加入比雷埃夫斯（Piraeus）战役，结束了"三十僭主"的统治。此后又经过若干斗争，民主制才得以恢复。[①]

尽管当时颁布了大赦令，禁止"追忆恶行"（mnēsikakia，即双方和解，既往不咎），但是公元前399年发生的若干大事件还是让雅典饱受困扰，并留下创伤。苏格拉底正是在这样一种背景下受到审判并被处决的，此案成为希腊文化和宗教史上最重大的事件之一。这位雅典最著名的哲学家在此前5年间就已身不由己地被卷入一些麻烦。克里提亚斯和查米德斯（Charmides）这两个僭主都曾做过苏格拉底的学生，他们两人

---

① 有关这一时期的历史，可参见 P. Rhodes, *A History of the Classical Greek World*, *478 – 323 BC* (Oxford：Blackwell, 2006), 257 – 72。

既是柏拉图的亲戚，又是苏格拉底的高足，后来还成为他的辩护士；柏拉图有两篇以苏格拉底为题的对话录，正是冠以这两人的名字，即《克里提亚斯篇》（*Critias*）和《查米德斯篇》（*Charmides*）。虽然如此，但可以肯定的是，苏格拉底并未明确支持僭主政府。另外，有一次他被强迫与其他人一起去逮捕萨拉米斯的莱昂（Leon of Salamis），但他拒绝了，据说理由是，比起因此受到追究、迫害，他更担心自己做出不道义的事。不久寡头政府垮台，他才没有被这件事连累。虽然如此，那些令人憎恶的，也是雅典人重返民主制后拼命想要从记忆中抹除痕迹的寡头僭主们，毕竟和他有过牵连，这种污点在公众心目中是很难改变的。① 〔126〕

　　然而，苏格拉底被起诉的直接原因并不是他同僭主之间的关系，而是他"不承认城邦认可的神，引进新的神，并且还犯有败坏青年罪"。狄奥佩特斯法案中所说"那些不承认神的人"

---

① 关于大赦令，参见 C. Joyce，"The Athenian Amnesty and Scrutiny of 403"，*Classical Quarterly* 58（2008）：507 - 18。关于逮捕萨拉米斯的莱昂一事，参见 Plato，*Apology* 32c - d 和 *Letter* 7 324d - 325a。关于苏格拉底与三十僭主的关系，参见 Xenophon，*Memorabilia* 1.2.12；Aeschines，*Against Timarchus* 173（以及 T. Brickhouse and N. Smith，*Socrates on Trial* [Princeton：Princeton University Press，1989]，71 - 73）。柏拉图《克里提亚斯篇》中的克里提亚斯是否就是三十僭主中的克里提亚斯，对此一直存在争议，但无法排除苏格拉底与僭主之间的联系。关于审判苏格拉底的具体情况，参见 Brickhouse and Smith，*Socrates on Trial*；R. Parker，*Athenian Religion*（Oxford：Oxford University Press，1996），199 - 216。E. Wilson 讲述苏格拉底之死及其意义的书具有较强的可读性，参见他的 *The Death of Socrates：Hero，Villain，Chatterbox，Saint*（Cambridge，MA：Harvard University Press，2007）。另一部介绍苏格拉底的普及性读物是 B. Hughes，*The Hemlock Cup：Socrates，Athens and the Search for the Good Life*（New York：Knopf，2011）。更通俗的读物有 S. Ahbel - Rappe and R. Kamtekar（eds.），*A Companion to Socrates*（Malden，MA：Blackwell，2006），以及 D. R. Morrison，*The Cambridge Companion to Socrates*（Cambridge：Cambridge University Press，2010）。

为审判提供了依据，法案和判决都使用同样的措辞"不承认"（*mē nomizein*）就充分说明狄奥佩特斯法案是这场审判背后的基础。虽然"大不敬"（*asebeia*）罪名这时依然没有定论，但并不妨碍雅典人动不动就凭着印象以此罪名去检举他人，也因此，并非每桩案子都能严格合乎现有法令。"败坏青年"在法典上并非犯罪。这项附加的指控无疑是为影响陪审团而设计的，指控对象毕竟是曾教授过青年时代克里提亚斯和查米德斯（还有亚西比德）的哲学家。许多人都知道苏格拉底喜欢英俊小伙儿，不管怎么说，一个老男人追求青年男子终究是件有损德行的事，然而事涉贵族精英，并且还可能因此而得罪多数劳动阶层的陪审员，因此只能使用"败坏"（corrupt）这样的字眼去暗示指控对象有沾惹男色之癖。①

无论案件背后有什么样的政治动机，指控苏格拉底的直接原因在于他本人曾公开声明背离城邦宗教并自创了一套个人的神秘玄说。这种指控源于他的一个怪癖：他称自己能感知神示（*daimonion*），有时凭借回响在脑海中的声音，有时凭借某种

---

① 关于此案的正式指控，最完整的记载见 Diogenes Laertius 2.40；此案简介见 Plato, *Apology* 24b; Xenophon, *Memorabilia of Socrates* 1.1。关于大不敬罪，参见 Plato, *Euthyphro* 5c, *Apology* 35d 以及 Xenophon, *Apology* 22 等等。Brickhouse and Smith, *Socrates on Trial*, 33 提出，狄奥佩特斯法案"因公元前 403 或前 402 年的大赦令而失效"，这是一种误导，它混淆了两件事，即把针对受三十僭主案牵连者而颁布的大赦令（参见第 177 页注释）同为了精简和理顺法典而采取的个别做法混为一谈。后者的结果是"像狄奥佩特斯法案那样的条文虽然仍被认可，但已没有存在的必要"。参见 Rhodes, *History of the Classical Greek World*, 260 - 62。尽管如此，我们对这次精简法典的详情几乎一无所知，其效果也维持不久，可以参考 A. Lanni, *Law and Justice in the Courts of Classical Athens* (Cambridge: Cambridge University Press, 2006, 142 - 47)。在 Xenophon, *Apology* 39（中译本《回忆苏格拉底》，第 205 页——译者注）中，"败坏青年"被理解为"劝诱他们服从你而不服从他们的亲生父亲"。

"神灵的迹象"而认出这些神示。他说他自己能直接与某位神灵沟通，而这种与神交往的方式恰好与希腊宗教一向奉行的理念背道而驰。希腊传统宗教一向固守这样的理念：集体仪式是个体服从于社会秩序的一种象征。相信神能与我们凡人对话这件事本身并不奇怪，在希腊人的想象中，众神可以通过诸如梦境、手势乃至直接显灵（epiphanies）等种种方式向人们揭示一切。而苏格拉底之所以罹罪，关键在于他想要与他个人所崇拜的神一直保持这种一对一的联系。如果苏格拉底确信唯有他一人得以徜徉于全部神意的深渊巨泽，而传统宗教不过是在浅滩戏水，那无异于对城邦集体意志的巨大威胁。早期哲学家此前就有过类似主张，例如前苏格拉底哲学家、埃利亚的巴门尼德（Parmenides of Elea）说他曾驾驶马车穿越紧锁的大门而抵达女神神庙，女神在那里向他透露了通向真理之路和通向虚妄的意见之路。巴门尼德还算幸运，不必在日后那段血腥的贵族寡头统治过后还得为这段话做辩解，他的一些追随者却是这个政权的先锋。据说，苏格拉底称自己已获得他人无法企及的神启真理，这番话在当时充满民主意识的人听来十分危险，是一种企图把精英对多数人的统治合法化的言论。① 〔127〕

苏格拉底对于神的真实想法到底是什么？他真如指控所说"不承认城邦之神"吗？他真的坚信"神示"，还是说那只是他这个以讽刺见长的哲学家一时兴起之言？另外，他又该如何把自己对神启的重视同自己的理性主义哲学主张协调在一起？如

---

① 关于神灵的声音，见 Plato, *Apology* 31d 和 *Phaedrus* 242c，关于神灵的迹象，见 Plato, *Apology* 40b 和 *Phaedrus* 242b。有些哲学家对"神示"是否有损于苏格拉底所承诺的理性持不同意见，参见 P. Destrée and N. D. Smith (eds.), *Socrates' Divine Sign: Religion, Practice, and Value in Socratic Philosophy* (Kelowna, BC: Academic Printing and Publishing, 2005)。

果不出现重大发现，这些问题必将永远无解，因为，苏格拉底同耶稣和穆罕默德（以及其他一些著名希腊哲学家）一样，没有写下任何文字。每份与他有关的证据都是经他人辗转得来。此外还有一个原因，即苏格拉底在世时，除了喜剧诗人阿里斯托芬在公元前 423 年上演的《云》剧中把他描绘得粗鄙不堪之外，其他每样重要证据在案件结束之后都被他的忠实支持者悉心加工过。苏格拉底是个十分矛盾的人，我们能够了解他对公元前 5 世纪后期雅典文化生活所具有的一切重要意义，但无法确切得知他究竟信仰些什么。①

目前，有关苏格拉底思想最重要的两份资料分别出自色诺芬（Xenophon）和柏拉图，他们是润色加工苏格拉底神话最积极的两位作家。色诺芬（公元前 430 - 前 355）出身于雅典贵族，既长于各种体裁的文学写作，又有丰富的从军经历。他在青年时期已是苏格拉底的同道，在三十僭主统治结束后的那段动荡时期离开雅典，加入了希腊雇佣军，帮助小居鲁士（Cyrus the Younger）与其兄长阿尔塔薛西斯二世（Artaxerxes Ⅱ）争夺波斯王位。希腊远征军从美索不达米亚撤至黑海（正是在这里，远征将士们发出著名的欢呼"大海！大海！"），并最终返回希腊，色诺芬在自己的著作《远征记》（Anabasis）中记载了这段[128]史诗般的历程。回到希腊后，他开始与本城邦的对手斯巴达结盟，甚至在公元前 394 年与斯巴达国王阿格西劳斯二世（Agesilaus Ⅱ）一起对雅典开战。他对斯巴达的忠心为他赢得一处漂亮的乡村房产，这处房产位于奥林匹亚附近的斯奇卢斯（Scillus）乡下，他在这里写出了许多著作，其中有阿格西劳斯

---

① 有关重建苏格拉底宗教观的尝试，参见 M. L. McPherran, *The Religion of Socrates*（University Park：Pennsylvania State University Press, 1996）。

传记，有以公元前 6 世纪波斯帝国缔造者居鲁士一世为主人公的理想化小说，还有四部有关苏格拉底的作品：一篇文学体裁的辩护词、一部对话集、一部有关家政的对话录和一部描述宴饮情景的作品。虽然色诺芬可能在暮年时已回到雅典，但他委实算不得传统意义的雅典人。不知是因为三十僭主的暴政及余波［他的《希腊史》（History of Greece）是这一时期的重要史料］让他变得孤僻，还是他原本就乖张任性，总之，他所结交的人似乎都是雅典人在观念上最为排斥的人，诸如波斯国王、斯巴达国王、苏格拉底等。[①]

柏拉图（约公元前 424 – 前 347）这位最著名的哲学家同样出身于雅典富贵之家，其生活年代也与色诺芬相差无几。但是与色诺芬不断尝新、不断冒险的传奇一生正好相反，柏拉图成年后的大部分时间都用来埋头著述，归在他名下的作品多达三十七部，其中至少有二十六部真实可信。他插手现实政治的一次重大行动应该是在审理叙拉古的狄奥尼索斯二世（Dionysius II of Syracuse，分别在公元前 367～前 357 年和公元前 346～前 344 年两次掌权）案件时出庭。有份存世文本据说是柏拉图的亲笔书信，根据这封书信，柏拉图曾两次应邀前往西西里岛，第一次是应当时在位的狄奥尼索斯之父邀请，第二次（新王在位早期）是应他那位喜欢哲学的叔父迪奥（Dio）之邀。这两次出游计划将会挫败青年柏拉图的政治抱负，而让他把"哲学家王"的理想付诸实践。狄奥尼索斯任性又无情，而迪奥先是被逐，后来带军队返回后废黜了狄奥尼索斯。有关柏拉图这两次西西里之行是否确有其事的问题，其实取决于那封书信是否

①　J. Anderson, *Xenophon* (London：Duckworth, 1974) 一书虽然出版已久，但仍可作为了解色诺芬总体情况的参考读物。

真实可靠。不管怎么说，柏拉图也和他那位良师苏格拉底本人一样超脱俗尘，因而赢得了古代晚期天马行空式理想主义者的名声，而西西里的经历在他人眼中也成为他没有能力实践自身理想的证据。公元 2 世纪的幽默讽刺作家琉善（Lucian）写过一部幻想故事，却调侃地取名为《真实故事集》（*The True Stories*）。在故事中，他称自己曾造访冥界并见到所有过世名人，却唯独没有见到柏拉图。因为"据说柏拉图正住在他自己幻想出的共和之城，遵循自己制定的法律生活着"。这个笑话同时影射了柏拉图的两部名作《理想国》（*The Republic*）和《法律篇》（*The Laws*），这是他为自己心中的理想国家绘制的两幅蓝图。①

　　柏拉图和色诺芬都写过《申辩篇》，记述苏格拉底受审一案。两份记述的契合点原本或许可以作为证据，证明两人都曾见证苏格拉底在法庭上说过的话，可惜这种设想在实际上无法成立，因为色诺芬的记述只是为了呼应柏拉图。色诺芬本人当时并不在场，他把柏拉图的记载同赫默杰尼斯（Hermogenes）已失传的一部作品掺杂在一起，再加上大量自己的杜撰，合成一部作品。能用自己的文字记载苏格拉底的人生，这本该是色诺芬人生中的精彩，但事实上却成了败笔。柏拉图和色诺芬笔下的苏格拉底当然也会有些历史真相，然而与之相比，他们为创造一个神话所提供的证据具有更大价值。从此，为了信仰而欣然赴死的个人英雄形象被深深镂刻在历史记忆中，并给各种

[129]

---

① 　关于柏拉图生平的资料，可以参阅 J. Annas, *Plato: A Brief Insight*（New York: Sterling, 2003; ill. ed. 2009），17-38。A. Riginos 分析了古代传记传统，指出它的缺陷，参见他的 *Platonica: The Anecdotes Concerning the Life and Writings of Plato*（Leiden: Brill, 1976）。参见 Lucian, *The True Stories* 2. 17。

为原则而献身的勇敢行为提供了一种范例。①

　　这正是有关苏格拉底问题的症结所在。作为著名的古典学者，他看上去像是个甜甜圈，外表金黄香酥，内里虚空。他究竟是怎样的人？实际上是怎样思考、怎样教导学生的？阿里斯托芬的喜剧《云》让问题变得更加不堪，苏格拉底在剧中充满矛盾的早期人物形象，随该剧流传至今。鉴于该剧最初公演于公元前 423 年，并在随后六年中经修订再次上演，那么，这实际上是苏格拉底生前唯一有其形象出现的剧作。在剧中，苏格拉底身上综合了两种不同类型的智慧，主人公斯瑞西阿得斯（Strepsiades）想到他的"思想所"（*phrontistērion*）去学习能够颠倒是非的诡辩术。苏格拉底当然长于此道。但他同时也是典型的前苏格拉底学派的宇宙学家，同阿那克萨戈拉一样提出过宇宙本质的学说。阿里斯托芬让剧中的苏格拉底崇拜剧名所说的"云"神，而不相信奥林匹斯众神的存在。由此可见，柏拉图和色诺芬笔下的苏格拉底和剧中的苏格拉底截然不同。事实〔130〕上，按照柏拉图的记载，苏格拉底在法庭申辩中也确实把公众视他为无神论者归咎于阿里斯托芬的剧作。难道这些人物特征都是阿里斯托芬自己杜撰的？的确有可能如此。他毕竟是个喜剧作家，而当时的喜剧作品可以笔锋恣肆不羁。在色诺芬或早期柏拉图笔下，苏格拉底是位有操守的哲学家，他的主要兴趣是和人们探讨进退两难的道德困境。而阿里斯托芬笔下的苏格拉底，全然见不到这些品性，这难免让人诧异。

---

①　Xenophon, *Apology* 1 中认为"其他人"所说苏格拉底的话有夸张之嫌，缺少实质内容。要了解有哪些因素成就了苏格拉底之死的传说，可参阅 Wilson, *The Death of Socrates*。埃斯基涅斯（Aeschines）作品残卷中留有苏格拉底思想的线索，但数量极少。

面对如此矛盾的记载，我们也许会问，是否有可能这两种记载都不是刻意捏造的？苏格拉底作为公众眼中最知名的哲学家，在雅典执教长达二十五年之久，在此期间难道在他身上就不会发生旨趣转移的事吗？也或许在一开始他的确是阿里斯托芬所描述的那种宇宙论学者和诡辩家，但说不定最终转向了伦理探索。①

多数人仅凭来自色诺芬和柏拉图作品的粗浅印象，便认为苏格拉底是位有节操的哲学家，这一点有可能是历史事实，至少是其晚年的事实。但这并没有解决一个涉及面颇广的问题，即色诺芬和柏拉图是如何以及为什么要扭转苏格拉底的形象的。需要注意的一点是，他们两人都是在苏格拉底被处决之后写出各自的作品的。两人是在为受到国家审判的罪犯做辩护，所处位置十分艰难，一旦事涉宗教问题，艰难尤甚。无神论者之名是国家加诸苏格拉底的耻辱，而他们的主要使命就是要以各自不同方式把他们的英雄从国家的羞辱中解救出来。

这种难堪处境在色诺芬公开发表的《回忆苏格拉底》（*Recollections of Socrates*）中随处可见。色诺芬抓住指控中所说"不承认城邦认可的神"，明确驳斥了对苏格拉底的指控，辩驳内容或有过当之处。色诺芬不知事情为什么会变成这样，苏格拉底明明按时向神献祭，听取神意，人人都知道这些，他甚至称自己是受到"神示"的引导。这一切都和不信仰神明的看法大相径庭。那么，问题究竟出在哪儿？问题就出在色诺芬想要

---

① 关于甜甜圈的比喻出自 Bettany Hughes 的私人谈话。有关阿里斯托芬剧作拖累了苏格拉底名声的记载，见 Plato, *Apology* 19b - c。关于不可能再现历史上的苏格拉底的看法，见 A. Dorion, "The Rise and Fall of the Socratic Problem", in Morrison, *The Cambridge Companion to Socrates*, 1 - 23。

在精心编织的波斯地毯下掩去的一个事实。给苏格拉底以启示的神，正如色诺芬所说的，与城邦中任何人所说的神都不一样，那是一种中介，有了它，个人无须通过城邦宗教程序便可直接与神灵沟通。但在民主政体的雅典，这恰恰是问题所在。这等于在宗教问题上把自己的个人地位凌驾于他人地位之上。① 〔131〕

与色诺芬相比，柏拉图对于擅改苏格拉底真实形象一事负有更大责任。他的哲学论述几乎全部以苏格拉底同某一人或几人对话的体裁写成。早年的柏拉图也像色诺芬一样，为苏格拉底所作的辩解一直不疼不痒。但是，当色诺芬把苏格拉底解释成在宗教上和一般雅典人并无二致时，他拿出勇气，告诉世人，他心目中的苏格拉底其实是个虔诚的人——可惜这种虔诚是以一种全新方式表现出来的，而这种方式有可能颠覆雅典人传统宗教情感的基础。

《欧绪弗洛篇》（*Euthyphro*）是柏拉图的早期（甚至可能是最早的）作品，内容是苏格拉底与自称神学家的欧绪弗洛之间的对话。场景设定为苏格拉底正准备去法庭接受审讯，对话的起因是欧绪弗洛不相信全体人民的苏格拉底会被当众指控为大不敬。于是两人就此讨论起虔诚和神圣的本质是什么。其时，欧绪弗洛正在被家人指控为不虔诚，因为他决定以谋杀罪检举自己的父亲。欧绪弗洛自以为非常了解什么是虔诚和神圣，对话实际上与他这种令人不安的自负有关。他反复想要给虔诚和神圣下定义，但在苏格拉底再三盘问之下无言以对。对话结尾

---

① 关于历史上的苏格拉底是否是有德性的哲学家，可参见 G. Vlastos, *Socrates*: *Ironist and Moral Philosopher* (Ithaca, NY: Cornell University Press, 1991) 和 *Socratic Studies* (Cambridge: Cambridge University Press, 1994)。还可参见 Xenophon, *Memorabilia* 1.1 – 4，其中也涉及本章所论问题。

处，他突然说自己还有急事，然后匆匆离去，这场讨论不了了之。在面临审讯的背景下，这篇对话意在告诉人们：所谓"虔诚"问题，远比包括苏格拉底告发者在内的多数人所理解的要复杂许多，因此，定他大不敬罪完全是一桩冤案。

《申辩篇》（*Apology*）这部作品顾名思义就是为明确反驳公元前 399 年对苏格拉底的审判而准备的辩护词。在文中，苏格拉底直接就自己所受无神论指控与两位举报者之一的美勒托（Meletus）展开对话：

苏格拉底：不管怎么说，美勒托，你还是告诉我们，你说我是怎么败坏青年的？按照你指控我的措辞，你显然认为我教唆青年"不承认国家信仰的神，而去相信其他的新神"，对吧？这不就是你说的我通过教学败坏了青年人吗？

〔132〕　美勒托：我说的正是这种意思。

苏格拉底：既是这样，那么美勒托，以我们正在谈论的那些神的名义起誓，我恳请你对我和陪审员们解释清楚，因为我弄不明白你的意思。你的意思是说我教唆人们去相信一些并不被城邦认可的神（这样就可以说我确实承认神的存在，不是彻底的无神论者，因而也是无罪的），还是说，你认为我根本不信神，还以此教唆他人也不信神？

美勒托：是第二个意思，就是说，你根本不承认神的存在。

苏格拉底：美勒托，你可真不简单，你为什么要这样说我？难道说我甚至没有像其他人那样承认太阳或月亮是神吗？

美勒托：向宙斯起誓，不是，法官先生，他真的不信神！他说太阳是块石头，月亮是用土做的。

苏格拉底：亲爱的美勒托，你不觉得你控告的是阿那克萨戈拉吗？你真的看不起在座各位，真以为他们笨得竟然不知道这些思想就是科拉佐门尼的阿那克萨戈拉那本书里的内容吗？年轻人在市场上只需花一德拉克马（drachma）就能买到他的书，这都算高价了！要是把这些思想说成是苏格拉底的，他们只会笑话苏格拉底，尤其是这些思想还这么不同寻常。这样你还觉得他们是从我这里学到这些思想的吗？你敢向宙斯保证，这就是你对我的看法，你认为我不承认任何神的存在吗？

美勒托：没错，向宙斯起誓，你就是不承认，一点都不承认。

苏格拉底：美勒托，你没法让人信任，或许连你自己都不信任自己。各位先生们，这个人蛮横又冲动，他对我的指控也纯粹出于蛮横冲动和年轻人的幼稚。①

上面所引对话与色诺芬的看法基本相同，对苏格拉底的指控是矛盾的：一方面说他是无神论者，另一方面又认为他相信神示，即也相信某种形式的神。正如色诺芬的看法，控告苏格拉底的理由存在根本缺陷，因为苏格拉底所说神示可能是一种〔133〕全然有别于城邦众神之神。如果苏格拉底的神明观念与其他人全无共同之处，以致谁都认不出他的神，那么，他很可能也是某种无神论者。在柏拉图笔下，美勒托在随后与苏格拉底的交

---

①　对话引自 Plato, *Apology* 26b–26e。

锋中，实在不够聪明，抓不住问题的关键。但现代哲学家迈尔斯·伯恩耶特（Myles Burnyeat）却在一定程度上替他做到了这一点。他指出，柏拉图的苏格拉底的确犯有大不敬罪，理应受到审判。在迈尔斯·伯恩耶特看来，《申辩篇》中的苏格拉底完全背离了传统意义上的神明观，即放弃了一个个原本受到祭拜的神，代之以只认可一条法则，即人类有义务去质疑自己置身的世界，找出自己的道德准则并遵照这些准则去生活。德尔斐神庙曾发布过一则神谕，称苏格拉底是世上最聪明的人，他以此而闻名。在《申辩篇》中，他对这件事的说明让他获得一项神圣授权，可以对所遇到的一切提出质疑。他说："雅典的各位先生，我尊敬你们，爱戴你们，但是在你们和神之间我只能服从神，而且只要一息尚存，我绝不会停止我的哲学思考，不会停止劝诫世人，也不会停止向我遇到的每个人说出事实。"这段话对于理解早年柏拉图心目中的苏格拉底至关重要，它含有对未受置疑的神明信仰进行攻击之嫌。在《欧绪弗洛篇》中，苏格拉底解释说自己之所以被起诉，是因为对那些粉饰众神不道德行为的神话传说一概不予理睬。本篇中的苏格拉底依旧沿袭了前苏格拉底学派的神明观，不认同史诗所刻画的群神互相欺骗、冲突不断的形象。让人惊诧的是，虽然苏格拉底称自己的行为得到了神的恩准，但他的设想却与宗教无关。在他的设想中，既没有崇拜，也没有献祭，实现这些设想唯一需要的不过是人人都尽可能以最道德的方式过好自己的每一天。这样的主张，现实中的苏格拉底本人都未必弄得清楚，柏拉图当然也不例外，这实际上就是我们今天所说的人道主义伦理观。它拒绝传统智慧，质疑一切，仅仅遵从能以理性证实的准则去生活。倘若在这种意义上说苏格拉底主张无神论，那么美勒托也算说对了。①

在日后的写作中，柏拉图发展出一套更强大的形而上学的推论程序。在写作对话的中期阶段，人们可以读到苏格拉底所提出的一个新的"理念"（forms）论，这种理念是从我们感官所及的周围世界抽象出来的超越俗世的精华。比如，我们能看到一把把的椅子，但是椅子的本质，即使得每一把椅子之所以成为椅子，而不是成为凳子或桌子所必备的特质却只有靠理念才能把握。事物的本质属性也是同样道理，比如美丽或正直，我们能把那些美丽或正直的人和事物一一指出，但是要想懂得是什么把所有这些聚合在一起并让他们美丽或正直，就需要挖掘美丽或正直的抽象本质。这种理论似乎直接来自苏格拉底。青年时期的柏拉图，往往把苏格拉底视为要求严苛的同义语。苏格拉底问欧绪弗洛什么是虔诚，问拉凯斯（Laches）什么是勇气。而对话者起初往往只会举出具体事例，比如，不幸的拉凯斯说勇敢就是"决不临阵脱逃"。但在苏格拉底看来，那只是勇敢的具体事例之一，而这个例子所体现的勇敢含义并不能容纳其他勇敢行为（比如，若举现代人的例子，就应该包括向父母坦言自己的性行为或是对抗校园恶霸等）。这些早期对话往往无法就所论问题得出明确结论，最终大都以存疑（aporia）作结。而苏格拉底的存疑态度似乎刺激了中年时期的柏拉图，所以他才会提出超越性的抽象"理念"论，这是一种唯有哲学研究方能把握的概念。为了理解何为勇气，我们需要把一个个

〔134〕

---

① M. F. Burnyeat 的观点见他的文章"The Impiety of Socrates"，*Ancient Philosophy* 17（1997）：1 - 12，该文重刊于 *Explorations in Ancient and Modern Philosophy*，vol. 2（Cambridge：Cambridge University Press，2012），224 - 37。关于德尔斐神谕，参见 Plato，*Apology* 21a，引文见 *Apology* 29d。关于不相信讲述众神故事的神话传说，参见 Plato，*Euthyphro* 6a - c。

同勇气相关的具体事例撇在一边，努力设想一下勇气本身到底是什么。这样得出的才是勇气的"理念"，也就是能涵盖一切体现勇气的具体行为的基本定义。[①]

这和形而上学有着怎样的联系？在这一时期，柏拉图已经把具体事例与抽象理念的区别同现世存在与超自然存在的区别关联在一起。勇气的理念并不存在于现世，而是存在于更高层面，因此只能意会。这样一来，苏格拉底所追寻的定义现在升华成一种理论，这种理论把一切存在区分为两个范畴，一个是我们日常所感知的现象世界，另一个是更高的理念世界。基于这种区分，柏拉图认为，我们所感知的世界仅仅是对真理的一种反映，真理本身体现在理念中。《理想国》中著名的洞穴类比精确阐释了这一点。洞穴居民认为他们能看到真实的世界，其实他们看到的只是投射到石壁上的影子，只有哲学家才能走出洞穴站在阳光下，了然那一切的真相。我们需要以理智走出被我们的感官所知觉的具象世界，升华到纯然思维的境界。大致在这一时期，柏拉图还确立了他的灵魂不灭观。他在设定为苏格拉底就刑当天与人对谈的《斐多篇》（Phaedo）中，论证了灵魂和理念之间的密切联系：一旦死亡，德者的灵魂便会永久挣脱肉体的羁绊，而耽于肉体愉悦者则注定堕入轮回。这种理论建立在一对对相互对立的因素之上，诸如肉体和灵魂、物

[〔135〕]

---

① 关于柏拉图的"神学"，参见 L. Gerson, *God and Greek Philosophy: Studies in the Early History of Natural Theology* (London and New York: Routledge, 1990), 33 – 81。要想进一步了解柏拉图，可阅读 Annas, *Plato*; A. Mason, *Plato* (Durham: Acumen, 2010), 后者清晰剖析了柏拉图关于理念、灵魂和神的所有思想。对话录并不能代表柏拉图的思想体系，重建他的任一"理论"都需借助多种资料。正因为如此，在这个问题上我参考了他人的讨论，而不是柏拉图的原始文本。

质和精神、现世和来世、感觉和理念等。在柏拉图早期对话中的苏格拉底，把有操守地过好现世生活视为自己的使命，而在晚期对话中，他的目光便从现世生活抽离，转向摆脱不洁肉体的纯净、超然的心灵境界。

上述理念并不具有明确的神性色彩，但它们又确实指向了柏拉图中期著述中所强调的超然和精神因素，这些因素在早期苏格拉底那里难得一见。然而在《蒂迈欧篇》（Timaeus）中，神性以惊人的形式再现，晚年柏拉图在这篇论证造物之神的对话中，称神为神圣的造物主。在某种程度上，《蒂迈欧篇》是柏拉图作品中最接近有神论的一篇对话。他的作品中唯有这部能够从古代到中世纪一直被人们传阅，并非偶然。这篇对话吸收了前苏格拉底学派的宇宙之神，并把它转化成具有主动创造能力的拟人化神。造物主使每种元素和谐组合在一起，以一种完美有序的方式打造出这个宇宙。他创造出天体、世界、群神、时间、动物生命、乃至人类这一无比优越的物种。每一人类的灵魂都会有一颗与之相对应的星辰，男人如果一生正直，死后可以回到自己的星辰，反之，就会轮回成女人（！）。而坏女人则轮回成动物。《蒂迈欧篇》把柏拉图的各种思想全部汇聚在一起，最终形成一个完整的有神论体系。他的理性之旅始于无神论体系的再造，但在终点却与神交会。

然而理性之旅尚未真正终结。柏拉图在临终前，重新回到〔136〕令人不悦的无神论主题。他的最后一部作品《法律篇》与以往其他作品都不相同，全文通篇十分罕见地完全不涉及苏格拉底。参加对话的共有三人，一位是姓名不详的雅典陌生人，他是主持这场讨论的核心人物，另外两位是斯巴达人麦吉卢（Megillus）和克里特人克利尼亚（Clinias）。这场对话时间漫长，内容广泛，有些类似于漫谈，是柏拉图著作中篇幅最长的一部。当时克利尼亚负责监督克里特新殖民城邦的立法工作，对话议题便是应当设立什么样的法律。《法律篇》可以看作《理想国》的姊妹篇。《理想国》是柏拉图的中期作品，内容是分析怎样才是理想中的乌托邦，但它更关注的是立法中的实际问题。与《理想国》所描摹的理想国度相比，《法律篇》所提出的是比理想差一等的现实体制。①

宗教也是需要立法的领域。《法律篇》第十卷主要讨论这个问题。柏拉图在这一卷中，就神的本质提出了一些最重要的思想，并着重论证了神的存在。论证过程采用两种形式，第一种属于宇宙哲学范畴：天体的有序运行表明有一只神明之手在发挥作用。雅典人推测，任何事物的运动都必定来自某种驱动力。驱动芸芸众生的是灵魂，驱动天体的是神。第二种属于道德范畴：如果我们不承认人类灵魂具有某种神性，我们就无法追求完美道德，因为那种完美是神才具有的属性。

上述内容已不只是哲学推论，它们还可以成为通过法律压制无神论的理由。雅典陌生人在对话中提出自己的主张以回应"某些聪明的现代人"和一些把神看得非常不堪的"年轻人"，他把这些人分为三种情形：一种认为神并不存在；另一种虽然相信神的存在，但认为神不会插手人类事务；还有一种认为神虽然存在，但很容易因人们的献祭和祈祷而上当受骗。这位雅

---

① 关于比理想国差一等的现实，参见 *Laws* 739d – e。关于《法律篇》的基本内容，参见 C. Bobonich, *Plato's Laws*: *A Critical Guide* (Cambridge: Cambridge University Press, 2010)。与宗教相关的问题参见 R. Mayhew, "The Theology of the *Laws*", in Bobobich, *Plato's Laws*, 197 – 216。Mayhew 对柏拉图 *Laws 10* 的翻译和评注［见 *Plato*, *Laws 10* (Oxford: Oxford University Press, 2008)］也有参考价值。

典人谈论的难道是社会现实？难道他真的认为有一场大规模运动正在上述三类雅典年轻人中蔓延？有位德高望重的学者恰好也持同样看法，他认为柏拉图在这里揭示出发生在雅典的一场"地下无神论运动"。他的判断很可能是对的。但这场故作漫无目的的攻击所针对的主要目标，却无疑是自苏格拉底案件以来一直让柏拉图饱受困扰的幻象。《法律篇》第十卷最终几乎抹去了无神论（无论现实的还是感觉中的）哲学源头的一切痕迹。① 〔137〕

雅典人在文中坚信，向人们灌输对神明的信仰绝对是一个公正社会的基本职能。因而，"无论以行为或是以言辞"亵渎神明者都必须受到惩罚。"或是以言辞"这样的理由让人震惊，让人不由想起距此近百年前的狄奥佩特斯法案，正是该法案破天荒地把虔诚规定为既包含正当的信仰，也包含正当的行为。矛盾的是，对话中这位雅典陌生人最终正好应和了让苏格拉底获罪的法律条文。柏拉图像是个理智型斯德哥尔摩综合征（Stockholm syndrome）患者：自从苏格拉底因所谓大不敬罪被不公正地处以极刑以来，他便长期陷入此案所造成的心理阴影，而他最终计划构建的却是一个只能容忍正统宗教的国度，一个对不信奉宗教者施虐的国度。正如人们所说，暴虐招致暴虐。②

是柏拉图为希腊哲学提供了基本规范，因而他晚年转向有神论一事具有重要影响。对斯多葛学派来说，《蒂迈欧篇》的宇宙设计模式是证明神创的经典。神父们也竭力要把柏拉图学

---

① 关于宗教案件的三种类型，参见 *Laws* 885b。关于地下无神论运动，参见 D. Sedley, "The Atheist Underground", in V. Harte and M. Lane (eds.), *Politeia in Greek and Roman Philosophy* (Cambridge: Cambridge University Press, 2013), 329 – 48。

② 关于对渎神行为的惩罚，见 *Laws* 885a – b, 907d – 908a, 909d。

说同犹太教－基督教原理以及神创论融合在一起。即便在今天，仍然有许多人基于设计论而相信上帝的存在。可以毫不夸大地说，正是因为柏拉图，这种观点才至今难以撼动。苏格拉底以"不承认城邦诸神"而就刑，这是促使柏拉图转变立场的一种不可或缺的经历。早在柏拉图的有神论之前，苏格拉底曾戏谑般地提出具有颠覆意义的人本主义。他的人本主义固然基于某种神启，但最终留给世人的是：你自己制定自己的准则，并按照这些准则去生活。

第三部分

希腊化时代：神一般的
王和目中无神的哲学家

[141]　　公元前 4 世纪，新型军事政治强国马其顿（Macedonia）出现在希腊，它的迅速崛起几乎在所有人的预料之外。其实自公元前 6 世纪以来，它已变得相当富有，并在王室率领下在色雷斯地区专心开疆拓土。从考古发掘可以看出，这一时期王室墓葬设计得宏伟壮观。然而在腓力二世（Philip Ⅱ）主政之前，对于远在南方的大多数希腊人来说，马其顿只不过是希腊文化余荫之下的一个边陲小国。

　　实际上，这个北方王国占有众多优势。那里有宽广肥沃的平原，出产丰富的农产品，有便捷的海上航线，可以沿塞尔迈湾（Thermaic Gulf）直接进入爱琴海，同时，它还处在南面的希腊半岛和东面的欧亚间陆路通道这两大陆地要冲的分界点。公元前 315 年修筑的道路从塞萨洛尼基一直通往拜占庭，日后这条道路又因罗马人在公元前 2 世纪修筑的埃格纳提亚大道（Via Egnatia）而成为欧洲大陆的交通干道。

　　自古以来，人们对马其顿是否应当被视为希腊的一部分一直存在争议。保留在公元前 6 世纪的史诗《列女传》中的希腊神话谱系提到，在人类第三代子嗣中有个名叫马其顿（Macedon）的人建立了马其顿王朝。由此看来，马其顿人很早就被视为希腊世界延伸的族群。然而神话传说中的马其顿并不是希腊人祖先赫楞的后裔，而是出自人类其他族群。认为马其顿人算不上希腊人的观念，对普通人也同样重要。

　　希罗多德讲述的传说反映出在他身处的时代之前马其顿人
[142] 所处的边缘地位。大约公元前 498 年至前 454 年，马其顿国王是亚历山大大帝的祖先亚历山大一世（Alexander Ⅰ）。按照希罗多德的记载，他年轻时在奥林匹克运动会上参加过竞走比赛。他的竞争对手试图以运动会只对希腊人开放为由阻止他参加，

但他却"证明自己是阿尔戈斯人(Argive),并因此被判定为希腊人"。他究竟如何证明马其顿王朝起源于伯罗奔尼撒半岛的阿尔戈斯城邦,这一点希罗多德并未说明。但有一点十分重要,即在当时,即便运动会上的田径裁判员乐于做出有利于他们的裁决,也不可能不经证明就断言马其顿人是真正的希腊人。因为在希罗多德生活的时代,在多数希腊人的认知中,马其顿是一个具有领土野心的北方强国,当然也是雅典人对斯巴达人作战的得力盟友,但这些都与他们的切身利益无关。①

陆路交通既可能产生各种问题,也可能带来各种机遇。公元前 512 年至前 511 年波斯军队在巴尔干地区扩张之时,马其顿正当其途,于是迅速投降,从此这一地区落入波斯人手中,直至公元前 480 年至前 479 年,希腊联军才最终把波斯人赶走。然而到公元前 5 世纪末、前 4 世纪初,马其顿人在希腊政治文化生活中所扮演的角色已不容小觑。据说雅典大诗人欧里庇得斯曾客居马其顿国王阿奇劳斯(Archelaus,大约公元前 413 ~ 前 399 年在位)宫中,不知这种说法是否可靠,但他在晚年确实创作了一系列马其顿题材的戏剧。这位最负盛名的雅典剧作家,无论是否真在北方的马其顿生活过,他都从当地古代神话

① 有关马其顿是否为希腊的一部分的争议,参见 Hall, "Contested Ethnicities: Perceptions of Macedonia Within Evolving Definitions of Greek Identity", in I. Malkin (ed.), *Ancient Perceptions of Greek Ethnicity* (Washington, D. C.: Center for Hellenic Studies, 2001), 159 – 86。关于亚历山大一世,参见 Herodotus 5.22。若想全面了解马其顿历史,可阅读 N. G. L. Hammond 所写三卷本 *A History of Macedonia* (Oxford: Oxford University Press, 1972 – 1988; 第 2 卷系与 G. T. Griffth 合著),近期成果还有 J. Roisman and I. Worthington (eds.), *A Companion to Ancient Macedonia* (Oxford: Wiley-Blackwell, 2010) 以及 R. Lane Fox, *Brill's Companion to Ancient Macedon: Studies in the Archaeology and History of Ancient Macedon, 650 B. C. – 300 A. D.* (Leiden: Brill, 2011)。

中找到过适合的题材，这才是件了不起的事。①

从公元前 350 年起，腓力二世（Philip Ⅱ，亦称"大帝"）开始采取一系列举措同雅典争夺北方利益。这些举动引起雅典著名雄辩家狄摩西尼的愤慨，他多次发表演说痛斥马其顿，这些言辞激烈的檄文（*Philippics*），至今听来犹有怒发冲冠之势。尽管狄摩西尼竭尽全力，但腓力二世仍势不可当，并在公元前 338 年的喀罗尼亚（Chaeronea）战役中取得对雅典和底比斯联军的决定性胜利。第二年，希腊各邦纷纷向马其顿宣誓效忠。只有斯巴达拒绝妥协，并加入科林斯同盟（League of Corinth）。但他们的抵抗也仅仅坚持了七年。

［143］

公元前 336 年，腓力二世遇刺，他的儿子亚历山大三世（Alexander Ⅲ）即位，并很快继承他父亲的"大帝"称号。亚历山大率军队横扫巴尔干半岛（Balkans），推进到波斯帝国境内，由此开启了举世闻名的东征之旅。东征军从安纳托利亚（今土耳其西部地区）到叙利亚、黎凡特，再到埃及，攻取了一座又一座城池，而后推进到位于帝国腹地的美索不达米亚，并在公元前 331 年拿下了位于今巴格达南部的帝国都城巴比伦。随后，亚历山大在今伊朗地区对波斯国王大流士三世（Darius

---

① 古代著作 *Life of Euripides*，以及萨提洛斯（Satyrus）对话和书信残件都记载了欧里庇得斯到访马其顿王国一事。M. R. Lefkowitz 则高度怀疑传统说法，参见他的 *Lives of the Greek Poets*, 2nd ed.（Baltimore：Johns Hopkins University Press, 2012），98 - 100。在有关欧里庇得斯和马其顿关系的各种资料中定然有一种生动的创造性，参阅 J. Hanink, "The *Life* of the Author in the Letters of 'Euripides'", *Greek*, *Roman and Byzantine Studies* 50（2010）：537 - 64。关于欧里庇得斯在公元前 408 ~ 前 407 年创作 *Archelaus* 的具体时间，可参阅 A. Harder, *Euripides' Kresphontes and Archelaus*：*Introduction*, *Text and Commentary*（Leiden：Brill, 1985），125 - 26；虽然欧里庇得斯的马其顿之旅被公认为确有其事，但作者在上书 125 n. 1 中仍作了进一步阐释。

Ⅲ）展开追捕，最终，大流士三世在那里被人暗杀。于是亚历山大自封为大流士三世的继任者，并率军远赴阿富汗、巴基斯坦和印度北部。然而，这时的军队已疲惫不堪，最终他只得同意返程。公元前323年，年仅32岁的亚历山大大帝在巴比伦去世。[①]

东征过后，生活在东方被征服地区的非希腊民族深受希腊文化的影响，因此，自19世纪以来，学界把从亚历山大大帝离世到公元前31年阿克提姆（Actium）海战这段时间称为"希腊化"（Hellenistic）时期。亚历山大大帝过世之后，不同的继任者各据一方，原有帝国一分为四。安提柯（Antigonus）的后代占据了以马其顿腹地为中心的希腊半岛大部分地区；拉古斯（Lagus）之子托勒密及其后人从埃及新都亚历山大港起家，建起一个跨海帝国，并控制了富庶的尼罗河流域；塞琉古（Seleucus）的继任者占据了美索不达米亚和叙利亚。阿塔罗斯（Attalus）继承了另一将领利西马科斯（Lysimachus）的属土，他的后人统治了西土耳其大部分地区，定都帕加马（Pergamum），即今贝尔加马（Bergama）。除此之外，还有其他许多规模不大的共同体，其中包括希腊本土的一些自由城邦结成的同盟。

希腊化世界为希腊文明提供了一套崭新的模式：整个希腊化世界实行君主制度，各家王室在各自宏大的都城控制这片千差万别的辽阔疆域。此时，不仅希腊人的帝国雄心空前膨胀（此前雅典人曾有过自己的帝国），新帝国的规模、范围以及对近东地区的领土扩张也达到前所未有的程度，且随之而来的，还有君主制的重建，并成为常规治国模式。

当时的希腊人不仅继承了本土的政治传统，也继承了更古

---

①　R. Lane Fox, *Alexander the Great*（Harmondsworth, UK：Penguin, 1973）出色概括了亚历山大的一生功业。

[144]　老的东方帝制国家的政治遗产：美索不达米亚的塞琉西王朝（Seleucids）学起巴比伦和亚述君主们的样子，托勒密王朝也开始采用埃及法老的形象。另外，随着新的希腊－东方式君主的出现，希腊式国王们的身边聚集起一批文学、哲学和艺术方面的杰出人才。希腊化帝国也像它的雅典、美索不达米亚和埃及前辈那样，不仅是精神帝国，也是有着地域实体的帝国。亚历山大港的皇家图书馆和博物馆（博物馆即 museum 一词，来自 Mouseion，指祀奉缪斯女神的缪斯神庙）是希腊化知识文化中心的典范，而帕加马也同样有一处巨大的图书馆。传授哲学和语言的学校蓬勃发展，它们最初从雅典起步，一直发展到遥远的异乡。各地城市都建起希腊风格的宏伟神庙、体育场和剧场，镌刻辞章歌赋的希腊铭文装点着这些公共建筑。①

　　希腊化时代目睹了帝制集权进程在地中海、北非和黎凡特地区拉开序幕，罗马人的征服让这一进程得以充分展开。部分效法波斯帝国和埃及法老的新型希腊君主体制，指向了以国王超凡魅力为中心的神权世界帝国的可能性，然而，政治上的动荡和各地间连绵不断的战事又使这种世界帝国的形态无法完全扎根。在大多数老旧希腊城邦，其内部政治程序照常运行（认为来自外部的强势大国会周期性发挥影响力的观点并不新颖），人们的日子一如往昔。然而，也正是在这一时期，视王如神的观念逐步确立，并在日后的罗马时代产生出决定性的影响。

---

① 要了解希腊化世界的概况，可阅读下列书籍：F. W. Walbank, *The Hellenistic World*, rev. ed. (Cambridge, MA: Harvard University Press, 1993); G. Shipley, *The Greek World After Alexander* (London and New York: Routledge, 2000); A. Erskine, *A Companion to the Hellenistic World* (Malden, MA: Wiley, 2005); G. R. Bugh, *The Cambridge Companion to the Hellenistic World* (Cambridge: Cambridge University Press, 2006)。

第 10 章 神与王

亚历山大三世是一代英主。雕塑家们热衷于捕捉他的神采。〔145〕庞培遗址出土一幅描绘伊苏斯（Issus）战役的马赛克镶嵌画，这只是复制品，希腊原画已散佚。画面上，波斯国王大流士形象一目了然，高大，位置居中，背后是长矛林立的天幕；亚历山大在画面左侧马其顿骑兵队伍中，双目圆睁，目光顽强警觉，全身紧绷，蓄势待发；右侧的波斯骑兵正要仓皇撤退，他们仿佛突然意识到因轻敌而铸成的大错。而大雕塑家利西普斯（Lysippus）塑造的亚历山大形象虽然高大、孔武，一派英雄气象，但昂首仰望天际的眼神中，却流露出一丝忧伤，仿若已预见到早殇的结局。①

马其顿王室自称出自赫拉克勒斯和珀尔修斯（Perseus），亚历山大本人气魄雄浑，志向远大，且待人义气，在短暂的一生中建立了出人意料的功业，因此在许多人眼中真如英雄再世。而他也不介意人们做这种联想，他自己在睡觉时就是头枕《伊利亚特》而眠的。他在进军安纳托利亚的途中，曾去拜谒特洛伊，并向阿喀琉斯墓献祭。他与赫费斯提翁（Hephaestion）之间的亲密关系甚至让人想起阿喀琉斯和帕特洛克罗斯之间的友谊。传说，有个诗人表示要写诗替他歌功颂德，让他的声誉超过阿喀琉斯，但他不允许，他说"我宁做荷马的忒耳西忒斯

---

① 关于对亚历山大形象的研究，参见 A. Stewart, *Faces of Power：Alexander's Image and Hellenistic Politics*（Berkeley：University of California Press）。

（Thersites），也不做你的阿喀琉斯"，忒耳西忒斯是荷马诗中最丑陋怯懦的希腊人。传闻当然不足为凭，但可以证明人们一直乐于在亚历山大与阿喀琉斯之间作比较。①

〔146〕 对于一个需要统御幅员辽阔的疆域、降服语言各异的民族并继承异域原有王国的统治者来说，荣耀加身至关重要。亚历山大需要塑造一种鲜明的形象，让所有人认清他的权威。他自视为英雄的举动向全体臣民明确传递出一个意思，即他们有了一个神所属意的君主。亚历山大从方方面面都效仿近东地区的专制君主，譬如希腊人中一直流传着波斯大帝要求人们在他面前行跪拜礼的说法，于是亚历山大把这种习惯连同波斯人的着装样式一并引进自己的宫廷。他的马其顿战友对此愤愤不平，但机敏的观察者却看出了其中的政治用意：他是在以这种方式向他的近东臣民宣示，自己的权力绝不亚于前朝之主大流士三世（Darius Ⅲ）。②

一个更为复杂的问题是，亚历山大究竟是不是神？希腊人总是习惯于给世俗君主添加些神圣色彩。荷马史诗中的贵族常常被说成"神"或是"如神一般"。一些希腊人也把家族血统追溯到某些神祇或英雄。索福克勒斯的剧作《俄狄浦斯王》大约上演于公元前428年，剧中合唱队向城邦之主祈祷时，会以神的冠名"救星"称呼他，但又坚称他们并不愿把他与神等量齐观（无疑意味着这是种危险的做法）。在阿里斯托芬的

---

① 关于头枕《伊利亚特》而眠的记载，见 Plutarch, *Alexander* 8。拜谒特洛伊的记载，见 Arrian, *Anabasis* 1.11 – 12，Plutarch, *Alexander* 15。关于逸闻传说，见 *Alexander Romance* 1.42.11 – 13。

② 关于亚历山大坚持行跪拜礼及引进异域服饰的问题，可参阅 Arrian, *Anabasis* 4.11，还可参阅 Plutarch, *Alexander* 45（作者认为亚历山大的种种做法很可能是收服"异族"的策略。）

喜剧《鸟》中，云中鹧鸪国的鸟儿们如同对待神一般向主人公佩斯泰罗斯（Peisetairus）吟诵赞歌（"他挥舞着霹雳，那可是宙斯手中的利器！"）。看来神赐君权的话题一直存在，并随时等待人们付诸实施。有迹象表明，公元前 5 世纪末就曾有过这种现象。公元前 404 年率军打败雅典的斯巴达将军吕山德（Lysander），从这座沦陷的城市获得了难以想象的巨大财富。后来的历史学家说："他用这些战利品在德尔斐为自己及其部下铸造铜像，还雕造了象征狄俄斯库里兄弟（Dioscuri）的金星。其时，吕山德权势之盛超过有史以来任何一位希腊人，比起权力，他的傲慢狂放更是无人能挡。按照史学家杜瑞斯（Duris）的记载，他是让各城邦视若神明并设坛祭祀的第一位希腊人，也是人们为之高唱凯歌的第一位希腊人。"以上情形并不只是后世历史学家的推测，在爱琴海东部的萨摩斯岛还有与狄俄斯库里崇拜有关的实物为证。新的君主体制出现在公元前 5 世纪晚期，它为亚历山大征服后庞大的希腊化王国指出了方向。① 〔147〕

　　另一个以神自居的统治者是西西里岛叙拉古的狄奥尼索斯一世（Dionysius Ⅰ）。为人贪婪的狄奥尼索斯推翻了当地的民主政体，精心构建起一套以自己为核心的复杂体制。同时也吸引了一批音乐家和知识分子，其中有塞西拉岛的诗人费罗萨努斯（Philoxenus of Cythera）——他创作的描写独眼巨人

---

① 参见索福克勒斯的 *Oedipus the King* 48，31 和阿里斯托芬的 *Birds* 1706 - 19。关于吕山德的记载见 Plutarch，*Lysander* 18。关于萨摩斯岛的狄俄斯库里崇拜遗迹，参见 P. Cartledge，*Agesilaus and the Crisis of Sparta*（London：Duckworth，1987），83 - 96。希腊有可能存在的统治者崇拜的先例，参见 R. Mondi，"ΣΚΗΠΤΟΥΧΟΙ ΒΑΣΙΛΕΙΣ：An Argument for Divine Kingship in Early Greece"，*Arethusa* 13（1980）：203 - 16。

波吕斐摩斯（Polyphemus）与精灵女神伽拉忒亚（Galatea）之间爱情故事的诗歌流传至今，有历史学家菲利斯图斯（Philistus），很可能还有柏拉图（如果我们认为那些以柏拉图之名流传的书信真实可信）。狄奥尼索斯似乎也同吕山德一样，喜欢把自己塑造成出手豪爽且魅力非凡的国王。例如，在公元前388年举行的奥林匹克运动会上，他派出的代表队在驻扎营地以黄金贝壳做装饰，"如此一来，狄奥尼索斯必将激发起希腊人的敬畏之心"。而雅典的演说家很快便发出一篇义正词严的檄文，把他比作在希腊人眼中象征暴虐腐败的波斯大帝。他在另一点上也同吕山德如出一辙，即生前就开始以神的名义享受世人的膜拜，这可能和他与酒神狄奥尼索斯同名有关。①

　　历史当然不会被整齐分割为两段，一切新的发展都是对变革与守成间的比例所作的调整。希腊化时代种种大行其道的风气早在狄奥尼索斯一世的宫廷中就曾预演过，从吕山德这位斯巴达凯旋将军的招摇做派中也可见端倪。他们两人的主张均不符合其他希腊人的观念。亚历山大大帝攻陷的毕竟不是一两座城池，从公元前334年他率军横扫安纳托利亚起，到公元前323年在巴比伦病逝为止，其间经过一系列战役，彻底击败波斯国王大流士三世，成功夺取萨迪斯（Sardis）、提尔（Tyre）和加

---

①　关于狄奥尼索斯派代表队参加奥林匹克运动会，见 Dionysius of Halicarnassus, *Lysias* 28. 把狄奥尼索斯比作波斯皇帝一事，见 Lysias 33 Dionysus; Favorinus, *Corinthiaca*（ = "Dio Chrysostom" 37）21；关于神化统治者的全部证据，参见 L. J. Sanders, "Dionysius I of Syracuse and the Origins of the Ruler Cult in the Greek World", *Historia: Zeitschrift für Alte Geschichte* 40 (1991): 275 – 87. 有人认为亚历山大的父亲腓力二世在马其顿也受到祭拜，但此说缺乏可靠证据，参见 M. Mari, "The Ruler Cult in Macedonia", *Studi Ellenistici* 20 (2008): 219 – 68。

沙（Gaza），并征服整个黎凡特、埃及和美索不达米亚地区。随后又挥师穿越扎格罗斯山脉（Zagros）进入波斯，占领其国都波斯波利斯（Persepolis）。接着继续东进，经大夏（Bactria，大致相当于今阿富汗）进入印度北部地区。①

这位马其顿征服者身上确实带有某些神一般的特质，于是，一些宣传者便把他描述成超然于人类的存在。亚历山大本人则把相当于希腊人心目中宙斯的埃及公羊神（ram god）阿蒙（Ammon）宣布为自己的父亲，这一点在公元前332年2月他到访沙漠西部的锡瓦（Siwah）时，得到过神谕的确认。为彰显先辈伟业，长着两只羊角的亚历山大头像被铸到硬币上，正因为如此，许多人认为《古兰经》（Qur'an）中的左勒盖尔奈英（Zul-Qarnayn，意即"双角者"）是指亚历山大。在以弗所（Ephesus）的阿尔忒弥斯（Artemis）神庙里有一幅阿佩莱斯（Apelles）的绘画作品，画面上的亚历山大拥有和宙斯同样的霹雳。人们所看到的亚历山大形象往往要么像阿波罗，要么像赫拉克勒斯，要么像是豹皮象首的酒神。后来，人们又在他头上加了一顶太阳王冠，把他比作太阳神赫利俄斯（Helios），这种肖像的图式最终蜕变成耶稣基督身后的光环。②

〔148〕

然而，如神一般毕竟不同于真正的神，两者的区别其实很难把握。那么，当各城邦赋予他们的统治者以"神一般的荣耀"（isotheoi timai）时，究竟意味着什么？这种措辞传达出一种不确定性，也就是说，像崇奉神一样对待统治者并不

---

① 亚历山大东征详情见 R. Lane Fox, *Alexander the Great* (Harmondsworth, UK: Penguin, 1973)。

② "双角者"（Zul-Qarnayn）见 Qur'an 18：83-99。亚历山大尚在世时，在一些艺术作品中就被刻画成神的模样，参见 Stewart, *Faces of Power*, 95-102。

是说统治者就是神。而实际上说他们不是神也值得推敲（因为人们说某甲像某乙的前提是知道某甲并不是某乙，这意味着人们不会说猴子像猿猴或是石头像岩石）。然而在古代，很少有人能够完全说清这种差异。毫无疑问，意识形态体系恰恰有赖于无须作精确、透彻的说明。说统治者像神，是指他们拥有超人的能力和个人魅力，但他们也是会犯错误的凡人。①

在许多案例中都可以找到证据，证明当时确实存在以宗教方式崇拜统治者的现象。比如，当时许多城邦都可能建立过纪念亚历山大或其继任者的圣坛，有专职祭司负责圣坛献祭，还可能举行过游行、竞赛、吟咏颂歌等活动。据说，雅典人就曾把独眼将军安提柯和他的儿子围城者德米特里奉为救世主，为他们建立祭坛，专设祭司，并以他们的名义创建新的部族，以纪念他们把托勒密一世（Ptolemy Ⅰ）和卡山德（Cassander）的占领军赶出雅典。还有一种做法是，把统治者的塑像请进供奉某一神祇的神庙，于是这种神庙便成为两者共同的圣地（synnaos），比如帕加马居民就曾把他们的国王阿塔罗斯三世（Attalus Ⅲ）供奉在医药神阿斯克勒庇俄斯神庙中。对已故国王的崇拜与在世国王有关但又稍有差异，比如埃及亚历山大港（Alexandria）就是一个极好的例子，该城设[149] 有一个专职祭司，既负责该城奠基人亚历山大的祭仪，也负责掌管王朝守护者"兄妹恋者"（theoi philadelphoi）的祭仪。

---

① 关于城邦统治者获得"神一般的荣耀"（isotheoi timai）的问题以及与安条克三世（Antiochus Ⅲ）和王后劳迪丝（Laodike）相关的泰欧斯（Teos）法令，可参阅 A. Chaniotis, "La divinité mortelle d'Antiochos Ⅲ à Téos", *Kernos* 20（2007）: 153 – 71, 作者在该文第 158 ~ 59 页探讨了"*isotheoi timai*"的语义。

统治者崇拜在当时并非出现在一两个城市的个别现象，在美索不达米亚的整个塞琉西王国中，全体希腊居民都成为安条克三世及其祖先的崇拜者。[1]

那么，统治者崇拜在现实中究竟意味着什么？当埃及亚历山大港早期王后贝勒尼基（Berenice）和阿尔西诺伊二世（Arsinoe Ⅱ）假阿芙洛狄忒之名接受赞颂时，亲历者会联想些什么？是当真把这些君主敬为神明，还是依旧认为他们只不过是像神一般？是把他们看作真神，还是仅仅把他们看作一种象征意义的神？长期以来，学界的看法是，这是个弄错了的问题，提出这种涉及内在精神过程的问题，无异于把基督教时代的思维框架不合时宜地生硬套用到多神信仰的古代。据说，在前神学时代，没有人喜欢在这种问题上咬文嚼字。按照这种思路，希腊化时代的统治者崇拜反倒是一种特有的习惯，一种对新的政治现实的表达方式。希腊城邦的公民们本就习惯于把荣耀授予他们的最高公民，即便是民主体制的雅典也有这样的活动形式。在希腊化地区的臣民看来，像供奉诸神一样对待他们的王室不过是延续了既有做法，并没有多了不起、多玄妙的意义。从这个角度看，只有莫名其妙的知识精英才有闲心从概念上纠缠于凡人神圣化这种问题（就像某位诗人提到的"把神的荣耀赐予凡人是一种亵渎"）。至于其他人，只要诸事如仪

---

① 此处所用例证采自 A. Chaniotis, "The Divinity of Hellenistic Rulers", in A. Esrkine, *A Companion to the Hellenistic World*（Malden, MA：Wiley, 2005），436 - 37。关于对统治者崇拜的解释可参见下列著述：C. Habicht, *Gottmenschentum und griechische Städte*, 2nd ed.（Munich：Beck, 1970）；S. R. F. Price, *Rituals and Power：The Roman Imperial Cult in Asia Minor*（Cambridge：Cambridge University Press, 1984）；P. P. Iossif, A. N. Chankowski and C. C. Iorber（eds.），*More Than Men, Less Than Gods：Studies in Ruler Cult and Emperor Worship*（Louvain：Peeters, 2011）。

便好。①

　　从古至今，许多人终其一生都不会怀疑自己所习得的一切，这应当是一种事实。但是，若说希腊化时代统治者所具有的神性很少受到质疑，至少在直觉上这种看法似乎也不正确。国王不是神，也就是说他们终有一死。于是，为此发布的讯息也一如既往地成为一种历史资料。如果我们把官方公布的资料（此处主要是指碑刻铭文）作为希腊化时期统治者崇拜的证据，那么，最终结论当然是这些资料对于使用者而言基本可信。因为，为自身利益考虑，城邦主宰们无疑会让他们的制度看上去简洁合理，无可挑剔。然而，再看看其他史料就会发现，这一切在旁观者眼中是多么可笑。近年来，学界已开始应对种种可能出现的反响，而这一系列从赞同到质疑的复杂反响，往往能在一个人的头脑中相互协调，当然偶尔也有例外。一般而言，宗教之所以能够生生不息，就因为它能描摹出各种事物之间无法直观的联系，并通过种种社会机制使这些联系自然融入当地社会。有位学者说道："宗教在人心中。与各种具体活动相比，宗教更多体现在观念和思想体系中，宗教的意义因反复出现的象征性行为而不断得到强化。"君主应被视为神明这样一种希腊化时代的社会期望，就属于这类观念体系。但问题是，这样一来也有风险，即某君主被视作某一神祇时很可能会冲撞到另一位，具体情况则视有哪些神被视为超自然的存在而定。这种冲突有可能出现和消失在不同时代人们的视野中。②

〔150〕

---

①　关于"把神的荣耀赐予凡人是一种亵渎"，见 R. Kassel and C. Austin（eds.），*Poetae Comici Graeci* vol. 7（Berlin：de Gruyter, 2010），347。

②　关于对统治者崇拜的不同看法，参见 H. S. Versnel, *Coping with the Gods：Wayward Readings in Greek Theology*（Leiden：Brill, 2011），439 - 92。引文采自 Richard Gordon 的口头发言，现已收入 Versnel 的著作第 471 页。

　　有一首诗可以作为关注国王是否具有神性的具体事例。作者忒奥克里托斯（Theocritus）是位杰出诗人，曾在托勒密二世在位期间（公元前283～前246）的埃及亚历山大港从事创作。如今，他的名字同田园牧歌紧紧连在一起，其实他的创作也涉及其他领域，其中一首颂扬国王的赞美诗以思索托勒密的身份开篇，诗人认为，宙斯在众神中最伟大，托勒密在人类中最强大。这样的意思还算说得过去，即认为托勒密就像宙斯凌驾众神之上一样凌驾于万众之上，当然也意味着托勒密是人，不是神。但是，接下来诗人笔锋一转，开始抬高他的君主：

> 生于半人半神的往昔英雄，
>
> 有聪明的游吟诗人随他们建功立业。
>
> 而懂得如何传扬丰功伟业的我，会向托勒密吟咏颂歌，
>
> 因为颂歌也是众神的专享。

　　在蛊惑人心方面，这首诗堪称精心制作的佳作。在诗中我们见到了"生于半人半神"的英雄，表面上，他们像是用来同那些介乎人神之间的国王作有益的对比。但是，忒奥克里托斯似乎拒绝这种类比，他提示人们，自己写给托勒密的歌实际上是一首"颂歌"，这种颂歌与其说为英雄而作，不如说更适合用来歌颂神。在最后那句"颂歌也是众神的专享"中，作者还有未竟之言。句中"也是"意味着颂歌既适合用来赞美众神，〔151〕也适合用来赞美托勒密。托勒密不是众神的一员。又或者是其中的一员？忒奥克里托斯此刻想象着他笔下的这位国王的父亲托勒密一世正在天堂，坐在亚历山大身旁，"因为他的父王已使他得享与众神同等的荣耀（homotimos）"。托勒密的身份在

人、英雄与神之间来回游移。这对于有些人来说，基本要点已足够清楚，即他们的国王可以借助某些仅凭语言所无法把握的方式超然于人类。但是，在其他人看来，如果无法确切地说明托勒密究竟处于何种位置，便意味作者本人对此也不甚了了。①

另有一首献给被神化的统治者的颂歌甚至更具有潜在的颠覆性。公元前 308 年，围城者德米特里随同其父安提柯一起解救了雅典城，他因此被誉为城邦之王，还荣膺神的称号。在公元前 290 年他最后一次到访该城时，人们焚香祭酒、载歌载舞迎接他。献给他的颂歌是使用祭祀酒神的诗词格式写成的，其中的一首作品部分流传下来，作者应为基齐库斯的赫墨克里斯（Hermocles of Cyzicus）。这首诗对于任何一位关注希腊人是否真正相信神的人而言，都是一篇极其独特的作品：②

> 啊，至尊至爱的神啊
>
> 为了这座城市终于现圣！
>
> 天下大势把得墨忒耳（Demeter）和德米特里
>
> 一同带到我们身边。
>
> 得墨忒耳扮作最圣洁神秘的珀尔塞福涅③
>
> 而他，泰然（如神应有的样子）、俊朗，
>
> 且微微笑言，他来了。
>
> 看来这是一场盛典，朋友们环绕着他，
>
> 他是众人的中心，

---

① 参见 Theocritus 17.1 – 19。

② 关于德米特里，参见 Versnel, *Coping with the Gods*, 444 – 45。

③ Persephone，宙斯与得墨忒耳的女儿。——译者注

友人们仿若星辰，

而他仿若太阳。

欢迎你，神之子，强大的波塞冬，

还有你，阿芙洛狄忒之子！

至于其他神祇，要么距离遥远，

要么没有听到消息，

要么并不存在，要么对我们完全漠不关心；

但是我们知道你就在这里：

不是木雕，不是石刻。你是真实的。　　　〔152〕

我们向你祈祷…… ［接下来是一段与埃托利亚人（Aetolian）一同祈愿和平的祷文］①

这篇颂歌真正令人吃惊之处在于，它颠倒了人们原本怀疑的方向。或许人们本以为奥林匹斯诸神的存在会受到质疑，德米特里这尊新神进驻万神殿会令人尴尬。然而事实却是，德米特里在众人眼前现身（"至尊至爱的神啊，为了这座城市终于现圣……他来了……我们见到你就在这里"）竟成为他是真神（"你是真实的"）的确证。相比之下，奥林匹斯诸神反倒显得不真实，只是一种人工制作之物（"木雕"和"石刻"，在这里是指神像）。作者设想出三种理由来解释何以奥林匹斯诸神未能现身：他们既无法干预人类事务（他们"要么距离遥远，要么没有听到消息"），也不愿干预（"对我们完全漠不关心"），还有可能他们根本"不存在"。农业女神（也是相邻的厄琉息斯秘仪女神）得墨忒耳是个例外，但也只是因为她名字

---

① 赫墨克里斯的作品被收入 J. U. Powell，*Collectanea Alexandrina*（Oxford：Clarendon Press，1925；reprint 1970），173 – 74。

的字母是嵌在德米特里本人名字当中的。这首诗实际上认为德米特里才是唯一值得让人牵挂的神。①

赫墨克里斯这首诗是个特例，为换取对奥林匹斯众神的信仰，对现实中统治者神的真诚信仰竟能如此明显地用来做交易，这样的事在这首诗之外，再也找不到其他例证。也许，这首诗并不能作为证据用来证明，统治者崇拜引发了无神论对奥林匹斯神系的广泛冲击和质疑，但它的确凸显了一个基本事实，即新宗教的"观念体系"一旦开始发挥作用，就会干扰现存体系，届时，谁也无法保证原有体系能够完好留存于世。

在这一点上，没有什么能比欧赫迈罗斯（Euhemerus）的作品表现得更明显，欧赫迈罗斯来自麦西尼城（Messene），是希腊化早期最有名的人物之一。马其顿国王卡山德公元前305年至前297年在位期间，他曾奉命前往阿拉伯海一带，并曾把这段经历记录下来。讲述这段行程的作品以《神圣铭文》（*Sacred Inscription*）为题传世，成为对宗教表示质疑的古代文献中最负盛名的作品之一。流传至今的每一份古代无神论者名录中，都可以见到欧赫迈罗斯的名字。他的名字甚至进入了现代英语，

〔153〕 成为该领域公认最高深的词 euhemerism（"欧赫迈罗斯学说"或"神话史实论"——译者注），"euhemerism"是指以复述神话的方式去除或者阐释其中的超自然因素。其实这个英文词未必恰当。这种合理化解释源自古典作家古米利都的赫克特斯和帕莱法忒斯（Palaephatus），一经提出，迅速被人们沿用，而欧

---

① 诗中提到神未能现身的三类原因对应了柏拉图在《法律篇》中列举的三类渎神行为，参见 Plato, *Laws* 885b。

赫迈罗斯提出的思想较之前者要激进许多。①

　　欧赫迈罗斯作品原文并未完整保存下来，我们有幸从公元前 1 世纪作家西西里的狄奥多罗斯（Diodorus）那里得到了该作品具体内容的梗概。欧赫迈罗斯称他曾到访潘卡亚（Panchaea），这是一座美丽富庶的岛屿，岛上居民生活在乌托邦社会。社会成员分为三个序列：祭司、农民和士兵，祭司是拥有最终裁决权的阶层。这篇作品描绘出一幅全体人民心悦诚服在温良仁厚的神权体制下愉悦生活的图景。"祭司是领导其他一切居民的统治阶层，他们负责处理各种纠纷，并管辖一切公共事务。"随着作品叙事的展开，我们也一步步接近令人心动的潘卡亚社会，三大部落的宙斯神庙矗立在一座城堡之上，欧赫迈罗斯花了很大篇幅介绍这座神庙的美丽壮观，但是他说，其中暗藏的惊喜的是它那根金灿灿的柱子，上面镌刻的铭文记载着天王星乌拉诺斯（Uranus）、克洛诺斯（Cronus）和宙斯的业绩。从铭文来看，奥林匹斯诸神原本是人类，也是潘卡亚统治阶层中最非凡的一代。正是宙斯亲身游历世界并创设了崇拜自己的宗教体系。也就是说，潘卡亚社会是由信仰一"神"的宗教维系的，而这个神不过是你我这等凡人。②

　　最初的《神圣铭文》很可能是各种体裁的混合体，既有旅行记、长篇小说，又有对乌托邦社会的哲学验证（类似柏拉图

---

① 欧赫迈罗斯作品的希腊文本收录在 M. Winiarczyk, *Euhemerus Messenius, Reliquiae* (Stuttgart and Leipzig: Teubner, 1981) 中。M. Winiarczyk 以整本书的篇幅对此进行颇具权威的探讨，见他的 *The Sacred History of Euhemerus of Messene* (Berlin: de Gruyter, 2013)。笔者对欧赫迈罗斯的研究见 *Beyond the Second Sophistic: Adventures in Greek Postclassicism* (Berkeley: University of California Press, 2013), 49–62。

② 欧赫迈罗斯作品梗概见 Diodorus of Sicily, *Library* 5. 41–46 and 6. 1。

的《理想国》和《法律篇》），还像是一篇用来探讨无神论长远影响的作品，其中的无神论思想在公元前 5 世纪曾经是雅典智者们仔细考察的对象。欧赫迈罗斯对普罗迪科斯理论留有极深的印象，在普罗迪科斯看来，众神的名字皆取自具有发明贡献的人类，比如得墨忒耳发明了面包，狄奥尼索斯发明了酿酒，每一发明出现之后，发明者都会被恭奉为神。回顾当时的历史环境，很难设想欧赫迈罗斯能做到不去回应那场变君主为神明的造神大潮，于是，这部作品也是一种与以往截然不同的神学批判。试想，亚历山大和托勒密若是能被打造成神，那为什么要排除一切神祇皆来自神化的人类这种可能性呢？而宙斯及其家族为树立在神界的尊崇地位，难道就不会采用某些同希腊化时代列位君主如出一辙的手法吗？①

[154]

可以肯定的是，欧赫迈罗斯对于统治者的崇拜几乎无所不知。在这一点上，我们需要把作者与《神圣铭文》中的叙事者区分开来。作品中的叙事者自称受马其顿国王卡山德的派遣。目前虽然还找不到对这位国王个人崇拜的证据，但是有关卡山德的整篇故事和其他故事一样，都是虚构的，这似乎足以说明问题。同时代有一篇欧赫迈罗斯的传记也可成为佐证。传记作者卡利马科斯（Callimachus）是埃及亚历山大派诗人，他幸灾乐祸地提到在城外的一座神庙中，有位"捏造出潘卡亚宙斯的老人在那里絮絮叨叨撕扯着他那些罪孽深重的书籍"。据此判

---

① 狄奥多罗斯明确告诉我们，欧赫迈罗斯认为古人心目中的神有两类，一类是自然之神，如日、月、星、辰、风，等等；还有一类是奥林匹斯诸神，即神化的人，参见 Winiarczyk, *Euhemerus Messenius*, *Reliquiae*, fragment 25。但是没有理由相信欧赫迈罗斯把他们视作真正的神，而不是古人的异想天开。换言之，欧赫迈罗斯很可能就是现代意义上的无神论者，即他否定一切神的存在。

断，欧赫迈罗斯很可能是在亚历山大港写作他的《神圣铭文》的，而这座城市正是早期统治者崇拜最盛行的地区之一。①

欧赫迈罗斯并不是唯一对统治者崇拜的影响作出反思的人。公元前 3 世纪出现的斯多葛学派（Stoicism）是最著名的哲学流派之一，该学派名称来自 Stoa Poikile，本意指雅典带有绘画的柱廊，因学派创始人芝诺（Zeno）在那里聚众讲学而成为学派名称（请注意此芝诺非彼芝诺，后者指前苏格拉底哲学家埃利亚的芝诺，证明一切运动皆不可能的著名的芝诺悖论，就是由他提出的）。芝诺出生于塞浦路斯岛的季蒂昂（Citium on Cyprus），公元前 277 年至前 239 年在位的马其顿国王“八字脚”安提柯（马其顿的安提柯专门给人取那种引起联想的绰号）大约在公元前 276 年邀请他进入佩拉（Pella）宫廷做自己的幕僚兼王子教师。芝诺婉拒了，但派出了同样出身于季蒂昂的学生、友人兼合作者的佩尔塞俄斯（Persaeus）。佩尔塞俄斯写过不少精彩的哲学作品，但它们与那个时代多数作品结局一样，最终只有零星片段传世。虽然如此，我们还是见到他的著作目录，从中得知他的主要兴趣在政治和两性问题。但是在古代晚期，给世人留下最深印象的却是他的宗教理论。公元前 1 世纪，罗马演说家和思想家西塞罗（Cicero）在《论神性》（*On the Nature of the Gods*）一书中曾总结出他的观点：“一些对文明有着巨大推动作用的因素被归功于神，其实是人类发现了它们，那些有用又有利的真正的物质实体被冠以神的名字。”有 〔155〕份出土于维苏威火山（Vesuvius）遗址的莎草纸文书残片表明，佩尔塞俄斯认为宗教在其发展过程中经历过两个阶段，首先是

①　参见 *Iambus* 1.9 – 11。卡利马科斯的诗大致可以追溯到公元前 270 年代。

做出各种发明创造的人被神化，接着是被创造对象本身被神化。这些思想或许来自公元前 5 世纪的智者普罗迪科斯，但佩尔塞俄斯本人在希腊化王国文化环境的变迁中，无疑给这些思想注入了一种新的活力。与普罗迪科斯不同的是，佩尔塞俄斯了解把杰出人物奉为神明（尽管尚无证据表明"八字脚"安提柯本人曾受到过崇拜）的真实事例。的确有些学者认为，佩尔塞俄斯对于宗教的批评还算比较温和，他只是否认公众信仰的神祇（而推崇斯多葛学派的宇宙智慧），并且认为普通人对于神的观念虽然被误导，但在一定程度上仍含有对神性真实本质的洞见。然而这种看法似乎被赫库兰尼姆出土文书推翻："实际上佩尔塞俄斯显然排除、摒弃了超自然因素，或者认为这些因素不可能被人类所认识。"这样的证据很难辩驳。佩尔塞俄斯视一切神明为人类的创造物，虽然他无法最终证实这一点，但是，面对凡人被奉为神明的陌生景象还是受到触动，于是把自己的主张公之于众。[①]

在哲学意义上，佩尔塞俄斯和欧赫迈罗斯承袭的是公元前

---

① 佩尔塞俄斯生平及著述目录见 Diogenes Laertius 7. 6，7. 36 = H. von Arnim, *Stoicorum Veterum Fragmenta*（Munich：K. G. Saur, 2004），vol. 1, nos. 439 和 435（后面缩写为 *SVF*）。关于安提柯二世执政时期的背景资料，参见 A. Erskine, *The Hellenistic Stoa*（London：Duckworth, 1989），87 – 88。参见 Cicero, *On the Nature of the Gods* 1. 38。莎草纸文书引文见 *Herculaneum Papyrus* 1428，内容为菲洛德穆的 *On Piety*，对佩尔塞俄斯的讨论见该文书 ii. 28 – iii. 13（这部分内容与西塞罗的看法均被收入 *SVF* 448）。笔者对宗教发展两阶段的解释借鉴了菲洛德穆的观点，参见 A. Henrichs, "Two Doxographical Notes：Democritus and Prodicus", *Harvard Studies in Classical Philology* 79（1975）：115 – 23。第一次对佩尔塞俄斯无神论提出的质疑见 A. Dyck, *Cicero De Natura Deorum Book I*（Cambridge：Cambridge University Press, 2003），110，第二次见 K. Algra 的文章 "Stoic Theology", B. Inwood（ed.）, *The Cambridge Companion to Stoicism*（Cambridge：Cambridge University Press, 2003），158。

5 世纪雅典智者学派的无神论。但他们在此基础上又构建起一个反映当时世界政治嬗变现实的崭新的当代体系。对凡人来说，打破常规而变身成神或是变得"如神一般"，从此不再是古代英雄的专利。凡人神化此时已成为一种文化比喻，希腊人通过它去理解他们生活在其间的世界，也就是说，凡人神化是一种迷因（meme，指文化信息传承的基本单位——译者注），而不是神话素（mytheme，指构成神话的基本单位——译者注）。但是，人类变神的可能性也触犯了人神之间的界限，进而损害到神拥有特权的观念。当然，这种观念早在神话中就已遭遇过"神界斗士"们的攻击。

第 11 章　哲学无神论

　　希腊化时代目睹了亚历山大帝国从大规模扩张为一个脆弱的庞然大物，到迅速解体，直至被野心勃勃的部将们瓜分的全过程。亚历山大帝国解体后大致分为如下几个部分：塞琉西帝国，以其建基者塞琉古一世（Seleucus Ⅰ Nicator，人称"征服者"，约公元前 358－前 281）而得名，主要占据美索不达米亚的巴比伦地区（今伊拉克）；托勒密王朝，可溯源至有"救星"之称的托勒密一世（约公元前 367－前 283），以埃及亚历山大港为中心；安提柯王朝，由绰号"独眼"的安提柯一世（约公元前 382－前 301）创建，主要占据马其顿地区。除此之外，这一时期在今土耳其西部沿岸的帕加马地区，还有阿塔罗斯一世在公元前 230 年代掌权后建立的阿塔罗斯王朝。

　　这个时代的知识界也在重组，实力强大的国际性哲学流派也以君主之间争权夺利的方式争夺本派系的支配地位。哲学派别对立的观念始自公元前 4 世纪的雅典，当时亚里士多德脱离柏拉图的柏拉图学园（Plato's Academy）自立门户，建起吕克昂学园（Lyceum）。这两个名称均为运动场所在地的地名，当时的年轻人喜欢聚集到那里聆听大师们的教诲。柏拉图学园的名称取自神话中英雄的名字阿卡德摩斯（Academus），这位英雄的传说同雅典英雄忒修斯有关。而吕克昂（原意为狼）一名则因亚里士多德讲学地点临近阿波罗吕克昂神庙（Apollo

Lyceus）而来。

在希腊化时代，除上述两所学园之外，新学校也层出不穷。起初，学校大多集中在雅典地区，但是后来扩展到许多遥远的地区。那时有许多哲学家来自希腊语世界最边远的角落，比如来自黑海、现代的伊拉克和突尼斯。哲学团体被贴上各式标签：犬儒主义（Cynics）、斯多葛学派（Stoics）、伊壁鸠鲁学派（Epicureans）、怀疑论者（Skeptics）等，这些学派、主义的影响力直到今天依旧不减，现代西方人的人生观在很大程度上是在对希腊化时代各派哲学的实践中形成的。你相信那种无视社会常规的反文化存在吗？那你就是犬儒主义者。如果你认为不论命运赋予什么角色都当全力以赴，那 〔157〕你就是个斯多葛学派门徒。如果你的人生目标是摆脱压力，也摆脱不恰当的社会要求引发的焦虑，那么你就是伊壁鸠鲁的信徒。如果你对所有信条不加区分、一概排斥，那么你就是怀疑论者。①

上述哲学派别所坚持的主要是来自生活经验的价值和伦理，在这一点上，他们追随了苏格拉底，而没有追随他的任何一个对手。他们相信，哲学应当具有治疗功效，能让人的心灵更美好。这一时期的各个学派把关注重点放在现实中存在的实际问题，由此创造出一种不那么纯粹但更具包容性——至少对男性

---

① 若要进一步了解希腊化时期的哲学，可参见 A. A. Long, *Hellenistic Philosophy*: *Stoics*, *Epicureans*, *Skeptics*, 2nd ed. （Berkeley: University of California Press, 1986）；还可参见 K. Algra, J. Barns, J. Mansfeld and M. Schofield, *The Cambridge History of Hellenistic Philosophy* （Cambridge: Cambridge University Press, 1999）。主要资料出自 A. A. Long and D. N. Sedley, *The Hellenistic Philosophers*, vol. 1, *Translations of the Principal Sources with Philosophical Commentary* （Cambridge: Cambridge University Press, 1987），该书第二卷收录了希腊语和拉丁语原作文本。

精英——的环境。到公元 1 世纪时，多数受过教育的希腊人和罗马人都会对哲学略知一二，许多人还会公开承认自己偏向于哪一学派。哲学不断满足许多本应由宗教去满足的需求，譬如，哲学为痛苦和失落的人提供了慰藉，帮助茫然无措的人理解自身在宇宙中所处的位置，向人们解释为什么即使这世界并不总能让好人有好报，但还是应该做个好人。哲学运动汇入主流文化为日后基督教在罗马帝国上层社会的传播开辟了道路，因为它已开始被视为另一种形式的生活哲学。早期教会的奠基者们在公元 3 世纪、4 世纪时重新诠释了大部分基督教教义，使之看起来更像是希腊－罗马哲学，这一事实也有助于推动上述进程。

在这场哲学革命中，神扮演什么角色？在众多流派中，斯多葛学派最先包容并发展了柏拉图和亚里士多德的有神论哲学。该学派是公元前 3 世纪由季蒂昂的芝诺在雅典创建的。在希腊化时代的各种哲学中，斯多葛学派的主张最像是一种人生指南，指导人们学会在世界帝国这一新的历史现实中生存。正统斯多葛学派认为世界是由一位理性的设计之神掌管的，相信世界由物质构成，而这种物质就是火。真正的幸福是能够自我调适到与神的安排相一致，过上顺应自然的生活。斯多葛学派实际上主张服从一位神，并且教导人们，与这位神的安排保持一致是使德行臻于完美的唯一方式。而他们所说的神很像是一位全能的宇宙之王。其实，按照斯多葛学派的看法，所谓顺应神意不过是从对尘世的卑微牵挂中得到解脱。传统社会所说一切好东西，即他人眼中的功名利禄、健康长寿等，其实既说不上好，也说不上坏，无论好坏都无关紧要。如果生了病，那就随它病吧：与其自怨自艾，不如坦然面对。人人都想要健康，都不愿生病，为此尽可能寻求健康之道，这当然没错；但是，如果神执意要人生病，那也只好如此。①

斯多葛主义是一种涉及人生观和宇宙观的综合理论体系，涵盖了神、自然、物质、时间、语言、逻辑、知觉等众多范畴。在道德层面，它又总是和不屈不挠以及坚忍不拔一类精神品格连在一起，从古至今也的确激励了许多人与残酷环境抗争。以著名教师爱比克泰德（Epictetus，约公元55–110）为例：他出身于奴隶阶层，据说一条腿因被主人故意拧断而致残。他在遭受折磨时一直维持笑容，事后描述摧残过程时也十分平静。如果此事发生在罗马，那么，主人公应该是尼禄（Nero）的亲信埃帕夫罗迪图斯（Epaphroditus），此人最终背叛尼禄并割断了尼禄的喉咙。尼禄死后，爱比克泰德获得了自由。但在同样暴戾的图密善（Domitian）登基后，他又被逐出罗马。斯多葛哲学让他坦然微笑着度过了这段黑暗人生。他的思想主张保存在《爱比克泰德语录》（Discourses）和《道德手册》（Handbook）中。这两部书的执笔者阿里安（Arrian）是军事家、史学家，也曾担任罗马执政官，但给他带来更大声誉的是他的名著《亚历山大远征记》（The Campaigns of Alexander the Great）。古往今来，爱比克泰德的榜样力量总能引起共鸣，并且教给我们什么是面对逆境时的现代"斯多葛"行为。詹姆斯·斯托克代尔（James Stockdale）就是一个范例。1965年9月9日，斯托克代尔驾驶的战机在越南上空中弹起火，这时，他想起了学生时代

---

① 关于介绍斯多葛学派的读物，可参阅 B. Inwood, *The Cambridge Companion to the Stoics*（Cambridge：Cambridge University Press, 2003）和 J. Sellars, *Stoicism*（Berkeley：University of California Press, 2006）。有关斯多葛学派神学思想的讨论及相关史料，可参阅 129 页注释所列 Long 的著作和 Sedley, *The Hellenistic Philosophers*, 274–79, 323–33。

在斯坦福大学读过的《道德手册》，于是对自己说："我就要离开这个技术的世界，进入爱比克泰德的世界。"爱比克泰德教导人们不要纠缠于自身无法控制的事，只需专注于"我们能做主"（eph' hēmin）的事。正是这段话帮助斯托克代尔度过了近八年在河内（Hanoi）的牢狱生活，陪伴他熬过拷打，熬过镣铐禁锢，熬过单独关押的孤寂。①

　　斯多葛派哲学不只是鼓励人坚强的哲学。从根本上说，它的伦理体系是教导践行者如何在一个根本无力对抗的世界生存下去。由此，不难理解，为什么从古代释奴出身的流放者到1960年代在河内坐牢的囚徒，都会从这一哲学中获得巨大帮助。虽然如此，但这种哲学还是在希腊化时代和罗马时代有着 〔159〕 更为广泛的适用性，因为那时的每个人乃至整个社会都经常处于高远的帝国力量支配之下。神对宇宙的统治与国王或皇帝对俗世的统治之间，隐隐存在着一种相似结构。难怪马可·奥勒留（Marcus Aurelius，公元121-180）既是古代世界最伟大的斯多葛学派哲学家之一，同时也是罗马帝国的皇帝。当然，这并不意味着当斯多葛学派价值观与世俗官方意志产生冲突时，斯多葛派总能站在官方一边。在尼禄统治的黑暗时期，坚守斯多葛学派原则的元老院议员特拉塞亚·帕埃图斯（Thrasea Paetus）因反对罗马皇帝尼禄而遭到审讯，直至

① 关于爱比克泰德的腿疾，参见 Origen, *Against Celsus* 7.53。关于爱比克泰德的哲学思想，可参阅 A. A. Long, *Epictetus: A Stoic and Socratic Guide to Life* (Oxford: Clarendon Press, 2002)。关于斯托克代尔的经历，见 J. B. Stockdale, *Courage Under Fire: Testing Epictetus's Doctrines in a Laboratory of Human Behavior* (Hoover Institution, 1990; http://media.hoover.org/sites/default/fles/documents/Stockdale Courage.pdf)。"离开技术的世界"引自该书第7页。

被判自尽。大约在同一时期，斯多葛学派另一著名哲学家小塞涅卡（Seneca the Younger）也遭遇了同样命运。公元65年，在追查格涅乌斯·卡尔普尔尼乌斯·皮索（Gaius Calpurnius Piso）的反尼禄阴谋时，他因被卷入该案（很可能是冤狱）而遭到清洗。

斯多葛派哲学在总体上是鼓励服从的哲学。这也同样适用于宗教实践，然而，若从他们对神的见解来看，却又未必如此。他们认为神是一种燃烧的宇宙理性，这种观点原本可以成为十足的异端。斯多葛学派的神融入了许多前苏格拉底哲学中最激进的观念，譬如赫拉克利特的火、阿那克萨戈拉的奴斯或"精神"等，也含有柏拉图宇宙造物主的思想。这本应导致对奥林匹斯诸神的存在乃至整个城邦信仰体系的否定，但事实却相反，它宣称那些被我们称为宙斯、赫拉、雅典娜等的神祇，不过是宇宙之神所具有的不同侧面：宙斯与生命（zēn）相关，雅典娜与延伸到以太（aithēr）的理性天赋相关，赫拉同空气（aēr）相关，等等。这种文字上的双关语深深植根于希腊人观念中，在他们看来，虽然神话只是传说，但也含有些许真实成分。这些许真实成分便足以让斯多葛学派一直维持对城邦宗教的信仰。在斯多葛学派成员中，唯有学派创始人芝诺的友人季蒂昂的佩尔塞俄斯不承认神的存在，然而，就连他也坚持认为城邦之神应该受到正常崇拜。总之，斯多葛学派主张人们应当顺从全能的宇宙之神。①

---

① 宙斯、雅典娜、赫拉等神祇的传说见 Diogenes Laertius, *Lives of the Eminent Philosophers* 7. 147 = Long and Sedley, *The Hellenistic Philosophers*, 323。关于斯多葛派宇宙观对基督教的影响，参见 T. Rasimus, T. Engberg-Pedersen and I. Dunderberg（eds.）, *Stoicism in Early Christianity*（Grand Rapids, MI: Baker, 2010）。

其他学派大都缺少对宗教的虔诚，其中最突出的当属犬儒学派（字面意思"狗一般的家伙"）。该学派是在苏格拉底及其同时代哲人安提西尼（Antisthenes）启发下创立的，但是与柏拉图所倡导的清高的理性主义截然不同。犬儒主义是一种人生哲学，不是精神理念。通往该学派唯一正确的途径，用他们喜欢的话说，就是过一种"顺应自然"的生活。换一种表达方式，就是鄙视物质享受，无视社会习俗，讽刺权力。犬儒主义的信仰很难归纳，因为该学派主张极少形诸文字，没有作品传世，其成员多沉溺于自相矛盾的行为，顾不上著书立说。我们所见到的证据都出自他人之手，这些资料往往要么让人费解，要么像是玩笑。典型的犬儒主义者生活习惯节俭却按新颖的实验性方式生活。他们不相信奴隶制，当面嘲弄权贵，把动物视为有品格的生命，而不是人类用于剥削的工具；他们主张尊重妇女［马罗尼亚的希帕基亚（Hipparchia of Maroneia）就是该学派早期重要成员］，认为理想社会应当是男女一起生活、共同养育子女的社会。要想获得美好人生，就须逃离社会期待这座装腔作势的监狱，摒弃虚伪（tuphos）的一切。传说早期著名犬儒学派重要成员锡诺帕的第欧根尼（Diogenes of Sinope）曾当众自慰，并解嘲道："要是填饱肚子也能这么容易办到该有多好。"犬儒主义们恶作剧般的幽默感也颇为有名，第欧根尼就有大量这方面的笑话流传下来，比如，他听说柏拉图给人下的定义是无毛两足动物，于是拎去一只拔光毛的公鸡；又比如，他看到管理神庙的官员捉住一个偷盗者，便说这是"大偷抓小偷"。犬儒主义者以这种机智辛辣的语言和恶作剧般的方式对习俗和传统进行冷嘲热讽，同时又不让自己的主张变成

〔160〕

教条。①

　　或许正如人们所想，犬儒派没有提出过明确的宗教主张，一如他们不对任何事表达明确的意见。于是，想要得到确切答案的学者只能同他们斗智斗勇。第欧根尼当然嘲笑过人们向神明献祭是徒劳无功。但他对神明的态度又有些矛盾，一方面，据说他像欧里庇得斯剧中的主人公柏勒洛丰那样曾指出邪恶盛行就是神明并不存在的确证，但在另外的场合，他似乎又觉得神是存在的，例如"药剂师利西阿斯（Lysias）问他是否相信神的存在，他回答'看到他们对你那么鄙视，我还怎么能不相信他们的存在呢'"。其实最可能的答案是，犬儒主义者并不十分在意神明，只对那些诸神所提供的能用来嘲弄虚伪和不道德行为的素材感兴趣。在他们激进的反教条世界观中，众神没有位置；在他们的反体制乌托邦中，宗教组织也同样没有位置，但他们也同样不喜欢郑重其事地去宣布神明并不存在。犬儒学派对生命的看法带有浓重的不可知论乃至无神论色彩，而玄妙抽象的论证推理在他们看来也是一种不着边际的夸夸其谈。在公元前 3 世纪，犬儒学派诗人科尔基达斯（Cercidas）用一首诗完美概括了这种心态。诗人先是照例抱怨一番众神没有做到惩恶扬善，并慨叹命运无常，然后提出"最好把这种事留给那些注视天堂的人……我们还是和健康之神佩恩（Paian）——不错，的确是位女神——以及复仇女神涅墨西斯（Nemesis）一起

〔161〕

① 关于犬儒主义的历史梗概，参见 W. Desmond, *Cynics* (Stocksfeld, UK: Acumen, 2008)，有些令人感兴趣的文章见 R. B. Branham and M. - O. Goulet-Cazé, *The Cynics: The Cynic Movement in Antiquity and Its Legacy* (Berkeley: University of California Press, 2000)。第欧根尼的笑话引自 Diogenes Laertius 6. 22 - 69，对这些笑话的评论见 R. B. Branham, "Defacing the Currency: Diogenes' Rhetoric and the Invention of Rhetoric", in Branham and Goulet-Cazé, *The Cynics*, 81 - 104.

操心尘世俗务吧"。犬儒主义者把他们的双脚牢牢踩在大地上，抽象的空论与他们无关，不是他们要讨论的话题。①

对传统神学更大的挑战来自另一股给现代语言打上了自身印记的哲学思潮，这就是我们今天所说的怀疑主义。怀疑论者兴起于柏拉图的阿卡德米学园，苏格拉底是激励他们的榜样。苏格拉底常常通过辩论来证明对方观点的弱点，而不是正面肯定自己的主张。怀疑主义所针对的目标是信仰体系或教义（现代英语中怀疑主义一词可以追溯到"Skeptics"），主张任何信仰所赖以存在的根基都不稳固。哲学的宗旨是向教条挑战，并减少对不可靠论据的依赖。怀疑主义的一个分支皮浪主义（Pyrrhonism）提出"搁置判断"（*epokhē*）是通往幸福安宁之路。（在此我们遇到一个始终困扰怀疑主义的问题，即这主张本身就不是教条吗？站在怀疑论的角度，又怎么能够提出任一确定的信念？即便面对搁置信念是否有益这样的问题，不也是同样道理？）②

宗教当然也是某种形式的教条。人们对于神有着多种多样相互冲突的看法，诸如他们样貌如何、住在何处等，这就意味着不可能有全然可靠的知识。怀疑论者卡涅阿德斯（Carneades，约公元前214－前129）是当时有着巨大影响力的柏拉图学园领袖，

[162]

---

① Brisk 对早期犬儒学派宗教观的研究见 M. – O. Goulet-Cazé, "Religion and the Early Cynics", in Branham and Goulet-Cazé, *The Cynics*, 47 – 80；还可参见 Desmond, *Cynics*, 115 – 22，该书作者着重于较晚的资料。第欧根尼嘲讽向神献祭一事见 Diogenes Laertius 6. 63, 6. 59。关于第欧根尼认为世上无神的观点，见 Cicero, *On the Nature of the Gods* 3. 34 – 35。与药剂师利西阿斯的对话见 Diogenes Laertius 6. 42。Cercidas：科尔基达斯的诗见 J. U. Powell（ed.）, *Collectanea Alexandrina*（Oxford：Clarendon Press, 1925）中的 fragment 4. 44 – 48。

② 关于怀疑主义，参见 R. J. Hankinson, *The Skeptics*（London：Routledge, 1988）；H. Thorsrud, *Ancient Skepticism*（Stocksfeld, UK：Acumen, 2009）。

他还是个极富语言魅力的演说家，就连一向不屑于复杂哲学的修辞学教师，也会离开学校去欣赏他的演讲。他顶着一头乱发，蓄着长长的指甲，但邋遢的外貌换来了痴迷于研究而结出的果实。他是在罗马人面前展示出希腊哲学潜在魅力的第一人，由此而赢得了自己的历史地位。公元前 155 年，他作为雅典使团成员前往罗马。当时罗马人在希腊世界所作所为就像今日的权力掮客，使团试图说服对方取消加在雅典人头上的巨额罚金。有份报告把他的到来比作在罗马城刮过一场旋风："卡涅阿德斯的魅力具有不同寻常的力量，他的声望与他的实力相匹，这使他大得人心，也让整座城市如阵风过境般充满悸动、喧嚣。"他在元老院做了两次激荡人心又颇具争议的演讲。他在第一次演讲中为罗马主权的正义性辩护，而第二次演讲中却基本放弃了第一次演讲时提出的主张。当时的罗马，只有对希腊极度反感的老加图（Cato）不满于哲学风尚的变化。他担心年轻人热衷于华丽的辞藻甚于武力和军功，于是以自己富于文采的语言痛斥那些如海妖般魅惑人心的到访者。他告诉人们，"一旦罗马被希腊文字感染，她就将失去自己的帝国"。结果，不管与加图施加压力是否有关，元老都把两名伊壁鸠鲁学派哲学家逐出了罗马。尽管如此，但历史并未成全老加图，当时那股在全城一扫而过的时尚风潮，带来的竟是一场永久性变革。①

---

① 关于卡涅阿德斯的不修边幅以及修辞学教师去听他演讲一事，见 Diogenes Laertius, *Lives of the Eminent Philosophers* 4.62。关于他出使罗马一事，见 Plutarch, *Life of Cato the Elder* 22.2，23.2。关于他的司法的演讲，见 Cicero, *Republic* 3.12.21。驱逐伊壁鸠鲁学派哲学家一事见 Athenaeus, *Sophists at Supper* 12.547a；Aelian, *Varied History* 9.12。关于当时出使罗马的历史背景，参见 E. Gruen, *Studies in Greek Culture and Roman Policy* (Berkeley：University of California Press, 1990), 174 – 77。

卡涅阿德斯之所以能够一直保持其吸引力，部分原因在于他的观点让人感到神秘。同苏格拉底一样，他的思想并未形诸文字，所以人们不解、好奇，他的追随者也因此而争执不休。争执最激烈的问题当属他对神明的看法。他认为对神的信仰不符合逻辑，在后世历史上，这成为他最著名的观点。

他第一次对神作出如下表述：假如神优越于人类，他们必定能够感知各种事物，因为他们不会缺少任何一样人类所拥有的能力。事实是，因为神优于我们人类，所以他们肯定比人类拥有更多的知觉。而在外界影响面前，知觉却是根软肋。也就〔163〕是说，假如神能够品尝出酸甜苦辣，就会在不可控因素中体验到快乐或痛苦。而既然其他力量可以令神感觉到痛苦，就意味着神也是脆弱的；如果神是脆弱的，那么神大抵也逃不脱衰亡的一天。①

卡涅阿德斯的另一个论点打击了神具有道德理性的观念。这一论点的核心要义是，神不可能同时做到既完美又道德，因为道德有赖于做错事的可能。他推论道，假如神是完美的，便做不到精明审慎，因为精明审慎意味着对不同方案做出筛选的能力。而神若完美无缺，就绝无选择错误方案的可能。于是，神便也没有机会做出理性的道德选择。所谓正义也是同样的道

---

① 对诸神的矛盾看法见 Sextus Empiricus, *Outlines of Pyrrhonism* 3. 2 - 4。卡涅阿德斯对知觉的论述见 Sextus Empiricus, *Against the Mathematicians* 9. 139 - 41。关于怀疑主义对宗教的态度，参见 A. A. Long, "Skepticism About Gods in Hellenistic Philosophy", in M. Griffth and D. J. Mastronarde (eds.), *Cabinet of the Muses: Essays on Classical and Comparative Literature in Honor of Thomas J. Rosenmeyer* (Atlanta: Scholars Press, 1990), 279 - 91; 还可参阅 Long and Sedley, *The Hellenistic Philosophers*, 462 - 63 以及 P. A. Meijer, *Stoic Theology: Proofs for the Existence of the Cosmic God and the Traditional Gods* (Delft: Eburon, 2007), 149 - 206。

理：只有人才能做到公正，因为正义有赖于面临不同选择时作
出明智判断的能力，而完美无缺的神简直没有选择不正义途径
的可能。类似逻辑还用在回避肉体享受的问题：神当然不会表
现出自我节制，因为他们根本不会被欲望所诱惑。勇敢问题也
同样：神也并不勇敢，因为他们根本感受不到疼痛和苦难。卡
涅阿德斯这推论针对的是斯多葛派的主张，在斯多葛派看来，
理性是由作出正确道德判断的能力决定的。而卡涅阿德斯通过
推论证明神无法作出道德判断，由此也可以顺理成章地认为神
（在斯多葛派理论模式中）也是缺乏理性的。①

　　卡涅阿德斯所作最著名的推论是力证神根本不存在。为证
明这一点，他运用各种所谓连锁推理（sōritēs）或"累积推理"
（heaping argument）的方法，目的在于让人们对许多通常被视
为理所当然而给予信任的道理产生怀疑。"堆"的概念就是一
个例子：人们想必同意一粒谷子不是谷堆，两粒也不是，而三
粒同样不是。接下来可以以此类推，一粒一粒不断重复，如此
下去永远也达不到能够把一颗颗单独的谷粒与谷堆区别开来的
那个临界值。这就好比我们不能说 300 粒谷子是谷堆而 299 粒
就不是谷堆一样。由此可以得到以下共识：聚在一起的一个个
单颗谷粒与谷堆之间并不存在一个只要再多加一粒便可以使一
个个单颗谷粒变成谷堆的临界数值。反之同理：那个只要从我
们彼此都认可的谷堆中再多拿走一颗单独的谷粒便可以使谷堆
不再成为谷堆的临界数值，也同样并不存在。因此，既然明知
什么是谷堆但无法一步步把它说清楚，那么对于任何"这就是
一堆"的说法，我们都无法断定它究竟是对还是错，也就是说，

①　参阅 Cicero, *On the Nature of the Gods* 3.38; Sextus Empiricus, *Against the Mathematicians* 9.152 – 77。

[164]   堆的概念无法得到准确界定。类似例子还可举出一些。比如，只有一枚硬币的人算不上富有，两枚也算不上，以此类推下去，富有也变成了一个无法准确界定的概念。卡涅阿德斯把连锁推理巧妙应用到对神的界定：如果认为奥林匹斯诸神是神，那么宁芙是不是神？如果承认宁芙是神，那么潘呢？潘之后的萨堤尔（satyr，半人半兽）呢？其实，谁也不会把萨堤尔看作神。但如此一来，难道能够在这种不朽与那种不朽之间区分出神的界线到底应该画在哪儿？再以水为例：等同于海洋的波塞冬是神，许多河流也是神，但是能说每一条川流溪水都是神吗？一条河流又需要多大水量才能称神？其实恰如经典的连锁推理所示，那种只需再添加一盎司水就可以让河流称神的临界值并不存在。既然神与非神之间并不存在一条壁垒分明、足以能够分割彼此的界限，那么有关神的确切定义也不可能存在。①

　　有些现代学者往往假设卡涅阿德斯并非无神论者，他只是个想要证明有关神性本质的传统观念存在缺陷的怀疑论者。这也正是罗马大政治家西塞罗的看法，卡涅阿德斯的许多思想是通过他保存下来的。西塞罗晚年曾参与策划刺杀尤利乌斯·恺撒（Julius Caesar）的活动，并且是幕后主使。在政治活动之外，他抽时间写出一部对话体裁的哲学著作《论神性》。参与对话的共有三个人物：代表伊壁鸠鲁学派的威莱乌斯

---

①　参阅 Sextus Empiricus, *Against the Mathematicians* 9. 182 – 84, 同样内容也可参阅 Long and Sedley, *The Hellenistic Philosophers*, 463。还可参阅 Cicero, *On the Nature of the Gods* 3. 43 – 44 以及 M. E. Burnyeat, "Gods and Heaps", in M. Schofeld and M. Nussbaum (eds.), *Language and Logos: Studies in Ancient Greek Philosophy Presented to G. E. L. Owen* (Cambridge: Cambridge University Press, 1982), 315 – 38。

（Velleius）、代表斯多葛学派的巴尔布斯（Balbus）以及与作者同宗的怀疑论者科塔（Cotta）。科塔说："卡涅阿德斯曾经谈到这些事，但不是为了排除众神（作为哲学家，这种做法也不大合适），而是为了证明斯多葛学派对神的解释并未说清问题。"①

然而，我们应该从表面去理解西塞罗吗？卡涅阿德斯去世后，柏拉图学园的怀疑论者一分为二。其中一派坚守着在他们看来更老派也更正宗的怀疑主义，该派领军人物是卡涅阿德斯在学园的继任者克里托马库斯（Clitomachus，约公元前 187 – 前 110），该派认为搁置判断是怀疑主义的终极目的。另一派以斯特拉托尼基亚的美特若多若（Metrodorus of Stratonicea）为代表，他们认为，其实怀疑论者在面对问题时，只要在原则上承认各种主张并不可靠，就完全可以采纳其中理由较为充分的主张。西塞罗曾受教于美特若多若的追随者拉里萨的斐洛（Philo of Larissa），这就难怪他虽然有自己的看法，但还是借书中人物科塔之口说卡涅阿德斯认为神是存在的。而另一方面，若换作克里托马库斯，很可能对此作出截然不同的解读，他肯定会说卡涅阿德斯的本意是要说明对神的信仰是不可能的，因而不应对任何一方主张作出断言。② 〔165〕

克里托马库斯本人是位引人注目的重要人物。他出生在迦太基，本名哈斯德鲁巴（Hasdrubal），与进攻罗马的著名战

---

① 有些人提出卡涅阿德斯并非无神论者，参见 Long，"Skepticism About Gods"，280 – 81；A. Drozdek，"Skeptics and a Religious Instinct"，*Minerva* 18 (2005)：93 – 108。引文见 Cicero，*On the Nature of the Gods* 3.44。

② 本节和上一节主要是对 D. Sedley 观点的解读，参见他的文章 "From the Pre-Socratics to the Hellenistic Age"，in S. Bullivant and M. Ruse（eds.），*The Oxford Handbook of Atheism*（Oxford：Oxford University Press，2013），139 – 51。

将汉尼拔（Hannibal）之父（一说为姐夫——译者注）同名。起初他在迦太基用当地语言讲授哲学。古迦太基语源于腓尼基地区使用的闪米特语，与希伯来语十分接近。后来他迁居雅典，受到卡涅阿德斯的赏识，开始追随卡涅阿德斯，最终继老师之后主持学园。如果说卡涅阿德斯出名的部分原因在于他不肯动笔著书立说，那么，克里托马库斯留下的文字足以补偿老师留下的缺憾，据说他写过的文章多达四百篇。克里托马库斯的文章虽然无一流传至今，但从后世保留下来的资料看，他显然非常关注无神论问题，他编写过一部无神论哲学家简介，收录其中的人有普罗泰戈拉、普罗迪科斯、迪亚戈拉斯、克里提亚斯、西奥多罗斯、欧赫迈罗斯、伊壁鸠鲁等。毫不夸张地说，卡涅阿德斯曾经集无神论思想之大成，而克里托马库斯在此基础上创造性地使之成为一种历史深远且延绵不绝的思想运动。他可能还写过一本名为《论无神论》（*Atheism*）的书，该书汲取了有史以来各种宗教怀疑论的思想精华。克里托马库斯在质疑宗教信仰的历史上占有极重要的地位，他不仅把无神论视为一种独特的哲学立场，而且还区分出各种不同的无神论流派。①

怀疑主义在无神论哲学创立过程中所发挥的塑形作用不应被夸大。当时有很多主张神存在的观点（斯多葛学派尤其热衷于此），而怀疑论者认为必须对每一论点提出与之抗辩的主张，

---

① 克里托马库斯生平见 Diogenes Laertius, *Lives of the Eminent Philosophers* 4. 67。无神论者名录见 M. Winiarczyk, "Der erste Atheistenkatalog des Kleitomachus", *Philologus* 120（1976）：32 – 46。书名 *On Atheism* 出现在 Theophilus, *To Autolycus* 3.7 中。本节列出的哲学家名单见 Cicero, *On the Nature of the Gods* 1. 117 – 19，以及 Sextus Empiricus, *Against the Mathematicians* 9. 50 – 58。关于伊壁鸠鲁，参见下章。

于是他们竭尽全力去证明神是无法存在的。克里托马库斯的
《论无神论》一书未能传世是件让人十分遗憾的事，但是人们
通过罗马时代主要哲学家的著述仍然可以感受到它的影响。公
元 2 世纪晚期或 3 世纪早期，有位名叫赛克斯都（Sextus）的人
用希腊文写下若干论述怀疑主义的大部头专著，这些著作大部
分被完整保存下来。这些资料汇在一起，成为扼要阐述怀疑主 〔166〕
义的最重要文献。赛克斯都本人生平不详，他并未追随以卡涅
阿德斯和克里托马库斯为代表的学园派怀疑主义，而选择了皮
浪一脉的怀疑主义（或绝对怀疑主义——译者注）。两者的根
本区别在于，学园派可以认可任何事物都是不确定的这一观点，
绝对怀疑主义者则以这也是种教条为由而拒绝予以承认（事实
上他们甚至连自己所主张的不相信任何教条这一点都不愿给予
确认）。赛克斯都是位医生，他的绰号恩披里克（Empiricus）
反映了这一事实，直到今天，这个绰号依然和他的名字连在一
起（Empiricus 来自 empeirikoi，意为"经验论者"，他们认为观
察和试验对治病救人的指导作用优于理论）。除此之外，对我们
来说，赛克斯都的主要价值在于他是一座怀疑主义应对一切问
题的思想之库。①

在教条主义面前，赛克斯都是个咄咄逼人的对手。教条主
义哲学家认为他们可以自信地谈论这世界上的许多事，比如可

---

① 关于赛克斯都的导师和学生，参阅 Diogenes Laertius, *Lives of the Eminent Philosophers* 9.116。赛克斯都行医一事见 Sextus Empiricus, *Against the Mathematicians* 1.260，还可参见他的 *Outlines of Pyrrhonism* 2.238。要想全面了解赛克斯都生平，可参阅 Thorsrud, *Ancient Skepticism*, 123 - 46；还可参阅 P. Pellegrin, "Sextus Empiricus", in R. Bett（ed.）, *The Cambridge Companion to Ancient Scepticism*（Cambridge: Cambridge University Press, 2010）: 120 - 41。

以议论除怀疑论学派以外的所有哲学家。赛克斯都对教条主义神学观格外关注，这种神学观对超自然现象的断言往往自信满满，却缺少基本的严谨，为此，他写下密密麻麻 180 章文字反驳神的存在，其中许多观点极有可能反映了卡涅阿德斯和克里托马库斯著作的内容，正是这两位前辈把无神论地位推向了哲学的高度。赛克斯都的要点当然并不在于证明神并不存在，而在于证明人们并不能以这样或是那样的方式决定神存在与否这件事。他提出，"鉴于论辩各方理由同样充分有力，怀疑论者认为，支持神存在的理由并不比否定神存在的理由更具说服力"。他说，怀疑论者可以遵从公共仪式的祖训，但无法让自己从哲学角度相信任何形式的神。为此，他还列出各派主张，并且公平地给各方主张以同等重视，其中并无偏袒宗教之嫌。在这一点上，赛克斯都的确已站在现代的门槛。他所整理的各派观点目录，或许是最重要的证据，证明早在古代世界，神的存在就遭遇过持续不断的攻击。[①]

赛克斯都把有神论与无神论观点摆在对立地位，让它们相互攻击，难分胜负。我们必须慎重分析这些材料的细节，才能领会各家之说的独到之处，也才能感受到这些主张对无神论至今仍在使用的批判方式究竟有着怎样的影响。

[167]　　赛克斯都从信仰起源理论入手。他首先考察了流行于公元前 5 世纪且认为宗教起源于尚处野蛮阶段的原始人类的观念：

---

① 反对神存在的观点见赛克斯都的 *Against the Mathematicians* 9. 14 – 194，还可参阅 H. W. Attridge, "The Philosophical Critique of Religion Under the Early Empire", in W. Haase（ed.）, *Aufstieg und Niedergang der römischen Welt* 2. 16. 1（Berlin and New York: de Gruyter, 1978）, 46 – 51。双方观点旗鼓相当的说法，见赛克斯都的 *Against the Mathematicians* 9. 59；关于怀疑论者参加宗教仪式但并不信神，见上书 9. 49。

早期立法者意识到需要一种抑制恶行的机制，于是创造出神的概念，让众神去充当道德警察（这种观点来自克里提亚斯的剧作《西西弗斯》）。赛克斯都并不赞成这种观点，认为它无法解释为什么地球上所有人类都对神产生相似的观念。接下来，他考察了源自智者普罗迪科斯的观点，即人类把神的特质归结为对人类有益的事物或现象，诸如日神、月神、带来面包的丰饶女神得墨忒耳、酿造美酒的狄奥尼索斯等。但这仍不能让作者信服，因为这种观点把原始人类想得过于天真无知，在牵涉到水和食物之类的东西时尤其如此，谁会把这么容易腐败变质的东西想象成神？最后，他考察了德谟克利特的观点：人类易受幻象（*eidōla*）影响，幻象往往令人印象深刻，并含有对未来事件的暗示，于是，早期人类便把幻象混同于神。另外一些人把神明观念的产生归因于梦境中出现的幻影，而更普遍的看法是，神明观念来自人们见到雷鸣、闪电、流星、日食、月食等天体奇观之后所产生的敬畏之心。所有这些看法同样不被赛克斯都接受，主要原因是，他认为这并没有解释清楚人类最初为什么会把这些自然景象与神联系在一起，因为人们必须先感知到神，才有可能产生这种联想。所以，这种解释并未触及根本原因。而早期的智者学派对于宗教起源所作的解释，在赛克斯都看来也同样不可信。①

　　接下来，赛克斯都列举出历史上一系列无神论者的名字，这份名单很可能来自克里托马库斯，普罗泰戈拉、迪亚戈拉斯、普罗迪科斯、西奥多罗斯、欧赫迈罗斯、克里提亚斯以及伊壁鸠鲁等人悉数在列。他并未深究这些人对于许多具体问题的看

---

① 参阅 Sextus Empiricus，*Against the Mathematicians* 9. 14 – 47。

法，只是以最完整的形式引述了西西弗斯剧本片段，我们今天所见部分也在其中（这正是当年在雅典上演的剧情，众神作为道德警察的看法正是由剧中一位愤世嫉俗的立法者提出的）。赛克斯都让无神论者对持有神论观点的哲学家进行反驳，双方论战以四种不同形式展开。①

第一个问题是，对神的信仰存在于绝大多数文化体系这一事实是否能够成为神存在的证据（有神论的现代传人就宣布，人类在神经系统上与宗教是"联通"的）。无神论的回答是，〔168〕对这个世界的形形色色的错误看法在广泛流传，比如来世永恒的惩罚（肉体该怎样被伤害才算得上永恒？难道是一点点被逐渐伤害？）就是一例。但并非事实的传言，绝不会因相信者众多而变成事实。一些教条主义者（赛克斯都在此处指斯多葛学派）也提出相反的看法，他们认为，民间信仰即使正确地把神表述为一种更高的存在，在这类神话的细节上也是错误的。赛克斯都对这种主张未置可否。但这里重要的是，他让人们看到，斯多葛学派实际上赞成民众的神明观受到了误导这一观点，于是人们意识到，斯多葛派哲学家们其实挖到了任何以普世性为由证明神存在的观点的根基。②

第二个问题是有神论的宇宙有序设计论，这是赛克斯都用各派思想资源，尤其是斯多葛派思想资源配制而成的混合体。这一思想的混合体堪称威廉·佩利（William Paley）钟表匠类比（watchmaker analogy）的古代版本，比如他提到，当人们看到天体沿轨道完美运行时，怎能不设想那一切的背后必定有一位无比天才又仁慈的造物主使然。倘若在古代，这样的思想多

---

① Sextus Empiricus, *Against the Mathematicians* 17, 9.49–59.

② Sextus Empiricus, *Against the Mathematicians* 9.60–74.

半会同柏拉图在《蒂迈欧篇》中提出的"造物者"概念联系在一起。赛克斯都举出的例子当然不会是钟表,他选择的类比对象是赫赫有名的阿基米德(Archimedes)构建的太阳系,这一系统展示了行星和恒星环绕地球(当然应当如此)运行的原理。看到这套系统,人们会情不自禁地赞美阿基米德。同理,在看到完美的天体运行时,人们自然也会赞美宇宙造物主。赛克斯都也把亚里士多德的思想掺入他的混合体,认为能够解释天体有序运行的因素,想必是某种其自身不为任何其他事物所动摇的力量,即亚里士多德所说的"原动力"。接下来,他在斯多葛派宇宙论的基础上,对天体有序运行和自然界的节律作出解释:有一种"力量"无所不在,并把万物统一为一种导向美好目标的和谐存在。这里所说力量应该被视为宇宙之神。最后,赛克斯都以下面的推论完成了自己调配的混合体:宇宙的规则秩序与我们人类所拥有的理性在性质上是相似的,由此可知,理性秩序普遍存在于整个宇宙,而我们每一个体的理性能力,只是神圣总体的一小部分。在斯多葛学派话语中,统治或"支配"我们的是理性,而统治宇宙的必定是宇宙之神。①

下面这种观点更偏重于实用,并且也同样为现代人所熟知。〔169〕依照这种观点,如果缺少对神的感知,便会缺失许多道德行为,诸如虔诚、神圣、正义等这一系列与神明有关的行为。而如果没有对神明的信仰,没有对普世优秀道德准则的遵奉,也就不可能产生道德行为。更有甚者,按照这种观点,如果认为众神并不存在,那么无数人所相信的预言也不存在。如此一来,无神论岂不威胁到社会的道德结构?②

---

① Sextus Empiricus, *Against the Mathematicians* 9. 75 – 122.

② Sextus Empiricus, *Against the Mathematicians* 9. 123 – 32.

最后这一组有神论主张的立论基础是逻辑上的三段论，即整个推理过程从设定前提条件到得出结论要经过三个步骤。典型的三段论推理形式如下："所有哺乳类动物都呼吸空气（前提），袋鼠是哺乳类动物（前提），所以袋鼠呼吸空气（结论）。"斯多葛学派奠基人芝诺提出："敬重神明是合乎情理的（前提），敬重并不存在者是不合情理的（前提），因此神明是存在的（结论）。"而赛克斯都却利用斯多葛学派的一个固执念头提出相反的例子，来反驳上面的三段论逻辑。斯多葛学派始终认为，人类的理想是变得真正聪明起来，但从未有人能够实现这种理想，于是赛克斯都由此导出相反的三段论："敬重真正的智慧者是合乎情理的，敬重并不存在的人是不合情理的，所以真正的智慧者是存在的。"（如果想让这个例子适用于现代语境，不妨把智慧者置换成道德完人。）这个改装过的三段论采用的手法是，通过模仿对手的推论方式而产生一个蹩脚的结论，从而揭示出原有推论的破绽。芝诺的继任者、巴比伦的第欧根尼对赛克斯都的批评作出回应，他把芝诺三段论的第二项前提条件修正为"敬重那些在本质上不可能存在者是不合情理的"。修改后的条件句排除了真正智慧者（不能存在）的存在，而纳入了神（能够存在）的存在。然而，赛克斯都慧眼如炬，一眼就看穿了这项为神的存在留下余地的假设条件只有简单断言，完全未经验证。因此，这个三段论对于尚未产生信神意向的人来说，什么也证明不了。此外，赛克斯都还补充了一条理由，即在履行仪式的意义上对神明表示敬仰，并不等同于相信神的存在。人们或许还记得，他曾提出，怀疑论者应当参与宗教活动却无须承诺在哲学意义上对神明的信仰。也就是说，公开表达对神的敬意而其实并不相信神的存在，才是最理智的做法

[170]

（早期斯多葛派哲人佩尔塞俄斯正是如此行事）。①

　　接下来，赛克斯都又调转了批判锋芒。他先是针对关于神的绝对理念提出一系列批评。我们最先遇到的是卡涅阿德斯的观点，即如果神具有感知能力，就能感知负面刺激，于是会变得每况愈下，直至衰亡。接下来，又遇到神究竟有限还是无限的问题：如果神是无限的，就意味着神无法移动，因为它已经把自身有可能在其中移动的一切空间包容净尽；而且，倘若是无限的，想必其中缺少智慧（或"心灵"），因为智慧也是某种形式的运动，从精神向有机体其余部分的运动。然而，认为神无法运动或无法思想又有悖于直觉。反之，也很难想象神只因自身小于周围的宇宙，就无法做到神力无边。

　　赛克斯都所沿袭的无神论观念依据的是希腊人对人体性质判断的常识。他问道：神有没有肉体？如果说没有，便也不会有灵魂（以及随之而来的感知能力），因为唯有人体才有灵魂。如果说有，那便意味着终不免衰亡，因为这是人体的特质。下面的主张是对卡涅阿德斯道德观的延伸：倘若神是完美的，神就必须是道德的。而道德显然离不开对非道德冲动的抑制，就像人们无法在人身不受威胁的环境下展示自己的勇气，也无法在没有面临性诱惑时显示自己对性欲的节制。结果，如果神是道德的，它也必定容易出现道德过失。同样的道理，如果神能够作出正确决策，就必然能够作出错误决策（因为决策需要的是在多种可能之中挑选出最佳）。事实上，神是无法拥有哪怕其

① Sextus Empiricus, *Against the Mathematicians* 9.133 - 36。运用推论对比 (*parabolē*) 反驳芝诺三段论的做法可能来自阿列克西纽斯（Alexinus），详见 M. Schofeld，"The Syllogisms of Zeno of Citium"，*Phronesis* 28（1983）：31 - 57。怀疑论者参加仪式但不信神一事，见 *Against the Mathematicians* 9.49。

中任何一项美德的。美德并非与生俱来，像呼吸和吃饭这类能力就不会被赞叹为美德。只有我们人类认真努力拓展的自身品格中的某些特质，诸如抵御诱惑的能力、为他人自我牺牲的精神、严格的教养或职业伦理等，才能称得上拥有美德。但神在本质上是无所不知、无所不能的，这意味着神无须为任何事付出努力，因而也无法拥有美德。一旦有哪位神能被说成缺乏美德，这属于道德缺陷，说明它并不是神。①

〔171〕

赛克斯都的问题到此仍未结束。如果认为众神拥有美德，我们难道不会说美德与众神是分离的吗？毕竟，你总不能说你"拥有"你自己吧。美德的存在必定超脱于其拥有者之上，若以勇敢为例，即谁都无法说某人和勇敢本身一样勇敢。抽象的勇敢永远要比这一美德的具体拥有者更为勇敢。因此，与道德本身相比，神终究还是没那么道德的。上述推论相当独特，其思想基础可以追溯至柏拉图的形而上学。按照这一理论，诸如勇敢、美丽之类的品格，都是以抽象"形态"存在的，而一个个勇敢和美丽的具体个人或事物只是其抽象形态的一部分。②

下一步思路与现代无神论观点更为接近，它把宗教对于众神的主张置于已知物质世界的法则之下。赛克斯都最先关注的是语言。人人都以为神是可以彼此间对话并通过预言、梦境等途径与我们人类对话的。那么，接下来就要问，神也有肺脏、气管、舌头、嘴巴吗？如果没有这些器官，神靠什么说话？我们能想象出神与生俱来的生理构造是什么样子吗？（沿着赛克斯都的推理思路，还可进一步追问：神有唾液吗，神会吐痰吗，神有牙齿吗，神的牙齿也会长牙垢吗，等等。）再下面的问题

---

① 参见 *Against the Mathematicians* 9. 136 – 75。
② 出处同上，9. 176 – 77。

是：神讲什么语言？这种语言发出何种语音？不同语言群体在
交流时需要翻译吗？神的身体由什么构成？是由单一成分构成
还是由多种不同成分复合而成？如果是复合的，它注定会消亡
吗？因为任何复合程序都能够被解析。而如果由单一成分构成，
这种成分想必是赛克斯都所说土、火、空气或水中的一种。果
真如此的话，神便不可能有灵魂或是理性。而不具备理性能力
的神，是无法想象的。

　　赛克斯都运用卡涅阿德斯的"累积推理"完成了他对有神
论的一系列质疑，这种推理方式显然被他视为无神论皇冠上的　〔172〕
宝石。他所作的一系列阐述，都是为了证明怀疑论者应当搁置
对众神问题的判断。但在推论过程中，他也提供了现存最早的
否定神的存在的论证要点，同时，也是首次把无神论视为一种
统一的哲学传统。但几乎可以肯定的是，他并非这些观点的首
倡者。这些观点即便不是全部，也有许多应该归于公元前 2 世
纪无神论史上的奇人——克里托马库斯。

第 12 章　抗神者伊壁鸠鲁

　　如果问古人"谁是无神论者",多数人会不假思索地回答是伊壁鸠鲁及其追随者(Epicureans)。无神论与伊壁鸠鲁这两者之间关联已久,现代希伯来语中"无神论者"(*apikoros*,希伯来文中的伊壁鸠鲁——译者注)一词印证了这一点。

　　大约公元前 306 年,伊壁鸠鲁(该名原意"帮手")从萨摩斯岛移居雅典,在城外距离柏拉图学园不远处买下一块地,这就是后来被称为"花园"(*kēpos*)的地方,"花园"成为伊壁鸠鲁哲学流派的代称。伊壁鸠鲁哲学旨在排解精神困扰,获得心灵宁静(*ataraxia*)。虽然伊壁鸠鲁学派在古代被太多对手攻讦为肉体享乐的追逐者,但他们并不是现代英语 epicurean 一词字面所表达的"享乐主义者"。反之,他们甚至尽量避免种种会导致压力和冲突的活动,奉行"低调生活"原则,通过调整自己的心态排除干扰心灵的躁动和恐惧。伊壁鸠鲁告诫世人,各种焦虑都来自"无聊的观念"(*kenodoxiai*)。①

　　在各种错误观念中,最主要的错误为对超自然现象的曲解。伊壁鸠鲁派成员是严格的自然主义者。他们发展了公元前 5 世纪原子论者留基伯(Leucippus)和德谟克利特的学说,主张宇

---

①　有关伊壁鸠鲁及其学说,参见 J. M. Rist, *Epicurus: An Introduction* (Cambridge: Cambridge University Press, 1971); J. Warren (ed.), *The Cambridge Companion to Epicureanism* (Cambridge: Cambridge University Press, 2009)。关于伊壁鸠鲁生平及花园学派历史,参见 D. Clay, "The Athenian Garden", in Warren, *The Cambridge Companion*, 9 - 28。

宙的一切由无数既无法分割也毁灭不掉的物质微粒即原子以及无限延伸的虚空组成，原子不停运动，虽然其运行轨迹并非总能预测（因为著名的"逸轨"）。宇宙之外还是宇宙（因为宇宙没有外部边界）。人的灵魂也由原子构成，由那些如呼吸和热量般细微的原子构成。人一旦死亡，灵魂也会立即随肉体一道消散。因此，所谓来世并不存在。这种物质理论还涉及获得宁静这一更大的目标，因为人们焦虑的最大原因来自对死亡本质的误解。伊壁鸠鲁写道："死亡于我们并无意义，因为消散的东西是没有感觉的，而没有感觉对我们而言就意味着什么都不是。"死亡的人不会有任何感觉，因此，死亡并不痛苦，死亡不过是某一特定原子集群的消散而已。① 〔174〕

那么伊壁鸠鲁又是怎样看待神的呢？初看之下，伊壁鸠鲁眼中的宇宙并不需要神，每一事物都可借由纯粹物质的因素得到解释。然而，伊壁鸠鲁又十分坚定地认为神的确是存在的，还曾为此激烈地批评过无神论者。他提出，"首先，神应当是一种不可毁灭的幸福的存在……任何与不可毁灭性以及幸福不相容的因素都不应归咎于神"（这里所说"神"显然不是一神论意义上的神，而是一种在哲学上常用的对于神性总体的简洁概括）。但是，他接着又提出，神与多数人所想的并不相同，其实与其相信民间传统诸神，不如不信，前者才是更大的不敬。而最有害的误解是相信众神能够干预人类世界。神既没有创造宇宙，也没有安排宇宙秩序。我们只有把握了世界的物质法则，

① 关于灵魂由原子构成的观点，见 Epicurus, *Letter to Herodotus* 63。关于死亡对我们并无意义的观点，见 Epicurus, *Authoritative Opinions* 2。伊壁鸠鲁对死亡的看法及其与德谟克利特观点的差异，见 J. Warren, *Facing Death：Epicurus and His Critics*（Oxford：Clarendon Press, 2005）和他的文章"Removing Fear", in Warren, *Cambridge Companion*, 242 - 48。

才能理解自然界。既然人类的生活要由人类按照自己的方式去过，我们就必须对自己做出的一切选择负起责任，而不是以外部强制力为借口逃避责任。神与我们的人生相去甚远，对我们人类的事务根本不感兴趣。[1]

伊壁鸠鲁相信人们对周围世界的认知是准确的；这些认知是原子向感觉器官流动而引发的结果，而构成现实世界的成分正是原子（以及虚空）。由此出发，伊壁鸠鲁推论：假如在所有文化体系中，多数人心目中的神都具有人的样貌，并且都在睡梦中（偶尔也在惊醒时分）能切实感觉到神，那么，多数人心目中神的概念必定是真实的。人们想必天生具有一种感悟神意的内在能力。换言之，正是伊壁鸠鲁的知觉理论把他引向对神的信仰。如果人们能在梦境和显灵节见到神，那么，神就一定是真实的。[2]

---

[1] 对无神论的批评见 Philodemus, *On Piety* column 19 lines 519 – 48。关于神的存在，见 Epicurus, *Letter to Menoeceus* 123。关于个人应承担的责任，出处同前，133［作者反对的是前苏格拉底学派所说"强制力"（anagkē），而不是传统意义的虔诚，但这一观点无疑会牵扯更多问题］。关于伊壁鸠鲁的宗教观，参阅下列文献：A. A. Long and D. N. Sedley, *The Hellenistic Philosophers*, vol. 1, *Translations of the Principal Sources with Philosophical Commentary* (Cambridge: Cambridge University Press, 1987), 139 – 49; D. Obbink, "The Atheism of Epicurus", *Greek, Roman and Byzantine Studies* 30 (1989): 187 – 223 （作者收集了对无神论的各种指责）; Philodemus, *On Piety Part 1* (Oxford: Oxford University Press, 1996), 1 – 23; J. Mansfeld, "Aspects of Epicurean Theology", *Mnemosyne* 46 (1993): 172 – 210; Warren, "Removing Fear", 238 – 42, 以及 D. Konstan, "Epicurus on the Gods", in J. Fish and K. Sanders (eds.), *Epicurus and the Epicurean Tradition* (Cambridge: Cambridge University Press, 2011), 53 – 71。

[2] 认为对神明的一切感知皆真实可信的史料和讨论见 Long and Sedley, *The Hellenistic Philosophers*, 78 – 86。关于清醒和睡梦时对神的感知，参见 Cicero, *On the Nature of the Gods* 1. 46 – 49; Lucretius, *On the Nature of Things* 5. 1169 – 71。伊壁鸠鲁学派哲学家菲洛德穆并未在他的 *On Piety* column 8 lines 224 – 41 中提到梦境，参见 Obbink, *Philodemus On Piety* 6。

　　然而，说神是真实的又意味着什么？意味着如果人们看不见或触摸不到神，神显然就不是真实的。神没有具象，无法在人们的经验中得到验证。这对于一种主张现实世界全由物质和虚空构成的哲学而言，是个严重问题，伊壁鸠鲁及其追随者竭力想要解决这个问题。他们提出，感知神的方式与感知其他事物的方式不同。人们不是以感官而只能以心灵去感悟神，这就 〔175〕可以解释为什么神主要出现在梦境或冥想时分，因为那时起作用的是心灵，而非双眼。伊壁鸠鲁认为，人们之所以感知到周围的物质世界，是因为物体发射的原子进入了人体感觉器官。为了以心灵而不是以感官解释对神的感知，伊壁鸠鲁又提出一种扩展模式：神不是由常规物质构成的，而是由一种极致的微粒构成，感官对这种微粒无能为力，只有心灵才能探查到这些微粒。幸亏我们的天性中具有一种把众神概念化的内在能力，所以，心灵将这种原子流处理成神的征兆。①

　　上述思想一经提出，各式各样的哲学困境随之而来。首先，如果伊壁鸠鲁主张世间一切都由物质和虚空组成，并且物质可以被五官感知，那么，该如何把这种观点与众神并非通常意义的物质实体且无法被感觉器官所感知这样的事实，调适在一起？结论是，人们一旦无法满足于仅在梦中见到神，就会借助心灵之眸与神相会，因为并非梦中见到的一切都是真实的，就如我们可能梦见自己在空中飞翔，也可能梦见变形的动物，但只是空梦一场。难道众神就比种种怪诞的梦幻更真实可信？这里讨论的问题是，人们在梦境和凭想象所感知到的事物是否是真实的。伊壁鸠鲁学派认为人们的感

---

① 不具实体的神仅能为心灵感知的观点见 Cicero, *On the Nature of the Gods*, 1.49。

觉是由原子这种物质的作用引起的，在这个意义上，他们相信一切感知都是真实的。但是，即便如此，人的头脑有时也可能会因痴狂、药物或感官失灵而引发故障。此外，伊壁鸠鲁本人也认为众神的本性能被人误解（就像诗人和大多数人那样），而那些以为在现世能与诸神不期而遇的想法，更是被他视为一种根本性的错误。伊壁鸠鲁很可能会说，在这种情况下，人的感知是正确的，但对感知的解释是错误的，对于神的错误认识就是在这样的基础上形成的。然而，这种解释又引出一个此前他似乎未曾提到过的新问题：有谁能说人们在梦中所见到的就一定都是神？难道人们就不会简单地曲解对某些相当与众不同的事物的真实感受吗？此类问题直到今天也依然存在。其中，有一种支持神存在的标准论据便是：世界各地有许多人都说自己曾与神邂逅。于是问题转变为：他们所说的邂逅究竟意味着一种对神明虽遥远但却真实的体验（如伊壁鸠鲁所说的出现在梦境中的情景），还是［如理查德·道金斯（Richard Dawkins）等人所说的］意味着一种由精神失调、文化条件期待以及一厢情愿的执念等多种因素综合在一起所引发的思维故障？宗教体验到底是怎样一种状态？它是宗教真理的证据，还是亲历者陷入痴迷的证据？谁有权力对这些问题作出裁决？这些疑虑会一直困扰着我们。①

［176］

　　其次，伊壁鸠鲁观点中存在的另一问题是众神不朽，如果依据原子论世界观，唯有原子本身不可毁灭，而由原子形成的

---

① 伊壁鸠鲁认为传统观念中对神的误解，见 Obbink，" The Atheism of Epicurus"，194‐202。关于宗教体验与精神失调问题，参见 R. Dawkins，*The God Delusion*（London：Random House，2006），112‐17。

集群迟早会解体。那么，伊壁鸠鲁该如何教诲世人不要"因任何有悖于不可毁灭性的主张而怪罪于神"？难道要对唯物论自然观的严酷法则作出变通吗？

众神居于何处是个更为棘手的问题，因为如果神是物质性的存在，就必然存在于真实的空间。罗马时代伊壁鸠鲁学派的伟大诗人卢克莱修（Lucretius，约公元前100—前55）曾以令人钦佩的清晰思路提出了下列命题："另一件让人无法相信的事是，神灵的圣地可以存在于世界任何地方。事实上神灵的本性是如此精妙，远非我们的感官所能知觉，即便用心智也看得朦胧迷离。并且，它总是避开我们双手的触碰和打压，也无法触及任何能够被我们触及的东西（因为凡本身不能被触及者，也无法触及他物）。如此说来，众神的处所想必与我们不同，构成它们的物质样式一定精妙无比。"也就是说，神的性质与其他物质不同，并不存在于我们这个世界。但是，即便如此，众神依旧是由实在的物质构成的，并依旧存在于宇宙空间。事情怎么会这样？这样的自然法则不是更扭曲吗？伊壁鸠鲁的追随者给出了一个巧妙的解释。伊壁鸠鲁本人认为宇宙数量无穷无尽，我们现在称之为"多元宇宙论"。后世评论家总结道，神一定存在于各个宇宙之间的某些地方，拉丁语称这样的地方为"世界间隙"（intermundia）。这种解释虽然机智，但并不让人满意，因为它只是简单替换掉原来的问题。而这些"世界间隙"究竟是什么样子？神所散发的原子又是如何通过这些"间隙"传导给我们，并进入我们的梦境和想象中的呢？① 〔177〕

---

① 对于间隙的描述见 Lucretius, *On the Nature of Things* 5. 146 – 54。最初的"宇宙间隙"论见 Cicero, *On the Nature of the Gods*, 1. 18。

由于关键性论著缺失，我们无法确定伊壁鸠鲁本人的思想。在他的众多著述中，目前存世的仅有三件简要信函和一部名为"学说要义"（*kyriai doxai*）的手册，此外，就是还有若干出自后世作家之手的引文和参考资料。然而，仅就这些资料来看，已足够让我们拼缀出伊壁鸠鲁对宗教信仰的若干印象。他明显认为传统宗教仪式浪费时间，崇拜、祈祷、起誓、塑造神像等活动徒劳无益。人们之所以要做这些事，在一定程度上只是因为人们的幸福有赖于同其他公民平和相处。但就算如此，也没有必要把宝贵的情感能量过多耗费在这种事情上。由此看来，伊壁鸠鲁似乎认为公众对神的看法虽然无害，却是被误导的。他说，智者贤哲对神的真知了然于心，无奈这真知我们却不得而知。

这一切表明，在关乎神的问题上，伊壁鸠鲁本人的著述回避了其中艰涩难解之点。传统宗教虽有错误，但是仍然应当遵从；我们必须信仰神明，但这神并非人们通常所理解的神；众神的确存在，但并不存在于我们所熟悉的现实世界。伊壁鸠鲁的理论在现实中并不需要神的存在，为了与之相容，反倒是需要拼命作出调适。既然如此，他何以如此执着于神的存在？这点实在让人费解。其中部分原因或许可以从当时的文化环境中得到解释：对苏格拉底的审判虽已过去百年之久，但余威犹在，哲学家仍有可能因"不承认诸神"的指控而受到迫害，比如昔兰尼的西奥多罗斯在公元前4世纪晚期就因此被逐出雅典时，发现自己为此付出的代价。那么，就伊壁鸠鲁而言，事情可能很简单：因为他懂得自己的唯物论宇宙模式对于神学的意味，才领悟到最好想方设法避开那股把早期思想家如迪亚戈拉斯和苏格拉底等人一概否定的愤怒狂潮。古典哲学家大多不屑于解释，部分原因在于他们喜欢推测或假设而不喜刻意炫耀、卖弄。部分原因在于，为自己的思想辩解意味着肮脏的政治现实已令人厌恶地侵入精神生活。古典主义者深信，他们的文字是纯粹思辨的产物，而古代城邦是自由表达思想的空间。认为大名鼎鼎的伊壁鸠鲁之所以如此表达自己的理论是因为顾忌遭遇迫害，这样的解释未必符合伊壁鸠鲁本意，但是也没有理由排除这种因素存在的可能。① 〔178〕

　　但是，对于伊壁鸠鲁神学理论也另有一种解读。某一现代批评学派认为，伊壁鸠鲁所信仰的神并非真正的神，而是对人人都应追逐的幸福所作的一种理想化的抽象。神不过是代表了这位哲学家所属意的宁静平和的精神意象，仅此而已。这样的观点显然不同于后来那些伊壁鸠鲁追随者的主张，即认为神生活在各个宇宙之间的空隙，是一种真实的存在。难道是他们误解了导师的话？还是说，伊壁鸠鲁其实认为众神的存在是对人类潜能的表达？支持这种解释的最好证据就是看看伊壁鸠鲁如何对待被弟子们像神一般尊敬的自己。他在遗嘱（流传至今）中规定要祭奠（enagismata）自己的父母和兄弟，还嘱咐世人在阿提卡历每年一月（Gamelion）的第十日（一月下旬）纪念他的冥诞，此外，他还要人们每月为他和他的朋友举办追思会。这些嘱托没有明确提到祭仪，但上述安排无疑同希腊城邦历书记载的仪式极其相似。为了脱离雅典并建立自己的城邦结构，伊壁鸠鲁花园虽未明言，但在实际上也包含了一种多神信仰的"宗教"，而其基础就是他本人、家人以及友人。与托勒密王朝

---

① 关于公元前 4 世纪后期对西奥多罗斯等人的审判，参见 L. - L. O'Sullivan, "Athenian Impiety Trials in the Late Fourth Century B. C. ", *Classical Quarterly* 47 (1997)：136 - 52。

在亚历山大港所为如出一辙，伊壁鸠鲁也为保证自己对"花园之城"的支配地位而订立出一份神圣授权。总之，伊壁鸠鲁似乎设想出了一种人类也可以获得的神性。①

但是从根本上说，伊壁鸠鲁不大可能认为众神的作用只是充当凡人的楷模。他写过"神是一种不可毁灭的幸福的存在"，这在传统语义上就表示他认为神是某种超人类的神圣存在。于是，我们只得承认这样一个事实，神的作用在伊壁鸠鲁心目中似乎模糊不定。其中缘由或许正如前面所说，他估计，任何胆敢完全否定神明的哲学家都有可能遭遇不测。

虽然伊壁鸠鲁对神的看法难以捉摸，但他的异端思想足以〔179〕使他担起无神论的盛名。他对神性的渴求更是把他置于与传统城邦宗教相互冲撞的位置，因为从最初的神话开始，人类对神性的渴求就已同否认神的存在紧紧纠缠在一起，于是，伊壁鸠鲁也如同《列女传》中的萨尔摩纽斯和刻宇克斯，或是欧里庇得斯剧作中的柏勒洛丰一样，成为世人眼中的"抗神斗士"（theomakhos）。②

伊壁鸠鲁的抗神倾向无论在哪部作品似乎都不及在卢克莱修长诗《物性论》（On the Nature of Things）鲜明。这篇长诗写于公元前 1 世纪罗马内战时期，是现存最早的拉丁文史诗（所谓史诗是就其使用六音步格律而言）。诗作从古至今

---

① 以上解释参见 Obbink，"The Atheism of Epicurus"，and D. Sedley，"Epicurus' Theological Innatism"，in Fish and Sanders，*Epicurus and the Epicurean Tradition*，29 – 52；与之相反的主张见 Mansfield，"Aspects of Epicurean Theology"，and Konstan，"Epicurus on the Gods"。关于祭奠逝者和纪念冥诞，参见 Diogenes Laertius 10.18。关于把伊壁鸠鲁神化的问题，参见 Clay，"The Athenian Garden"，20 – 26。

② 关于伊壁鸠鲁无神论者的声誉，参见 M. Winiarczyk，"Wer galt im Altertum als Atheist?"，*Philologus* 128（1984）：168 – 70。

具有巨大的影响力，不仅因为它展示出高超的诗学造诣，而且因为它所体现的伊壁鸠鲁学说。斯蒂芬·格林布拉特（Stephen Greenblatt）提出过一个著名观点：对这部诗作的发掘、整理促发了世俗主义和文艺复兴在欧洲的兴起。19 世纪末 20 世纪初期，该诗又被誉为基于科学和观察而非神权信条的欧洲知识传统的基石。[①]

在卢克莱修长诗中，伊壁鸠鲁一出场就震惊四座，任何人本主义者都不免被那几行诗句打动：

> 当人类卑微不堪地生活在大地上，
>
> 人所共见地承受着宗教的重压，
>
> 而她也从天际露出头来，
>
> 面露凶色怒视芸芸众生时，
>
> 是一个希腊人敢于首先
>
> 抬起凡人的眼睛与她对视——这是敢于抗拒她的第一
>
> 人。
>
> 无论神灵的传说还是雷电的轰鸣
>
> 都不能使他畏惧；这一切反而更强烈地
>
> 激起他内心的勇气，于是他第一个
>
> 渴望破除自然之门的阻隔。

---

① 关于卢克莱修生平及其声誉，可参阅 S. Gillespie and P. Hardie（eds.），*The Cambridge Companion to Lucretius*（Cambridge：Cambridge University Press，2007）；S. Greenblatt, *The Swerve：How the World Became Modern*（New York：Norton, 2011）。关于 19 世纪、20 世纪的卢克莱修研究，可参阅 F. Turner, "Lucretius Among the Victorians", *Victorian Studies* 16（1973）：329 - 48；还可参阅 S. Gillespie and D. Mackenzie，"Lucretius and the Moderns", in Gillespie and Hardie, *The Cambridge Companion to Lucretius*, 306 - 24。

就这样，他心灵的充沛活力胜利了，

并迈开大步远远离开这个世界的烈焰熊熊的墙垒。

他遍游心目中的广袤宇宙，

然后他胜利而归，向我们报告

[180] 什么东西能产生，什么东西不能够；

且总结每样东西的力量

何以会受到限制，

并且有着根基牢固的界碑。

如此一来，现在宗教反倒匍匐在我们脚下，任人践踏，

而他的胜利把我们举向云霄。①

卢克莱修笔下的伊壁鸠鲁就像欧里庇得斯笔下的柏勒洛丰，被想象成率军向宗教（religio）发起进攻。这种意象很大程度上来自攻城器械。在该诗上半部分，作者所描绘的宗教就像罗马人为威慑臣服者而修建的可怕要塞，高高凌驾于饱受压迫的人类之上。神话、仪式、教义等都是用来控制信徒的武器。接下来，画面逆转，伊壁鸠鲁不是作为进攻者，而是作为被困者，率众突破"自然之门的阻隔"，并迈步远离"这个世界的烈焰熊熊的墙垒"。

卢克莱修诗中的拉丁文"religio"的词义是什么？它未必是我们所理解的"宗教"，也就是说，该词并非指用来强化某种神明崇拜的具体形式的制度性机制，而更侧重于虔诚奉献的道德品质。在他看来，心理桎梏的束缚是人类自由的大敌

---

① 引诗见 Lucretius, *On the Nature of Things* 1. 62 – 79。关于卢克莱修笔下的伊壁鸠鲁，参阅 M. Gale, *Myth and Poetry in Lucretius* (Cambridge: Cambridge University Press, 1994), 190 – 207。

（"束缚"一词在这里颇为贴切，作者在长诗的另一处提到要"把人类心灵从宗教绳索的束缚下解救出来"，看来 religio 一词应来自 religare，即"捆绑"或"约束"）。在卢克莱修笔下，伊壁鸠鲁这位神圣斗士对宗教仪式和各种官方制度未必多么抗拒，他所竭力抗拒的是那些利用人们对死亡、酷刑和来世的恐惧心理来压制人类的虚假信仰。摧毁有组织的宗教并不能让人获得解放（伊壁鸠鲁学说也从未提倡过这种做法），只有否定神话所传达的众神会严厉报复人类的既定观念，接受神不会影响人类生活的唯物论观念，人们才能获得解放。①

伊壁鸠鲁对宗教的抗拒并未被看作对国家层面世俗化进程的推动。但他的主张比人们普遍接受的更为激进。否定宗教真理所产生的影响重大而深远。卢克莱修追随伊壁鸠鲁的主张，以实例说明这种信仰所带来的危害，他提出"宗教滋生邪恶和不虔诚行为"（此处故意使用"不虔诚"来形容宗教信徒的行为，而不是其对手的行为）。他的例子是神话中阿伽门农在奥利斯（Aulis）把女儿伊菲亚纳萨〔Iphianassa，更常用的名字是伊菲革涅亚（Iphigenia）〕献祭给狩猎女神阿尔忒弥斯的故事。神话中，阿伽门农的舰队在远征特洛伊途中因海上无风而停滞不前，这是阿尔忒弥斯对他杀死自己的神鹿给予的报复。卢克莱修断言"这就是宗教所能招致的罪恶"（"Tantum religio potuit suadere malorum"），这行文字成为全诗最著名的诗句之一〔1737 年，普鲁士国王腓特烈二世（Frederick Ⅱ）发起世俗运动之际，伏尔泰（Voltaire）就把这句诗作为赠言送给他〕。卢克莱修意在说明，对风向变化的误解（他用纯粹的 〔181〕

---

① 关于宗教绳索，见 Lucretius, *On the Nature of Things* 1. 931 – 932，在同书 4.7 处再次提到。

物质原理另外作出解释）不是简单的错误。当人们理解不了自然界的真相，特别是当人们以宗教原因取代科学认识的时候，就可能产生可怕的后果。令人犹感震撼的是，卢克莱修竟然选取献祭这一古代宗教仪式的核心环节作为例证，这场献祭的特别恐怖之处当然在于以活人为牺牲，此外，它也告诉人们，即任何血腥的献祭不仅无效，而且还可能引起肉体和精神的双重痛苦。卢克莱修并未把话说得如此直白，却揭示出一个真理：以神之名得到宽恕的罪恶，终将在人生其他方面受到彻底惩罚。①

由此可见，与不必要的精神焦虑相比，判断信仰的真伪才是更急迫的问题。错误的信仰有时会导致血腥的结局。卢克莱修在谈及对传统信仰的不敬时，十分清楚自己的真理正在成为现有神学体系的强劲对手。他对长诗的聆听者明米佑（Memmius）预言：

> 将来有一天，你会竭力摆脱我们，
> 因为先知亚卜们可怕的鬼话吓坏了你。
> 可不是嘛，他们能给你捏造多少梦兆
> 就是现在，这些梦兆也能轻易颠覆已有的原则
> 并用恐惧把你的命运搅得一团糟！
> 这样做自有道理：
> 因为只要人们认识到所有不幸都有止境，
> 就能依靠某些途径找寻到力量

---

① 关于伊菲亚纳萨被献祭的故事，见 Lucretius, *On the Nature of Things* 80 - 101。关于伏尔泰献辞，参阅 R. Barbour, "Moral and Political Philosophy", in Gillespie and Hardie, *The Cambridge Companion to Lucretius*, 164。

去对抗祭司们用来恐吓人心的虔诚。①

　　这里问题的关键是话语的权威性。谁说的话是真理？神职 〔182〕
人员，还是哲学家？"神职人员"（vates）一词在拉丁语中，既
指专事某种宗教活动的人，也指传统诗人。于是，卢克莱修所
触犯的，既是现存国家宗教体制，也是积淀丰厚的传统神话。
神话传说是一种武器，是一种每位真正的哲学家都应抵制的
"恐吓人心的虔诚"。当卢克莱修把系统的唯物论作为一种更正
确且更富社会启蒙意义的思想去取代传统宗教编织的梦兆时，
他的话听起来从未如此富有现代意味。

　　然而，具有讽刺意味的是，卢克莱修在表达这一切时所使
用的正是在传统上向来与神学密不可分的正宗诗歌韵律，即史
诗所用的、每行含六组音节的六音步格律。荷马和赫西俄德就
是用这种格律形式创作出众神与人类故事的古代传说，公元前
2 世纪它又融入罗马文化，被具有重要影响的杰出诗人恩尼乌
斯（Ennius）继承了下来。这或许就是用主人工具拆掉主人自
家房屋的例证。而其中自相矛盾纠结之深远不止于此。卢克莱
修既给伊壁鸠鲁打上了抗神志士的标记，又与传统宗教诸神较
量了一番，最终把两者融合在一起。而伊壁鸠鲁本人则成为他
自己的正义之神：

　　　　如果必须以我们已理解的自然的庄严去说，
　　　　那么，听我说，他就是神——一个神，崇高的明米佑。
　　　　正是他首先发现了那支配生命的理性原则，

---

① 引自 Lucretius, *On the Nature of Things* 1. 102 - 9.

> 如今被我们称作"智慧",并且凭他的技艺
> 带领生命之舟脱离深沉的洋流和巨大的黑暗,
> 驶入如此风平浪静、如此清朗明丽的港湾。①

在现代社会,无神论者常常被自己的反宗教言词反咬一口,譬如,有人说科学"不过是另一种信仰体系",也有人把宗教怀疑论者戏称为"无神论大主教",诸如此类。但是卢克莱修的言论远远超越了对等言辞所表达的宽泛的语义,且着重强调伊壁鸠鲁具有神性:"他就是神——一个神,崇高的明米佑。"通过这一诗句卢克莱修想表达什么?伊壁鸠鲁在遗嘱中指示追随者应以近乎敬神的方式对待自己,而卢克莱修只是在某种层[183] 面上发挥了他的嘱托。卢克莱修本人十分清楚,只有魅力超凡的灵魂人物才能享有人们宗教般的敬畏。但他在字里行间并未提到对伊壁鸠鲁有多少积极主动的崇拜,而是强调伊壁鸠鲁因为自身功业而理当跻身众神之列。这种表述看似微妙,其实深具颠覆意义,因为它把人们心目中的神从形而上的超自然之神转化成一种隐喻之神。神不过是成就卓著且有着完美幸福体验的凡人,这种体验偶尔也包含对死亡的接受(死亡在字面意义上却是与不朽这一神性前提相互冲突的)。伊壁鸠鲁对宗教(*religio*)的胜利如此彻底,以致成功剔除了把神视为一种特殊存在的观念。

下面的诗句继续围绕伊壁鸠鲁神学观这一主题展开,作者通过欧赫迈罗斯而吸收了公元前5世纪智者普罗迪科斯的观点。卢克莱修提出,丰收女神刻瑞斯(Ceres,相当于希腊丰饶女神

---

① 出处同上,5.7 – 12。

得墨忒耳）教给人类栽培谷物，利伯（Liber，罗马人的狄奥尼索斯）发明了酿酒术。普罗迪科斯也曾把得墨忒耳和狄奥尼索斯解释成因造福于人类同胞而被赋予神祇地位的凡人。卢克莱修同样借用这两个例子表明他就是打算直言不讳地影射。伊壁鸠鲁的神性也属此类：他不会被视为一种超自然的存在（因为自然之外别无所有），只会是一个具有超凡成就的人。事实上，比起发明非果腹所必需的食物，伊壁鸠鲁扫除了造成恐惧和焦虑的由来，才是对人类更大的福祉，"正因为如此，他应当更有资格当得起我们的一个神"。①

接下来的问题是，宗教从何而来？如此巨大的骗局为什么会出现？卢克莱修以大段篇幅回顾了公元前 5 世纪雅典智者们讲述的人类如何从自然状态向文明过渡的"文化叙事"（culture narratives），借此回答了上述问题。他写道，即使在那样的日子，人们在睡梦间或清醒时分，都可能见到一个个样貌出众的传奇形象（这是恍惚中见到了真神，还是说仅仅是种幻象，卢克莱修没有表示意见）。原始人设想所有的这些传奇形象必定充满超人的力量和智慧，是一种具有不朽生命力的幸福的存在。接下来，原始人感受到穹宇井然，四时有序，于是又设想这样的宇宙背后定然存在某种智慧设计——而自然灾害则被视为祸患的信号。上述观念不禁引发了作者另一段对人类蠢行的悲叹： [184]

> 呃，不幸的人类！当他们
>
> 赋予神灵以这样可畏的作为，
>
> 并且又加上暴怒的威力的时候，

---

① 参见 Lucretius, *On the Nature of Things* 5. 14 – 21。

> 他们为自己造成多少的呻吟，
>
> 为我们造成多少的创伤，
>
> 为我们的子孙造成多少眼泪！
>
> 虔诚并不在于经常当众头戴面纱，
>
> 也不在于转而向着一块石头并且前往每一处神坛，
>
> 或是匍匐在地并在神龛面前伸出双手，
>
> 或是用大量牺牲的鲜血洒湿神坛，
>
> 或是接连不断地许愿求福。
>
> 虔诚在于能够静心察看宇宙万物。①

也就是说，真正的虔诚并不在于对人类宗教信条的谦卑认可，而应体现为领悟并赞美大自然鬼斧神工的气魄。神性并非卓越者的品质，而是我们所栖息的这个世界所具有的品质：它存在于各种崇高的事物之中，从星空到雷鸣闪电，无所不在。在诗中，卢克莱修以恢宏且带有透纳（Turneresque）画风的笔触描绘出大自然的伟力，由此而著称于古代世界。这些华丽的篇章除了生动地体现出作者高超的诗歌创作技艺之外，还有更重要的意义，即作者力图通过这些诗句描摹出我们这个奇妙世界，并教导世人应当到物质中而不是虚构的神灵中探求神性。

尽管有以上种种事实，但卢克莱修还是同他的尊师伊壁鸠鲁一样，坚持认为众神是一种真实的存在。最著名的例子就是向维纳斯（Venus）祈愿的祷词："埃涅阿斯（Aeneas）的母亲（指维纳斯——译者注），群神和众生的欢乐。"诗人

---

① 参见 Lucretius, *On the Nature of Things* 5. 1161 – 1240（引文见 1194 – 1203）。

以这位维纳斯女神开启整部长诗。以神来引导一部阐释伊壁鸠鲁思想的诗篇似乎并不妥当，然而，如果想到维纳斯这位罗马人的阿芙洛狄忒并非表面意义的神话女神，而是一种大自然生殖力的化身时，便会释然。卢克莱修把伊壁鸠鲁作为神来描述时，神只是一种隐喻，传统观念中神灵的含义已被剔除。但他在其他场合谈到神时，的确把神作为一种真实的或某种意义上真实的存在。他说，伊壁鸠鲁为他开启了一幅众神住在"宁静的居所"，四季无忧，安然享用大自然源源不绝的慷慨馈赠的图景。这样的神我们或许也应看作一种比喻，他们仅仅象征着伊壁鸠鲁哲学引领我们不断趋近的宁静与平和。有时，卢克莱修似乎也把这样的神置于现实的空间，置于"虚空"（void）。但是另一方面，他又认为神存在于我们生活的世界以外，无法和我们沟通，天生"细微"（thin），与我们熟悉的神判然有别。他承诺会在稍后对上述看法作出解释，可惜却未能履约。① 〔185〕

卢克莱修之所以没有履约，有可能并非因为他健忘，也未必因为全诗未能完成，而只是伊壁鸠鲁学说在神学问题上一贯圆滑的体现。只要事涉神明，这一排的哲学家们从未对自己的读者把话说全说透。在神学问题上，这种哲学从一开始就显得承诺有余而实际贡献不足。伊壁鸠鲁既主张"神是一种不朽且幸福的存在"，又主张现实世界是由物质的非永久性组合构成，从根本上说，这两者是无法相容的。

诚如卢克莱修所说，伊壁鸠鲁的神天生"细微"，微至近乎消失，但又并非全然微不可察。它们就像一抹遥远的记忆之

---

① 参见 Lucretius, *On the Nature of Things* 1. 1 – 49, 3. 18 – 30 和 5. 146 – 55。

痕，顽强地拒绝被人抹除干净。那么，伊壁鸠鲁学派的无神论者难道真如他们的对手经常提到的那样吗？无神论当然是伊壁鸠鲁学派世界观的逻辑延伸，也是他们在与传统宗教对峙中的自我定位。但是，由于某些原因，他们又感到无法同传统一刀两断。

第四部分
罗马时代：新的世界秩序

[189]　　　希腊化时代也同样目睹了罗马从一个地方都邑扩展成地中海世界主宰的过程。公元前 264 年至前 146 年，罗马与迦太基之间的布匿战争（Punic Wars）是罗马对外扩张进程中具有决定性意义的事件。迦太基是腓尼基人在北非（今突尼斯）建立的城市，这场战争使它彻底毁灭——老加图（Cato the Elder）每每以"迦太基必须毁灭"（Carthaginem esse delendam）来结束自己的演说无疑，也给罗马人助了一臂之力——战后的罗马再无敌手，成为雄踞地中海中心的霸主，并由此控制了获取财富的东西方贸易通道。在罗马开始并吞其他国家和地区时，西西里岛是其海外扩张的首选目标，也是第一次布匿战争（公元前 264～前 241 年）的战利品。此后，帝国进入稳步扩张时期，最常用的方式是兼并附庸国，而不是直接征服。譬如在公元前 133 年，统治希腊的阿塔罗斯三世把领土拱手让给罗马，而比提尼亚（Bithynia）国王尼科美德四世（Nicomedes Ⅳ）在公元前 74 年的做法与前者几乎如出一辙。即便如此，其间仍不免伴有残暴和血腥。在第三次布匿战争之后，以伯罗奔尼撒半岛各独立希腊城邦为基础的亚该亚同盟（Achaean League）抗拒罗马人对希腊事务的干涉，罗马人毫不留情地出手回击，罗马将军穆米乌斯（Mummius）于公元前 146 年出兵，彻底摧毁了整座科林斯城。直到公元前 44 年，尤利乌斯·恺撒才重建该城，用来安置退伍军人。重建后的城市有部分遗迹至今犹在。更大规模的流血发生在公元前 1 世纪，当时，黑海沿岸本都王国（Pontus）国王米特拉达梯（Mithridates）大举扩张，一度占领了安纳托利亚部分地区，并突入爱琴海。地处爱奥尼亚沿岸及本土的各希腊城邦被迫站队，有些城邦选择站在受到历史眷顾的一方，比如阿芙洛狄西亚

（Aphrodisias），当地灿烂的历史遗迹昭示着昔日罗马的辉煌；其他城邦则没那么幸运，比如雅典，先是被米特拉达梯的傀儡僭主统治，公元前 87 至前 86 年又落入罗马将军苏拉（Sulla）之手。① 〔190〕

　　罗马人在一步步取得地中海地区控制权的同时，也迅速向那些被自己取而代之的希腊化帝国学习身为帝国所应有的风貌和礼仪。他们从希腊人那里学得了恢宏的建筑、理想化的艺术和高雅的文学。有时，他们把对外索取做得理直气壮，比如在公元前 212 年攻陷西西里的锡拉库萨城（Syracuse，阿基米德那些精巧的守城器械也没能挡住罗马人的攻势）后，展示战利品的队伍在罗马城游行了四天。罗马人从希腊人那里得到了能够得到的一切，包括成千上万名奴隶，其中的许多人把自己的知识学问传授给了罗马的贵族青年。②

　　公元前 31 年，恺撒的养子兼继承人屋大维（Octavian）在希腊西海岸附近的阿克提姆（Actium）海战中打败马克·安东尼（Mark Antony 或 Marcus Antonius）的舰队，罗马迎来了海外扩张的决定性时刻。阿克提姆海战在军事上并不足道，但这次事件具有极高的标志性意义。首先，它终结了罗马不同派系之

---

① 有关罗马和各希腊王国的概况，可专门参阅 E. Gruen, *The Hellenistic World and the Coming of Rome* (Berkeley：University of California Press, 1986)。关于米特拉达梯其人其事，参阅 A. Mayor, *The Poison King：The Life and Legend of Mithradates, Rome's Deadliest Enemy* (Princeton, NJ：Princeton University Press, 2010)，这是部可读性较强的传记。关于罗马的兴起，可参阅下列各书：M. Beard and M. Crawford, *Rome in the Late Republic：Problems and Interpretations*, 2nd ed. (London：Duckworth, 1999)；H. I. Flower, *The Cambridge Companion to the Roman Republic* (Cambridge：Cambridge University Press, 2004)；N. S. Rosenstein and R. Morstein-Marx (eds.), *A Companion to the Roman Republic* (Oxford：Blackwell, 2006)。

② 关于展示锡拉库萨战利品的游行，参见 Polybius 9.10。

间在公元前 1 世纪大部分时间所展开的内战。其次，它开启了一段引领政治革命的进程，从此，这已知世界的大多数都将由一人——即皇帝，只不过罗马人不称他为皇帝（imperator），而称之为"元首"（princeps）——统治。再次，击败安东尼就等于击败克里奥佩特拉（Cleopatra），这位女王既是统治埃及亚历山大的托勒密王朝的末代君主，也是最后一任反抗罗马的希腊化王朝的君主。于是，这场海战的胜利实际上也就意味着整个地中海区域从此都成为罗马的属土。此役之后，屋大维迅速改称为奥古斯都（Augustus，原为与宗教或神学有关的尊称，有"神圣的""尊贵的"之意——译者注），也一并改变了历史进程。

帝国的东部边疆在接下来的几个世纪里不断发生变化，但希腊语世界的绝大部分如今都已从属于罗马。希腊人教罗马人学会了权力的语言，同时他们自己也懂得了作为帝国臣民意味着什么。新世界涌现出大批精英，他们获得了公民的身份、权力和声望。帝国带来了一定程度的和平和稳定，也为精神财富和物质财富的创造提供了巨大市场。各种宗教在这时尤为活跃：比如密特拉教（Mithraism）、伊西斯崇拜、犹太教（Judaism），乃至基督教（Christianity）。其中最年轻的基督教到公元 4 世纪〔191〕时已发展得极不寻常，竟达到此前百年还很难料想的程度，并最终成为罗马的国教。

罗马帝国与曾经造就出古风时代和古典时代希腊的那种松散的城邦国家联盟截然不同，它是一个内部相互关联且权力集中的官僚化世界。如何才能把所有各不相同的地区联结成一个整体，是庞大帝国所面临的制度性挑战，罗马人显然成功赢得了这场挑战。在奥古斯都名义之下，帝国存在了三百年之久。其后，君士坦丁大帝在拜占庭又曾重建帝国，直到公元 1453

年，罗马帝国才被奥斯曼土耳其（Ottoman）征服。罗马人是长于治国理政的专家，帝国的长治久安有赖于各项精进有效的技术。与希腊化王国的君主们不同，罗马人对各地当权者和上层精英采取笼络方针，说服他们相信自身利益与执政当局的利益一致。而做到这些的一个机制就是分享罗马公民权，并使受益人获得罗马法律所赋予的权利。卡拉卡拉（Caracalla）皇帝在位时期的公元212年，通过了一项法令，把公民权普遍授予帝国境内所有成年男子，所有妇女也能享有与罗马女子同等的权利。

在帝国的整合中，许多把中央与各地区联结在一起的象征性机制也发挥了作用，如皇帝塑像、记述皇帝回复城市请求的铭文、从罗马发出的要闻公报，等等。而最为重要的因素是军队和法律，它们时时提醒人们罗马秩序的存在。有位公元2世纪的希腊演说家把整个罗马治下的世界比作节庆期间一座单独的城市，说"它脱掉旧衣，卸去刀剑，放任自己去追逐华丽和一切赏心悦目的东西"。区域的多样性其实并未消失（这里有些夸大其词），它们不断被拿来与帝国所要求的规范进行权衡、比较。一个很说明问题的例证就是命名。取得罗马公民权的希腊人往往按照罗马习俗取名，这样的名字一般分为三段，即本名（*praenomen*）、氏族名（*nomen*）和极具个性的绰号（*cognomen*，或区别于氏族的家族名——译者注）。对希腊人而言，前两个是典型的罗马名字（*nomen*是给予该家族公民身份的那个罗马人的名字），而他们自己规范的希腊名字反倒成为绰号。于是，普鲁塔克的全名就成为卢西乌斯·密西留斯·普鲁塔克（Lucius Mestrius Plutarchus），而史学家、哲学家兼政治家　〔192〕阿里安的全名就成为卢西乌斯·弗莱维乌斯·阿里安（Lucius Flavius Arrianus）。取得罗马公民权的希腊人就这样把罗马的印记嵌入自己的身份中。①

宗教是象征帝国的一体化的最强大机制。希腊人一如他们在希腊化王国时期的做法那样，把统治者奉为神明，为之建造神庙，举行庆典，奉献牺牲。通过这样的途径，各城邦再次同以往那样彼此结成一个个城市共同体，同时，也确认自己已加入了这个更为辽阔的帝国。是否崇拜皇帝是检验各行省对罗马忠诚与否的重要标准。比如，犹太人对罗马的反叛就是以他们拒绝向尼禄皇帝奉献祭品为先兆的。公元250年，德西乌斯（Decius）皇帝发起第一次大规模迫害基督教徒的行动（虽然有可能事出偶然），当时要求每一帝国成员必须由地方官员证明其已向罗马诸神献祭并已为皇帝祈福。帝国当局可以运用政治手段强制履行宗教仪式的做法，源自希腊化时期的希腊语世界，但那时还只是零星的、个别的现象（譬如我们可能想到的，安条克三世曾经让所有生活在美索不达米亚地区的希腊人对自己顶礼膜拜），现在却成为一种常态。只是此后不出百年，角色已彻底转换，基督教成为标准宗教，向"异教"诸神献祭反倒成为违法行为。一种以单一全能神为天地万物核心的全新宗教映射出以强大帝制为轴心的统一的罗马帝国形象。中央集权政治有效地为神权政体的登场铺平了道路。②

---

① 引文见 Aelius Aristides 26. 97。关于帝国象征性统一的方式，参见 C. Ando, *Imperial Ideology and Provincial Loyalty in the Roman Empire* (Berkeley: University of California Press, 2000)。关于元首制的兴起，可参见下列书籍：M. Goodman, *The Roman World*, *44 BC – AD 180* (London and New York: Routledge, 1997)；C. Kelly, *The Roman Empire: A Very Short Introduction* (Oxford: Oxford University Press, 2006) 和 D. S. Potter, *A Companion to the Roman Empire* (Malden, MA: Blackwell, 2006)。

② 犹太人拒绝献祭一事参见 Josephus, *Jewish War* 2. 409。关于德西乌斯法令，参见 J. B. Rives, "The Decree of Decius and the Religion of Empire", *The Journal of Roman Studies* 89 (1999): 135 – 54。

第 13 章　我们身边的神

在古风、古典和希腊化时代的希腊世界，宗教从来不是历史事件的驱动力。没有哪一仗是因某位神而起，没有哪个帝国在扩张版图时打过改宗易教的旗帜，没有那个对手是因信了不该信的神而被摧毁。政治军事决策均出自人际因素，也无不依据人事来权衡利弊得失。但是，不论出发点有多么世俗，战事的胜利还是会被归功于神明的保佑。自史诗《伊利亚特》问世以后，胜利就被一些人解释为神明佑护的证据。让神明站在自己一方——或至少让对方相信如此——逐渐被视为左右国家命运的决定性因素。例如，对幸运女神堤喀（Tykhe）的崇拜自公元前 4 世纪以来开始盛行，并扩展到整个希腊化世界。胜利女神耐克（Nike）早已有之，但也是到希腊化时期才受到普遍信仰。亚历山大大帝渴望以宙斯之子和阿蒙神之子的名义向天下宣示自己得到了神的支持，因而似乎直接促进了对这两位女神崇拜的普及。随着希腊语世界逐步凝聚成一块块帝国城砖，有一种思想也在不动声色中一步步扩大其影响，推动着上述进程。这种思想就是，这个世界注定要成为，也只能成为众神所希望的模样。

真正被帝国神授思想牢牢吸引住的还有罗马人。公元前 2 世纪，希腊哲学家潘尼提乌（Panaetius）花大力气把斯多葛哲学引入罗马。他认为，宇宙是由天意支配的，而天意渗透宇宙的方式与灵魂渗透肉体的方式相差无几（这种思想明显带有柏拉图《蒂迈欧篇》的色彩）。因此，它的一举一动都是神意的结果。潘尼提乌是首位移居罗马的重要哲学家，他认为在涉及神本身的问题上，他无可奉告，但写出一部《论天意》（*On Providence*）。虽然斯多葛哲学常常在罗马被翻译得不伦不类，[194] 但实际上它与帝国意识形态颇为契合，因而还是逐渐在罗马上流社会找到了知音。斯多葛主义的基本内容是告诉人们，幸福不是通过追逐欲望而获得的，而是在顺应自然的生活中实现的，这自然既包括人的本性，也包括宇宙自身的性质。宇宙中发生的一切皆趋向于最佳结果，作为每一个体，我们的责任是竭尽所能，以理性的力量去领悟那结果究竟是什么，并让我们的人生成为它的助力。斯多葛学派喜欢说的是，如果整个世界是一场戏，我们要做的不过就是演好自己的角色，不论这角色是什么。哲学上的斯多葛主义并不主张人们服从某种特定政治制度——譬如稍后一些斯多葛派成员在尼禄和维斯帕先（Vespasian）在位期间曾坚守反对皇帝专制的立场——但它毕竟是一种在理论上与帝制主张相匹配的思想体系。一旦把这种哲学中更精致、更富于技巧的成分剔除，那么，它从相信无所不在的天意到相信罗马帝国因受命于神而能以最优的方式统治世界，其间距离恐怕不足一步之遥。①

公元前 2 世纪的希腊史学家波里比阿（Polybius）是最早对

① 关于潘尼提乌的《论天意》，参见 Cicero, *Letters to Atticus* 13.8。关于帝制神授思想的发展脉络，参见 M. Dragona-Monachou, "Divine Providence in the Philosophy of Empire", in *Aufstieg und Niedergang der römischen Welt* 2.36.7 (1994): 4417 - 90。关于斯多葛学派与罗马之间多方面联系的研究，参见 P. A. Brunt, "Stoicism and the Principate", *Papers of the British School at Rome* 43 (1975): 7 - 35，该文收入作者的 *Studies in Stoicism* (Oxford: Oxford University Press, 2013), 275 - 309。

罗马帝国因受命于天意而崛起的思想作出系统探索的人。波里比阿家族曾反对罗马对马其顿的统治，他本人因此被流放至罗马，成为征服马其顿的卢基乌斯·埃米利乌斯·保卢斯（Lucius Aemilius Paullus）将军之子的家庭教师。虽然家世如此，但他对公元前 264 年至前 146 年那段历史的记述带有明显的亲罗马倾向。在他看来，罗马政治制度这种融民主制、贵族制和君主制于一体的最佳混合体制，"从一开始就遵循了自然之道"。波里比阿并非哲学家，但他毫无疑问地从天意的角度阐释了罗马对世界的主宰："事实上命运女神已将这世界上的一切赋予了同一地区，并命令所有人服从于它，服从于同一个目标。"波里比阿偶尔也会批评罗马人的做法（比如公元前 146 年穆米乌斯对科林斯的凶残洗劫），但他在总体上认为，服从新主人才是对世界利益，也即希腊语世界的利益作出的最大贡献。此后，其他持亲罗马立场的希腊历史学家，如西西里的狄奥多罗斯和哈利卡那索斯的狄奥尼修斯等人所表达的思想，同他如出一辙。①

　　然而，直到公元前 27 年至公元 14 年，罗马第一任皇帝奥古斯都在位时期，罗马帝国使命来自天意的说法才进入传播最盛时期。罗马诗人维吉尔（Vergil）以繁复、细腻的拉丁文六音步格创作了十二卷本史诗《埃涅阿斯纪》（Aeneid），〔195〕

---

① 引文见 Polybius 6.4，1.4。关于波里比阿思想中含有"些许斯多葛学派"帝国神授观念的问题，参见 R. Brouwer，"Polybius and Stoic *Tyche*"，*Greek*，*Roman*，*and Byzantine Studies* 51（2011）：111－32。要想更全面了解波里比阿的亲罗马天命观，可参阅 F. W. Walbank，"Polybius and Rome's Eastern Policy" and "Polybius Between Greece and Rome"，in *Selected Papers*：*Studies in Greek and Roman History and Historiography*（Cambridge：Cambridge University Press，1985），138－56，280－97。

讲述希腊人攻陷特洛伊城后，特洛伊王子逃离战火余烟犹在的城市，直至在意大利落脚，并最终建起一座新城的故事。诗中的王子埃涅阿斯是女神维纳斯之子，而他的儿子尤路斯（Iulus）则是奥古斯都养父尤利乌斯·恺撒所属朱利安（Julian）家族的奠基者。在第一卷前半部，罗马众神之王朱庇特（Jupiter）向维纳斯许下罗马将有辉煌未来的重大预言：

> 我不对罗马人的功业设置任何空间或时间的限制；
> 我许他们的帝国以无限的统治权。[①]

于是，偶然的机会也不复存在，帝国必将属于罗马的，因为这一切都是朱庇特的旨意，命中注定历史只能如此。而人类的自由意志在事实上也同样不再有施展的空间。史诗第一句写的便是埃涅阿斯"被命运"驱赶，逃离特洛伊。当他踏上今天的突尼斯海岸时，见到了缔造迦太基（日后成为罗马死敌）城的美丽寡妇狄多（Dido）并爱上她。尽管两人爱得如胶似漆，但经过山洞中的一番温存后，最终还是分了手，迦太基女王和埃涅阿斯命中注定无法在一起。朱庇特命众神信使墨丘利（Mercury）"带着使命乘风而去"，传达他的命令，要埃涅阿斯离开迦太基到罗马去建立新城。人类的心愿终究抵不过命运，而罗马帝国则是命定中世界宏伟计划的制高点。[②]

对荷马来说，命运在维吉尔的文学模式中是一种朦胧而

---

① 引文见 Vergil, *Aeneid* 1.278–79。

② 出处同上，4.270。

不确定的东西。但在罗马诗人看来，这是一种哲学上的力量。维吉尔的世界观深受斯多葛学派的影响。《埃涅阿斯纪》既描绘出一座建立伊始便注定要去主宰世界的城市，也刻画出一个从源头起就注定具有无可匹敌的伟大前程的王室。而奥古斯都对安东尼和克里奥佩特拉的胜利（史诗对此作过预言），则是众神对人类最仁慈的安排。这部史诗在许多方面所蕴含的意味十分复杂，比如，描写狄多令人心碎的自绝，足以证明诗人对这位失败女王同样抱有同情心。虽然如此，但全诗所反映的基本是奥古斯都眼中神所授予他的世界帝国应有 〔196〕的面貌。

　　奥古斯都是众神的宠儿，而他所倾心的神是阿波罗。他在帕拉蒂诺山（Palatine Hill）为阿波罗设立祭坛，阿波罗神像遍布罗马帝国各地，署有阿波罗之名的月桂叶图案出现在铸币上。阿波罗代表和谐，与之相对的则是酒神狄奥尼索斯，败给屋大维的安东尼就曾以狄奥尼索斯自比。在某种意义上，奥古斯都就是神。与维吉尔同时代的诗人贺拉斯（Horace）写道："天降霹雳，我们相信朱庇特君临天下，而奥古斯都将被视为我们身边的神。"在罗马，皇帝一旦过世，便会被尊奉为神。维斯帕先皇帝临终前就幽默地说了一句"真该死，我觉得自己就要成神了"。当然，也并非人人都能功德圆满，比如有一则讽刺克劳狄乌斯（Claudius）皇帝的作品，咒他死后上不了天堂，反倒会被抛入地狱。帝国东部许多希腊语城市一直沿袭着希腊化时代的做法，奥古斯都及其继任者在世时就在当地受到崇拜。不少古代史学家倾向于认为，驱使希腊人这样做的原因是，他们渴望有一种方式能够在自身城邦宗教"语汇"中表达罗马权力的复杂等级结构。这种看法当然不错，但只道出了部分事实，而忽视了建造神庙、塑像所需的各种资源、物料、工匠等都是由帝国中心提供的。这就有可能让人误以为对皇帝的神化并非罗马政令的直接结果。古人十分清楚，皇帝也同样有血有肉，即便那些没能立刻意识到这一点的人，很快也会得知，这世上有许多像克劳狄乌斯那样的皇帝，他们并不值得人们恭维奉承。政治意识形态领域总有些事难以说清。帝王的神性就寓于现实和隐喻之间那一片模糊地带。①

要想说服数量庞大的民众不去抵制神所设计的罗马，宗教宣传的作用至关重要。总体而言，帝国意识形态具有非凡的说服力，它把分散在广袤疆域且文化语言千差万别的 5000 万居民会聚到同一艘地缘政治的大船。对罗马的反叛在事实上也十分罕见（斯巴达克斯奴隶起义只是个案）。但这种意识形态同其他一切意识形态一样，仍然会受到挑战。罗马的长久和平让贵族们享受到政治权力、社会秩序和物质财富等种种利益，即便如此，帝国也并非处处受人欢迎。今天已难得一见反叛文化的踪迹，因为历史不仅由胜利者书写，而且由胜利者有选择地保留和传承。鉴于君权神授思想和帝国意识形态如此难解难分，这一时期的无神论也开始表现出政治倾向。这一时期的无神论

[197]

① 关于奥古斯都与阿波罗神的关系，参见 K. Galinsky, *Augustan Culture* (Princeton: Princeton University Press, 1996), 297 - 99。贺拉斯诗作引文见 Horace, *Odes* 3. 5. 1 - 2。关于维斯帕先临终遗言，参见 Suetonius, *Vespasian* 23. 4。讽刺克劳狄乌斯的作品见 Seneca, *Apocolocyntosis*。关于处在希腊人"拉力"与帝国"推力"之间的君主崇拜，可参阅 T. Whitmarsh, "Thinking Local", in T. Whitmarsh (ed.), *Local Knowledge and Microidentities in the Imperial Greek World* (Cambridge: Cambridge University Press, 2010), 6 - 8 及该书所列参考文献。

作品让人得以窥见一个反抗罗马的世界。①

柏拉图在《法律篇》中指出，不信神者分为三类：一类认为不存在神；另一类虽然相信神的存在，但认为神与人类事务无涉；还有一类认为即便神对人事有兴趣，人们也很容易故意用祈祷或献祭等方式影响神意，从而换得神的佑护。在罗马元首制时期，上述前两种情形往往交织在一起。不相信天意实际上就是不相信神：宗教上的异端是"无神论的和邪恶的，它拒绝相信神明，也否认天意"。它产生的部分原因在于伊壁鸠鲁学说的影响，该学说认为性本"细微"之神对人类世界没有影响，伊壁鸠鲁主义者之所以被视为无神论者，恰恰在于他们否认天意的存在。②

但是，伊壁鸠鲁派成员并不主动投身于反罗马霸权的行动。伊壁鸠鲁主义基本上是一种疏离于政治的哲学。该学派成员往往看不起主动涉足城邦事务的做法，认为一心追逐公众认可的行为只能导致紧张，让人偏离平和宁静这一真正目标。"低调生活"是他们的格言之一，政治学说不在他们重点关注的范畴。因此，要想寻找拒不承认帝国来自天意的人，我们还需把目光投向其他地方。

①　关于对罗马的抵抗，参见 A. Giovannini（ed.），*Opposition et résistances a l'empire d'Auguste à Trajan*（Vandoeuvres：Fondation Hardt，1987）；T. Whitmarsh，"Resistance Is Futile? Greek Literary Tactics in the Face of Rome"，in P. Schubert（ed.），*Les Grecs héritiers des Romans*（Vandoeuvres：Fondation Hardt，2013），57–84。关于希腊人对君主崇拜的怀疑，参见 G. W. Bowersock，"Greek Intellectuals and the Imperial Cult in the Second Century A. D."，in W. den Boer（ed.），*Le culte des souverains dans l'empire romain*（Vandoeuvres：Fondation Hardt，1973），179–212。

②　柏拉图观点见 Plato，*Laws* 885b。无神论及其对天意的否定参见 Lucian，*Slander* 14。关于伊壁鸠鲁的"无神论"，参见 *Slander* 13。

公元前31年，在屋大维大败安东尼和克里奥佩特拉后不久，有位名叫狄奥尼修斯的希腊知识分子从位于今土耳其西海岸的哈利卡那索斯移居到罗马。哈利卡那索斯是史学大家希罗多德的出生地，这座浸透希腊文化的城市已在战争中被毁灭。该城因一贯的亲罗马立场，在公元前88年至前63年本都与罗马战争期间曾遭到本都国王米特拉达梯六世（Mithridates Ⅵ）的血洗。甚至在米特拉达梯被庞培军队打败之后，该地在恺撒部将与对手那场声名狼藉的罗马内战中，再次遭受重创。三十多岁的狄奥尼修斯满怀热情地来到罗马，对新当政的屋大维结束荼毒东地中海地区的流血冲突寄予厚望。他一面从事文学评论，一面教授修辞学，同时还写出一部罗马史，内容自建城伊始写起，书中部分篇章留存至今。①

〔198〕

狄奥尼修斯这部名为《罗马古事纪》（*Roman Antiquities*）的史书讲述了罗马国家兴起的早期历史，截止时间正好是波里比阿历史著作的起点。虽然狄奥尼修斯孜孜不倦于增进罗马利益，但他始终是一个希腊人，是在用希腊人的眼光看待世界，他的《罗马古事纪》也是要讲给希腊人听的历史。他写作的目的是要把两个大胆的思想嵌入希腊同胞的群体意识中。第一个思想是，罗马人在种族上其实是希腊人。第二个思想是，罗马的统治符合希腊人的最大利益。狄奥尼修斯与维吉尔生活在同

---

① 关于狄奥尼修斯以及他的《罗马古事纪》，可参阅 E. Gabba, *Dionysius and the History of Archaic Rome* (Berkeley：University of California Press, 1991)，其中第1~4章讨论了他的哈利卡那索斯背景。要想完整了解作为知识分子的狄奥尼修斯，可参阅 N. Wiater, *The Ideology of Classicism：Language, History and Classicism in Dionysius of Halicarnassus* (Berlin：de Gruyter, 2011)。关于米特拉达梯六世生平及战史，可参阅 A. Mayor, *The Poison King：The Life and Legend of Mithradates, Rome's Deadliest Enemy* (Princeton, NJ：Princeton University Press, 2010)。

一时代并不是巧合，两人讲述的反映罗马往昔的神话传说，都带有鲜明的奥古斯都色彩，两人以各自不同的方式告诉世人——罗马终将成为我们这个世界的主宰。①

诚如狄奥尼修斯本人所说，他之所以写作历史，并非因为亲罗马观点是当时思想的主流，而恰恰因为不是主流。他的著作雄辩有力。全书对于持相反观点的人着墨不多。狄奥尼修斯坚称，在他的时代，"几乎所有希腊人"对早期罗马的看法都是基于一些"错误观念"，这些观点把罗马人看作"四处漂泊的野蛮人"，"只是因为老天阴差阳错误把好运气给了他们"，才让他们有了一统天下的地位。作者接下来补充道："更恶意的是，有人喜欢公开指责命运，抱怨命运把一个又一个托希腊人之福才获得的成就给了最卑微的野蛮人。一些最终臣服于蛮族国王并分享到快活日子的历史学家，甚至把上述观点引入自己的写作，用不公正、不符合事实的内容迎合那些厌恶帝国的蛮族国王。历史学家们的眼光尚且如此，更遑论芸芸众生。"②

那么，写下反罗马内容的史学家究竟是谁？在异域宫廷装腔作势否认帝国出自天意的人又是谁？在各种可能的人选中，最有可能的是辅佐过本都国王米特拉达梯六世这位罗马死敌的美特若多若（Metrodorus）。美特若多若大约在公元前 140 年出生在斯凯西斯（Scepsis，今土耳其西北部），家境一般。他曾在雅典师从卡涅阿德斯。他有着一套属于自己的精 [199]

---

① 关于神话中的早期罗马，参见 T. P. Wiseman, *The Myths of Rome*（Exeter：University of Exeter Press, 2004）。关于《罗马古事纪》是为希腊人写作的历史，参见 *Roman Antiquities* 1.4.2；关于罗马人在种族上源出希腊人的观点，参见 *Roman Antiquities* 1.5.1 - 2。狄奥尼修斯和天定思想将在下面段落讨论。

② 引文见 Dionysius, *Roman Antiquities* 1.4.2 - 3。

彩、独特的演说风格，还创造出一套复杂的记忆术。他在听
众中极受欢迎，有位阔妇人甚至想要嫁给他。就在米特拉达
梯与罗马争夺对小亚细亚及东地中海地区的霸权之际，美特
若多若携妻子前往本都，成为主管司法的宫廷重臣。当时的
本都聚集了不少希腊知识界名人，如伊索普斯（Aesopus）、
麦格尼西亚的赫拉克利德斯（Heracleides of Magnesia）以及基
齐库斯的透克罗斯（Teucrus of Cyzicus）等，而美特若多若在
其中无疑是风头最强劲的一个。然而，不知中间发生了什么，
他最终竟然背弃了米特拉达梯。在一次出使期间，他提醒亚
美尼亚（Armenia）国王提格兰（Tigranes）：米特拉达梯不可
能提供最优惠的条件。但提格兰又把这些话转告给了米特拉
达梯，于是，美特若多若遭遇了杀身之祸（具体死因说法不
一）。正所谓伴君如伴虎。①

　　想到美特若多若曾效忠于米特拉达梯，也就难怪他笔下的
罗马人很难讨人喜欢。时隔半个多世纪之后，诗人奥维德

---

①　也有人认为狄奥尼修斯笔下对罗马心怀不满的史学家另有其人（比如
　　Wiater, *The Ideology of Classicism*, 101 - 2），很可能是亚历山大港的马盖奈
　　斯（Timagenes of Alexandria）。但马盖奈斯主要在罗马任职，不得志于奥古
　　斯都后迁居托斯卡尼（Tuscany），从未做过"蛮族"国王的朝臣。美特若
　　多若生平见 Strabo 13. 1. 55 和 Plutarch, *Lucullus* 22. 1 - 5（testimonia 2 and 3
　　见 F. Jacoby, *Die Fragmente der griechischen Historiker*［Leiden：Brill, 1923 - ］
　　2B 184）。美特若多若师从卡涅阿德斯一事见 Cicero, *On the Orator* 1. 45 =
　　testimonium 4a。关于美特若多若的记忆术，出处同前，2. 360 = testimonium
　　5a（以及 5b 和 5c）。关于美特若多若是两个同名之人还是只有一人的问题
　　也存在争议，参见 Habinek's entry in I. Worthington（ed.）*Brill's New Jacoby*
　　（Leiden：Brill, online version）。关于马盖奈斯，参见 M. Sordi, "Timagene di
　　Alessandria, uno storico ellenocentrico e flobarbaro", in *Aufstieg und Niedergang
　　der römischen Welt* 2. 30. 1（1982）：775 - 97。有关米特拉达梯宫廷的相反记
　　载，参见 G. Bowersock, *Augustus and the Greek World*（Oxford：Oxford
　　University Press, 1965），108 - 9。

（Ovid）把他写成一个"用刻薄文字诋毁罗马习俗的斯凯西斯人"。老普林尼（Pliny the Elder）则说他的"绰号来自他对罗马名字的厌恶"（什么绰号？"罗马仇敌"吗？）。如此说来，在狄奥尼修斯所谴责的人当中是否就有美特若多若呢？美特若多若无疑符合条件，在我们掌握的人名中，唯有他被人看作声名狼藉、接受异邦国王资助的反罗马作家。虽然他算不上历史学家，但他确实写过一部名为《历史》（History）的书，只是没有流传下来。①

　　美特若多若主要从两方面谴责心怀恶意和愚昧无知的希腊人：首先，他认为罗马人不配做统治者（他们是一群"四处漂泊的野蛮人"）；其次，他认为帝国的出现只是机缘巧合，并非神意或天命的结果。美特若多若似乎也认为，罗马人之所以能跃升为地中海霸主，与其说是天意，不如说是运气使然。他年轻时曾在雅典的阿卡德米学园求学，师从卡涅阿德斯，与克里托马库斯也有交往，而这两人都对哲学无神论思想的整理和集成发挥过重要作用。由此，是否可以认为，美特若多若是在流行于学园的无神论观点的启发之下，才提出一种重在不受仁慈神意影响的新形式的罗马崛起史？

　　无论美特若多若在其中发挥了什么作用，有一点十分清楚，〔200〕即在公元前 1 世纪，有些希腊人曾以书写历史的方式抵制罗马，通过历史强调罗马的崛起只不过是机缘巧合。与此相反的观点可能已出现在米特拉达梯的朝廷，而它一旦被传播，便一发而不可收。涉及帝国历史时往往如此，我们只能循着蛛丝马迹和主流史学无意间透露的信息一点点探索，才能重构失败者的历

① 关于绰号来历，参见 Pliny, *Natural History* 34. 16. 34 ＝ fragment 12。奥维德的话见 Ex Ponto 4. 14. 37 – 40 ＝ Jacoby testimonium 6b。

史。目前，我们手中几乎所有罗马帝国的史料都是"阿谀奉承"之辞，都出自帝国受益者笔下。但是，现在我们有足够的细致和耐心去侧耳倾听，以捕捉居支配地位一方的资料与反支配、反主流一方的真实立场相互抵牾时所产生的真实讯息。

反天命论史学把问题的焦点放在亚历山大大帝身上。他们提出，假设亚历山大当初选择的是西进，并且与新生的罗马国家相互遭遇，历史将会怎样呢？他们所提出的问题，涉及今天所称"假设"（what if）史学或"反事实"史学的范畴（譬如：假如罗马当初发明了蒸汽动力，历史会是怎样？假如希特勒赢得了二战，今天的世界又会怎样？）。在当时，面对马其顿与罗马之间的冲突而推测谁将获胜的问题，显然具有文化上的紧迫意义，对于当时依旧渴望自由的希腊人而言，尤其如此。然而更重要的意义还在于，这种推测和遐想触犯了罗马崛起受命于天的观念。如果历史可以被视为一系列偶然因素随机作用的结果，而非按照神意的脚本严格演进的过程，那么，就有理由认为罗马对世界的掌控可能比它看上去更虚弱，更短命。反罗马史学在较宽泛和非技术意义上带有伊壁鸠鲁学说色彩，它强调历史的偶然性，不承认神意天命的作用。①

亚历山大是个具有强大感召力的人物，一些罗马的胜利者喜欢自比亚历山大，比如尤利乌斯·恺撒曾经的盟友庞培曾模仿他心中的英雄而给自己的名字加上"马格努斯"（Magnus，即"伟大的"，也译为"大帝"——译者注），做过类似事情的

---

① 关于反事实史学，参见 N. Ferguson（ed.），*Virtual History*：*Alternatives and Counterfactuals*（London：Penguin，1997）。关于罗马人发明蒸汽动力的设问，参见 N. Morley，"Trajan's Engines"，*Greece and Rome* 47（2000）：197－210。要进一步了解反罗马史学中的亚历山大问题，可参阅 T. Whitmarsh，*The Second Sophistic*（Oxford：Oxford University Press，2005），68－70。

或许还有图拉真（Trajan）皇帝。但罗马人对亚历山大的心态也有更矛盾、纠结的一面——视他为残暴野心的化身。希腊人则能把亚历山大当作打击罗马人的棍棒。在所有关于亚历山大的古代文献中，流传最广的是一部名为《亚历山大大帝传奇》（*Alexander Romance*）的虚构传记作品。事实上，这本传记也是除《圣经》之外流传最广、译介最多的作品。其主要内容是讲述亚历山大大帝对大流士二世（Darius Ⅱ）和波斯军队的战争，但它同时也是一部极富创造力的文学作品。在书中，亚历山大大帝竟被写成埃及末代法老内克塔内布（Nectanebo）的私生子，曾经遇到过会说话的鸟儿；在有些版本中，他甚至借助潜水罩探查过东方大洋的深度。这部作品有许多内容不同的版本在世上流传。而所有修订本都有一段共同情节：有位罗马使臣走到亚历山大大帝身边，真诚起誓道，"我们尊您为王"，他们的使节就这样让亚历山大大帝得知他们把王位让与他。罗马人派遣使臣在历史上大概确有其事，但罗马人肯定从未承认过亚历山大大帝是他们的王。在《亚历山大大帝传奇》所构建的世界里，上述情节的存在并不是为了反映历史事实，而是为了让读者（很可能大都是希腊化的埃及人）确信，罗马人并非不可战胜，而他们自己的帝国传统更值得自豪。①

〔201〕

有些希腊人还进一步杜撰出马其顿军队和罗马军队在战场对阵的情节。对此，罗马史学家李维（Livy，写作于奥古斯都在位时期）在讲述早期罗马历史的著作中，花费笔墨写了一段题外话，斥责那些"最卑微的希腊人"竟然声称帕提亚人（Parthian，罗马在东方的劲敌，继波斯帝国之后而起）优于罗

---

① 参见 *Alexander Romance* 1.29（in the A and γ traditions；1.26 in β）。

马人，还说罗马人在亚历山大时代曾经俯首称臣。接下来，李维提出，还是罗马的实力更令人瞩目，因为亚历山大只是一个人在努力成就大业，而罗马则有一代又一代的将帅之才不断建功立业。并且，即便由于政治制度的原因，每个罗马人只能暂时掌握权力，但他们仍须努力获得成就。而亚历山大作为唯一的统治者，他的面前毫无障碍。李维认为，所有这一切都不利于亚历山大在一场假想的战斗中获胜，更何况，他还缺乏纪律严明的军队和精良的武器装备。①

普鲁塔克则持相反立场。他是公元 1 世纪晚期至公元 2 世纪初期杰出的希腊哲学家。他并不煽动人们反对罗马，事实上，他自己就是罗马公民，许多罗马权贵都是他的朋友。他阅读过大量拉丁文文献，其中可能包含李维本人的作品。但是，普鲁塔克又以希腊人为荣，喜欢以希腊人的眼光看待这个世界。正因为如此，他在青年时期参与那场有关亚历山大与罗马问题的讨论时，小心翼翼，如走钢丝。他那些流传至今的演说词堪称不偏不倚地维持平衡的杰作。他本人设置的问题是，是否人人都把成功归结于运气或美德。这些问题放在火气十足的争执中，便成为负载沉重的条件。从根本上说，人们争论的问题是，成功究竟取决于内在优势（即美德）还是外在环境（即运气）。普鲁塔克的结论机智老道，他坚持认为亚历山大的功业取决于他的品格，即便任何好运都与他无缘也无妨。亚历山大的形象要多正面就有多正面，要多美好就有多美好。偶尔，他的行为

〔202〕

---

① 参阅下列文献：Livy, *From the Foundation of Rome* 9. 18 – 19；R. Morello, "Livy's Alexander Digression（9. 17 – 19）：Counterfactuals and Apologetics", *Journal of Roman Studies* 92（2002）：62 – 85；以及 S. Oakley, *A Commentary on Livy, Books* Ⅵ – Ⅸ. *Volume* Ⅲ：*Book* Ⅸ（Oxford：Oxford University Press, 2005），199 – 205 及附录 5。

像是一位向已知世界传播崇高理想的哲学家。普鲁塔克说："我们中只有少数几位读过柏拉图的《法律篇》，但无数民众已经用上并将继续使用亚历山大的法律。"总之，他笔下的亚历山大大帝是把希腊文化中推动文明的力量带给世界的人。①

　　相比之下，罗马人，无论个人品格如何，都反复受惠于命运的恩宠。例如，在公元前 4 世纪初高卢人（Gaul）攻打朱庇特神殿（the Capitol）之际，圣鹅的鸣叫惊醒了沉睡的罗马人。这样的事例表明，命运把巨大的好处赐予了这座城市。普鲁塔克指出罗马城里有若干为命运建造的神庙，也就是说罗马人敬命运为女神。听上去，普鲁塔克在这里所表达的意思似乎相当清楚：亚历山大把成就归功于自己的品格，罗马人则把成就归功于命运。但这其中的意思又有些曲折。普鲁塔克认为，命运对罗马人来说有些不同的意味。希腊语中的"堤喀"（*tykhē*）同英语中的"运气"（fortune）一样，具有两种明显不同的含义，即"机缘"（chance，无序且不可预料）和"命运"（fate，预先注定的）。普鲁塔克断言，罗马帝国的兴起使该词语义发生了变化，从第二义"命运"转向第一义"机缘"。"当她（指命运女神）降临帕拉蒂诺山，跨越台伯河（Tiber）时，似乎已摘下双翼，脱去双履，并把那既不牢靠又不稳定的命运之球一并抛弃。由此看来，她真的来到罗马并留了下来。这就是她今天的样子。"上面提到的双翼、双履和不稳定的命运之球，都是第一义即"机缘"意义上 *tykhē* 形象的一部分，带有不稳定和变幻莫测的性质。普鲁塔克认为，这时 *tykhē* 的语义发生了变化，

---

① 参见 Plutarch, *On the Fortune and Virtue of Alexander* Ⅰ–Ⅱ 和 *On the Fortune of the Romans*。关于亚历山大的行为偶尔像个哲学家，见 *On the Fortune and Virtue of Alexander* 327e–9d；引文同前 328e

〔203〕 从单纯的"机缘"转化为"天赐的命运"。这是作者煞费苦心给出的一番解释，结论相当机巧，因为作者的双重文化背景使他得罪不起任何一方。对于当下反抗罗马的失利，反天命观史学家似乎认为，罗马人的胜利无非因为他们碰到了一连串好运，但是好运不会永远站在罗马一边。普鲁塔克称，得到神意担保，并且是永久性担保，是另一重意义上取决于命运女神的事。①

　　假设亚历山大与罗马人相互遭遇，到底谁有可能胜出？面对这种古老的反事实假设问题，普鲁塔克应对起来也同样不乏机智。或许，他的结论实在太过讨巧，反倒让人们对这个问题一直难以释怀。他在一篇评述罗马人的文章的结尾处，把亚历山大的英年早逝（他"就像一颗划过天际的流星"）归结为罗马人的幸运，这无异于暗示：假如亚历山大活得再长久些，他很可能成为罗马人的麻烦。但人们迫切想要知道的是，实际上究竟会发生些什么。对此普鲁塔克的回答十分简单："我觉得不流血是分不出胜负的。"直到这次讲话结束，他没有再作任何解释。但老派古典学者们那种凡事求助于文献学僵化方法的本能，让他们推测这篇讲话的结尾部分已经遗失，理由是没人会得出这样的结论。其实，若是考虑到与双方交好是普鲁塔克的一贯策略，就知道他这样做的理由再充分不过了。这真是一个恶作剧的结局，当然也是个让人注意到问题本身难有结论的结论。但它最终也揭示出作者在这些文字中究竟得到了什么。作者得到的是，既可以拿出当时最具争议的话题，针对反罗马情绪中

---

　　① 关于高卢人偷袭朱庇特神殿一事，见 Plutarch, *On the Fortune of the Romans*, 325b – d。关于命运一词词义的转变，同前书 318a（语句在结尾处中断，因此内容有脱漏）。对文中幸运作用的概述，可参见 S. Swain, "Plutarch's *De Fortuna Romanorum*", *Classical Quarterly* 39 (1989)：504 – 16。

的焦点问题而展开充分评说，又不至开罪于罗马人或是希腊人中的任何一方。①

　　我们最好把普鲁塔克煞费苦心所做的一切理解为一种冒险的边缘策略。他清楚地知道，有一些罗马史学家在讲述罗马崛起的历史时，拒绝承认天命的作用，这些人中就包括李维笔下那些"最卑微的希腊人"。他们原本准备书写不受神意干扰的历史，以颠覆神明所给予罗马的佑护，并给未来开启一种有可能全然不同的世界秩序。如果不是亚历山大意外（对罗马而言）早逝，说不定美特若多若本人会第一个站出来宣布罗马国家绝不会兴起。普鲁塔克虽然铤而走险，游走在这段特殊悬崖的边缘，但在最后一刻他还是退却了。我们就权当那是一场展示辞藻技艺的精彩演出吧。而这批演说词对于无神论历史的价值在于，它似乎影响了那些真正的反天命观史学家有可能采用的主张。〔204〕

　　众神能掌管宇宙吗？能引领宇宙在最佳轨道运行吗？在一个由单一统治力量主导的体制中，这既是抽象的哲学问题，也是一种强大的政治共鸣。毕竟，至少在帝国境内的希腊语地区，罗马皇帝尚在世时就已被恭奉为神。斯多葛学派和柏拉图学派都主张存在一个宽厚的、掌管世间万事万物的造物主，因而这两种哲学都很容易与罗马帝国意识形态相容。有关斯多葛学派思想最有价值的资料之一出自公元 2 世纪罗马皇帝马可·奥勒利乌斯，他写下的一部自我对话集《沉思录》（*Meditations*），今天依然可以读到。依照他们所主张的天命观，当下的政治安

---

　　①　关于流星的比喻，见 *On the Fortune of the Romans* 326a；只有"大量鲜血"才能解决问题的记载，参见前书 326c〔此处暗指《奥德赛》（*Odyssey*）18. 149〕。

排是最好的安排，而每个人所要做的就是让自己服从于这种安排。

而另一方面，站在反天命观的角度，世界是在偶发因素下运行的，与神意安排无关，现行秩序未必是最佳秩序，或者未必是唯一选择。公元 2 世纪的希腊－叙利亚讽刺作家琉善（Lucian）构想出一幅斯多葛派喜剧诗人提姆克勒斯（Timocles）和伊壁鸠鲁派无神论者达弥斯（Damis）展开辩论的场景，辩论在宇宙被比作一艘航船时，全剧达到高潮。提姆克勒斯以这样的意象寓意有位神明船长对全船旅客负责，他会把一切安排妥帖，并保证最终安全抵达目的地。然而，伊壁鸠鲁派成员达弥斯却指出，并非每艘航船都能运行良好，他反而联想起一艘肮脏且设计拙劣的破船，载着一群满腹邪念的倒霉船员，在海上漫无目的地四处漂荡。这种含蓄的类比对于罗马帝国意识形态所产生的毒害，同它对斯多葛派宇宙观所产生的毒害是一样的。如果不存在操纵宇宙之神，也就没有必要去假设帝国体制是由国家这艘航船上的高明船员操纵的。于是，所有关于神意天命在人类生活中所起的作用的讨论，都成为一种高度政治化的行为。①

---

① 参见 Lucian, *Zeus the Tragedian* 47–49。

第 14 章　虚拟网络

当我们在古典时代和希腊化时代的希腊世界寻找无神论者的身影时，有时看到的画面像是只有若干散乱的点分布其上。那个时代无疑会有一些作为独立个体而存在，并以各自的方式与主流宗教思想相对抗的个人，比如公元前 5 世纪的前苏格拉底学派和智者学派、汇集无神论主张的怀疑论者、推动了唯物世界观和"细微神"思想的伊壁鸠鲁学派，以及像佩尔塞俄斯那种古怪多疑的斯多葛派成员。有些富于创见的作者，如欧赫迈罗斯和基齐库斯的赫墨克里斯等人，为了破除对奥林匹斯众神的传统信仰，而致力于挖掘将统治者神化的神学意蕴。这些人被其他人称为无神论者（*atheoi*），他们自己或许也乐于被贴上这样的标签。那么，我们该如何把这些分散的点联系在一起？我们是否能把无神论者视为古代历史上一种重要的社会力量？更确切地说，古人自己也是这样看待无神论者吗？又或者，可曾有人退后几步，让一幅如点彩画般（*pointilliste*）的构图在眼前完整呈现？

在某种意义上，身处前启蒙时代、前机械化时代的世界，人们所能看到的也只是一个个散乱的点。无神论者存在于古代希腊，也存在于其他每一个地方。但是，在一种把确保国家稳定——有赖于众神保佑——视为重中之重的文化体系中，他们的存在显然不会导致广泛的无神论运动。直到 18 世纪以后，无神论才在西方蓬勃发展起来，因为社会需要它发挥作用：对于建立在技术创新基础之上的先进资本主义经济体系而言，把知识和道德权威从神职人员手中转移到科学技术专家手中成为一种必须，正是这种社会功能使无神论得以成为一场由单独的无神论者个体聚合而成的运动。古代希腊的情况在两方面都有所不同。首先，那里最初并不存在一个垄断文字和知识的僧侣阶层，因此，无神论不必攻击僧侣的权威。由僧侣们把持的知识只有一种，即如何通过神谕和预言去知晓未来。其次，虽然当时的技术在建筑、水利、攻城术、医药等诸多领域都有长足的进步，但是没有形成依靠创新而实现进步的群体性社会理想。希腊人从没设想过未来技术与现在会有什么不同，也没有产生过科幻作品。当他们想要描摹出一个按照不同规则运行的社会时，所能想到的，要么是唤起深藏的历史记忆，要么是去虚构一个遥远的国度［不妨回想一下欧赫迈罗斯和他那段虚构的潘卡亚之旅（参见第10章——译者注）］。结果，科学与宗教之间为引领未来社会而展开的斗争，反倒没有什么意义。

[206]

我相信，前基督时代的罗马帝国应该有资料能证明当时曾发生过一场社会运动，向世人推广没有神的世界更加可取的思想。运动规模肯定不大，但其意义之重大足以在当时社会搅起一股波澜。

其实，导致无神论在罗马帝国兴盛的因素，早在500年前的古典时代的雅典就已存在。希腊化时代和罗马时代的希腊人对于传统的感觉敏锐、细腻又狭隘。每一城邦无疑都保留着各自独有的传统，但是，身为希腊人的本性却又日益把他们引向一种共同意识，即所有希腊人共同拥有一份植根于古典时代雅典的文化遗产。这种变化最显著迹象是阿提卡语地位的变化。阿提卡语在公元前 5 世纪到前 4 世纪时，还只是流行于雅典一带的地区方言，但是到罗马帝国时代，无论是简单的"白话"（*koinē*）或"普通"话，还是贵族学校传授的纯熟语言，都已通行阿提卡方言，用来推广正确使用希腊语的手册流传至今（比如有位权威人士写道，"无知者把'小石榴'一词写成带有分音符的 *rhoïdion*，而我们则把它念作 *rhoidion*"）。阿提卡方言在当时被视为"高贵的希腊语"，直到今天，对阿提卡语的偏爱依然存在于文学领域或是纯正的（*katharevousa*）现代希腊语中。对于古典时代雅典的崇尚远不止表现为对其语言的应用，它还影响了曾成就过一批作家的文学经典创作领域，这批作家中有修昔底德、柏拉图、色诺芬、狄摩西尼以及众多悲剧诗人。进入罗马帝国时代后，希腊精英们曾在公开的即兴演讲比赛中重新演绎古典时代的历史片段，比如扮演一位雅典父亲，颂扬自己已故儿子在马拉松战役中的卓越功勋，这是文人们古雅趣味的极致。有些〔207〕人喜欢把自己和过往的名人联系在一起，如史学家、哲学家阿里安称自己为"新色诺芬"（the new Xenophon），偶尔干脆直称"色诺芬"，以此方式对色诺芬本人的雅典文学范式表达敬意。就在距今并不太久之前，许多学者对于希腊文化在罗马帝国统治时期所表现出的仿古典倾向还十分不屑，认为它体现出一种喜爱古董甚于原创的末世心境。然而，后现代主义表明，对以往的发掘和重新利用，也是一种凭借自身实力的创造性活动。在今天，人们眼中的古典主义已不再是对古代文化的粗浅模仿，而是身处罗马时代的希腊人借以理解自身世界意义的一种工具。①

　　在罗马时代，崇拜雅典的希腊人认为，民主城邦的雅典曾把一群公共知识分子视为无神论者是个需要加以解释的重要事实。苏格拉底这位卓越的古典哲学家也出现在这一群体边缘更成为一种格外的提示。于是，无神论不仅被视为一种抽象的哲学立场，而且被视为希腊整体历史的一部分，是希腊人讲述的有关他们自身（且围绕雅典展开）的一段往事。公元前 5 世纪的无神论者曾是喜剧诗人的笑料，悲剧诗人则把他们同抗神故事联系在一起，他们还不时受到犯罪指控，虽然有这种种不堪，但他们出现在古典时代的雅典这一事实本身，足以让他们获得后世同胞眼中的正统地位。这是对卓越的古典往昔的一种根深蒂固的认知，这种认知的一个重要作用在于，它把无神论造就成一种能够见容于罗马时代的知识空间。

　　后来的无神论者之所以能坚持己见，是因为他们在心目中把自己同许多古典时代的无神论大师如迪亚戈拉斯、普罗泰戈拉、克里提亚斯乃至苏格拉底本人联系一起。这种联系我们姑且称为"虚拟网络"，它的形成有赖于希腊化时代的一种独创的著作体裁，即"学问辑要"（doxography）。学问辑要虽然是

---

① 关于希腊文化晚期的拟古之风和崇尚雅典之风，可参阅下列著述：E. Bowie, "Greeks and Their Past in the Second Sophistic", *Past and Present* 46（1970）：3 - 41，重刊于 M. I. Finley（ed.），*Studies in Ancient Society*（London：Routledge, 1974），166 - 209；S. Swain, *Hellenism and Empire：Language, Classicism, and Power in the Greek World*, AD 50 - 250（Oxford：Oxford University Press, 1996）；T. Whitmarsh, *Greek Literature and the Roman Empire：The Politics of Imitation*（Oxford：Oxford University Press, 2001）和 *The Second Sophistic*（Oxford：University Press, 2005）。关于"小石榴"一词，见 Phrynichus, *Selection* 223（Whitmarsh, *The Second Sophistic*, 45）。关于演说和人物模仿，参见 M. Gleason, *Making Men：Sophists and Self-Presentation in Ancient Rome*（Princeton：Princeton University Press, 1995）。关于马拉松的讲话，参见 Polemo, *Declamations* 1 - 2。

19 世纪才创造出的词，但作为一种著作体裁，在晚期希腊文学和哲学中就已广受欢迎。它的出现既受到亚里士多德和泰奥弗拉斯托斯等人先行事例的启发，也同这一时期在亚历山大港、帕加马、罗马以及其他地区兴起的大型图书馆有关。当时，越来越多的知识分子开始投入收集、编纂和整理前人思想观点（*doxai*）的工作。保存至今的哲学类学问辑要涵盖了许多人的著作，其中包括西塞罗、菲洛德穆、阿里乌斯·狄迪莫斯（Arius Didymus）、阿尔基诺奥斯、埃提乌斯（Aetius）、赛克斯都·恩披里克（Sextus Empiricus）、第欧根尼·拉尔修（Diogenes Laertius）以及其他许多人。学问辑要不只是为无法 〔208〕顺利阅读原著的读者编写的内容提要，也是一种颇见功力的创作方式。学者们往往对学问辑要的编纂者不以为然，以为他们不过是把更为原初（但今已散佚）的前人观点简单辑录在一起。这种看法过于轻率，甚至过于傲慢，它所忽略的是以往时代的重大文化运动。学问辑要的存在不是为了满足现代人搜集古本残卷的需要，而是为了让古代读者借阅，以帮助他们透过杂乱无章的资料领略前人思想。从某种意义上说，古代各家哲学"流派"——如斯多葛学派、伊壁鸠鲁学派、犬儒学派、怀疑主义等——的思想是编纂学问辑要的一个结果，是学问辑要的编纂，把来自不同学者间相互冲突的意见、看法汇集整理成令人信服的知识体系。当我们说"斯多葛派认为……"时，其实是在无意间赞扬学问辑要编纂者的功劳。①

---

① 对学问辑要的修正性介绍，可专门参阅 J. Mansfeld and D. Runia, *Aëtiana*：*The Method and Intellectual Context of a Doxographer*, vol. 1, *The Sources* (Leiden：Brill, 1997)；vol. 2, *The Compendium* (Leiden：Brill, 2009)；and especially vol. 3, *Studies in the Doxographical Traditions of Greek Philosophy* (Leiden：Brill, 2010)。

　　无神论在古代处于相对边缘的地位，因此，学问辑要的意义变得尤为重要。对多数人来说，做一个无神论者就意味着从此成为虚拟社会中的一员，而不再属于这个人们彼此之间能直接见面的社会。也就是说，现实世界并不存在各种能让其成员相互对话的无神论学派，有的只是学问辑要。学问辑要犹如一张网，把一个个原本互不相干的个人联结在一起，也把他们那些五花八门的思想信仰编织在一起，形成一整套他们共享的义理或学说，正是这些汇集在一起的义理或学说才共同构成哲学上的无神论。

　　在柏拉图的《法律篇》中，可以找到最初的无神论学问辑要。他笔下那位雅典陌生人提到，有一群"聪明的现代人"归纳出三种各不相同但又彼此相关的主张：一种认为不存在神；另一种虽然相信神的存在，但认为神与人类事务无关；还有一种认为神的确关心人类事务，但又很容易被收买。柏拉图在书中没有提到任何人的名字，因此，在严格意义上，这还算不上是归纳特定思想家观点要义的学问辑要，而柏拉图的含糊其词让人更加疑心他其实是故意嘲弄那一类人所相信的那种事。柏拉图并非不加选择地逐一列出无神论者的观点，他只大致介绍那些有可能被他的理想国视为宗教异端而斥为非法的观点或主张。[①]

　　需要注意，柏拉图在谴责"聪明的现代人"时并未指名道姓。最早提到具体人名的无神论学问辑要是伊壁鸠鲁编纂的。
[209]　证据就在菲洛德穆所著《虔诚论》中，这部作品是对埋藏在维苏威火山灰烬下的碳化莎草纸文书进行整理复原后得到的，堪称现代人探索古典文化的杰作。德克·奥宾克把菲洛德穆文书

---

① 参见 Plato, *Laws* 886a。

残卷译成了英文，其中一段内容如下：①

> ［缺失文字］……那些把神明从现实中排除的人，伊
> 壁鸠鲁责备他们毫无顾忌地任意妄为，就像在卷十二中责
> 备普罗迪科斯、迪亚戈拉斯和克里提亚斯等人一样，说他
> 们像疯子一样胡言乱语，把他们比作酗酒狂欢的人，劝诫
> 他们不要给我们捣乱或是惹麻烦。

引文中提到的卷十二想必是指伊壁鸠鲁那部详细阐释物质
和宇宙理论的皇皇巨作《论自然》(On Nature) 中的第十二卷。
伊壁鸠鲁之所以反对"那些把神明从现实中排除的人"，似乎
并不是因为他们对神性本质的亵渎和误解，而是因为他们的胡
言乱语制造了麻烦，并且打破了伊壁鸠鲁希望其追随者获得的
心灵宁静。②

伊壁鸠鲁也像柏拉图一样，或许正因为自身处境险恶，才
故意去妖魔化不信仰神明的人。身为极端唯物论者的伊壁鸠鲁
提出的"细微神"观念，在许多人看来并不可信，他本人也知
道自己很容易被指控为无神论者。尽管如此，伊壁鸠鲁学派作
为古代历史上曾获得巨大成功的哲学流派之一，它的繁荣至少
一直持续到公元 3 世纪。与此同时，对它的无神论指控也一直

① 参见 Philodemus, *On Piety* 19. 519 – 33，以及 D. Obbink, *Philodemus on Piety*
(Oxford：Oxford University Press, 1996)，142 – 43。关于赫库兰尼姆莎草纸
庄园图书馆馆藏伊壁鸠鲁学派文献，参见 M. Gigante, *Philodemus in Italy*：
The Books from Herculaneum, trans. D. Obbink (Ann Arbor：University of
Michigan Press, 1995)，1 – 13。关于《虔诚论》的整理和复原，详见本书
第 6 章 (原文为第 7 章，疑为第 6 章之误——译者注)。

② 参见 D. Obbink, *Philodemus on Piety* (Oxford：Oxford University Press, 1996)，
174。

不断。也正因如此，该学派成员只要碰到与神有关的问题，就会替自己辩白，并且喜欢把学派奠基人的无神论学问辑要拿出来炫耀。

有一则与上述现象相关且最难让人相信的事例，给现代古典文化研究领域带来了最令人惊叹的一段佳话。土耳其南部小城奥伊诺安达（Oenoanda）古称吕基亚，坐落在克桑托斯河谷（Xanthus River Valley）北部山地。自 19 世纪后期以来，在当地一处柱廊（有柱子环绕的市场或集会场所）壁上发现了残存的阐释伊壁鸠鲁学说的铭文，于是，一部概述伊壁鸠鲁学说的里程碑式的大型文献终于呈现在世人面前。自 20 世纪 60 年代以来，人们在当地进行发掘，并对铭文内容进行了艰苦的复原。铭文作者第欧根尼被允许把这样一部复杂的哲学指南作品——其篇幅之长放在古希腊、古罗马任何地方都堪称之最——刊刻在一处偏远小城的公共场所，这一事实本身就值得人们惊叹。在其他诸多内容中，铭文让人们看到的是：伊壁鸠鲁派成员一直在传播一种否认无神论主张的学问辑要。其中关键性内容出自铭文第十六列（可惜残缺不全）：①

〔210〕

---

① 参见 M. F. Smith, *Diogenes of Oenoanda: The Epicurean Inscription*，该书不仅有对铭文本身的整理编纂，还包括简介、译文和注释（Naples: Bibliopolis, 1993），此处引文译自铭文第 16 列。参见 C. W. Chilton, *Diogenes of Oenoanda: The Fragments*（London and New York: Oxford University Press, 1971）；此后又出版了更多残存铭文。关于铭文以及它所讲述的那个时代的哲学和文化，参阅 D. Clay, "A Lost Epicurean Community", *Greek, Roman and Byzantine Studies* 30（1989）: 313 – 35，该文收入 *Paradosis and Survival: Three Chapters in the History of Epicurean Philosophy*（Ann Arbor: University of Michigan Press, 1998），232 – 56；还可参阅 P. Gordon, *Epicurus in Lycia: The Second-Century World of Diogenes of Oenoanda*（Ann Arbor: University of Michigan Press, 1996）。

　　　　他们十分过分地把至圣贤哲［即伊壁鸠鲁主义者］
诋毁为无神论者。真相总会弄清，排斥众神的不是我们，
而是其他人。［……］米洛斯岛的迪亚戈拉斯直接拒绝承
认神的存在，并且精神抖擞地与所有相信神存在的人展
开论战，他肯定有一些赞同自己观点的同道。从根本上
说，阿布德拉的普罗泰戈拉与迪亚戈拉斯的观点是一致
的，只是他的措辞不同，这使他的主张听上去不至过于
生硬。他说自己不知道神是否存在，这种说法等于在说
他知道神是不存在的。假设他不这样讲，而是换一种表
达方式，拐弯抹角地说"我不知道他们并不存在"，很可
能就会让我们相信他并没有彻底排除神的存在。可惜他
实际上说的是他不知道神"是存在的"，而非"并不存
在"。他的做法和迪亚戈拉斯如出一辙，迪亚戈拉斯在他
清醒的每一时刻都在说他不知道他们是存在的。所以我
才会说，普罗泰戈拉与迪亚戈拉斯两人的观点从根本上
说是一致的。

　　这批残存铭文让我们有机会了解，那些生活在罗马帝国的
伊壁鸠鲁派成员，是如何解释他们与无神论的尴尬关系的。铭
文第一句表明，伊壁鸠鲁派成员（"至圣贤哲"）当时被指斥为
"无神论者"。但接下来，铭文却把攻击锋芒转向一些经常受到
怀疑的人。这样一来，事实就变得十分清楚，伊壁鸠鲁派的无
神论学问辑要之所以被刊刻在这里，主要是为该学派辩解，这
是防御对手攻击自身弱点的一种手段（由此想到，有一点值得
注意，在哲学意义上把不可知论与无神论等量齐观是今人所熟
知的观点，其实早在古代，第欧根尼铭文就已给我们提供了这

一观点的最早例证）。①

〔211〕   总的说来，柏拉图和伊壁鸠鲁出于各自理由都曾作过贬损无神论的学问辑要，而驱使他们这样做的共同原因无疑是苏格拉底就刑后一直令人畏惧的恐怖气氛。正面总结无神论思想的学问辑要出自公元前 2 世纪的卡涅阿德斯及其继任者克里托马库斯在新学园（New Academy）领导的创新活动。本书第 11 章曾提到，克里托马库斯似乎编过一部扼要介绍各种反有神论观点的书，赛克斯都·恩披里克在《驳数学家》（*Against the Mathematicians*）第九卷中也讨论过相关问题，该卷采用的资料就来自克里托马库斯的著作。其实，卡涅阿德斯和克里托马库斯两人对于用这种方式扩大无神论影响并不感兴趣，他们的目的同怀疑论者一样，是要在赞成和反对这两种主张之间不偏不倚地保持平衡，进而做到搁置判断。虽然如此，但他们为此而把无神论思想编纂成学问辑要的做法极富创意，这种方式很可能在人类历史上创造了第一套知识系统且内容充实的反神明存在观的文献。

克里托马库斯提出的论断给他身处的世界留下深刻印记，虽然其间的过程是间接的。继他之后主持学园的人是拉里萨的斐洛。与前任相比，斐洛的怀疑论倾向并不那么强烈，他认为对于有些领域的知识，人们是完全可以掌握的。然而，他在公元前 110 年平稳接掌学园之后，便接连不断地遇到麻烦。先是他在哲学上的妥协态度导致两位最得力的弟子离他而去。一位弟子是阿什凯隆的安条克（Antiochus of Ascalon），他在公元前 90 年代脱离学园自创柏拉图复兴学派；另一位是埃奈西德穆

---

① 认为不可知论就是无神论的例子见 J. Bagnini, *Atheism: A Very Short Introduction* (Oxford: Oxford University Press, 2003), 22 – 25。

（Aenesidemus），他选择继续坚持彻底的怀疑主义。接着，对斐洛来说，更大的不幸来自公元前 88 年至前 63 年罗马与本都国王米特拉达梯六世之间发生的战争。战事迫使爱琴海周边各城邦选边站队，雅典不幸选中了最终成为失败者的一方。斐洛在战争初期移居罗马，正是在那里他遇到了当时最伟大的奇才之一西塞罗，并成为他的导师。当时年龄不足二十岁的马库斯·图留斯·西塞罗对斐洛这位流亡的柏拉图学园掌门人留有极为深刻的印象。

　　西塞罗无疑是通过斐洛而接触到克里托马库斯的思想的，也是通过他认识哲学无神论者的。公元前 45 年前后，西塞罗修补了同恺撒的关系后返回罗马，开始动笔写作神学著作《论神性》。这是部对话体裁的作品，全书分为三卷。在第一卷，威莱乌斯（Velleius）阐述了伊壁鸠鲁学派对于诸神的看法，但是他的意见被学园派的科塔断然否定；在第二卷，巴尔布斯（Balbus）阐释了斯多葛派的主张；在第三卷，科塔再次以学园派观点作出回应。西塞罗似乎因科塔的推论而格外重视克里托马库斯。科塔的主张基本上是怀疑主义的，他认为斯多葛学派和伊壁鸠鲁学派对于他们无法确证的神作无可辩驳的假设。就本章议题而言，重点在于，科塔对伊壁鸠鲁"细微神"的攻击本身就相当于一部无神论学问辑要，今天的古典文化学者把它的思想源起经斐洛而最终上溯至克里托马库斯。科塔提出，伊壁鸠鲁学派认为神无法干预现世生活的思想与迪亚戈拉斯、西奥多罗斯、普罗泰戈拉、普罗迪科斯以及欧赫迈罗斯等人所提出的无神论主张并无二致，他对每个人的主张都作了扼要总结。在西塞罗的书中，学问辑要被明确用来反对伊壁鸠鲁派观点，而作者本人对无神论也多少抱有些敌意，比如，他让科塔攻击

〔212〕

伊壁鸠鲁学派，说他们并不比其他无神论者高明。西塞罗毕竟是有神论者，他用自己的话语给《论神性》全书作结时表示，他本人赞成代表斯多葛派的巴尔布斯所提出的主张，即存在一个体现天意的公正之神。然而，克里托马库斯及其导师卡涅阿德斯却与他大不相同。按照他们的观点，怀疑主义学说要想立足，反对诸神存在的论证就必须与赞成诸神存在的论证同等雄辩。至此，我们几乎可以肯定，克里托马库斯的著述中包括正面评价无神论的学问辑要，而且，它一定凝聚了自古典时代以来一切最优秀的反神明存在观的思想精华。①

克里托马库斯的《论无神论》（*On Atheism*）使无神论成为一种合法的存在，这种做法也使无神论者之间的交集以及对自身传统的认同成为可能。在这个意义上，学问辑要发挥了虚拟网络的功能，即把处于不同时代和不同地域的无神论者联结在一起，这种方式与现代电子媒介的作用十分相似。文本书写毕竟是一种技能。后古典时代的希腊语世界一直就有现成的文本网络，它一如既往地向外延展，覆盖了从西西里到伊拉克的广袤空间。但是，这片广袤世界的内部差异实在太大，大到无法通过实时互动的方式把内部不同地区维系在一起。除此之外，这片世界在罗马征服之前政治上并不统一，宗教所能提供的凝聚力也因各种地方性信仰数量太多且都能与非希腊神祇交融而十分有限。于是，处在这种局面的希腊世界要想结成一个本尼迪克特·安德森（Benedict Anderson）所说的"想象中的共同

---

① 参见 Cicero, *On the Nature of the Gods* 1. 117 – 19；关于无神论学问辑要源流可经斐洛而溯源至克里托马库斯的看法，参见 M. Winiarczyk, "Der erste Atheistenkatalog des Kleitomachos", *Philologus* 120（1976）：35 – 36；还可参见 A. Dyck, *Cicero, De Natura Deorum Book I*（Cambridge：Cambridge University Press, 2003），9；作者对"学术资料"的见解更为中立。

体",其凝聚力只能来自其成员的共同意识,即拥有以荷马及古
典时代雅典为中心的共同文本、共同文化传承和共同历史镜鉴 〔213〕
的意识。而上述过程正可以比照于古代无神论者这一虚拟共同
体的形成。①

克里托马库斯的学问辑要虽已失传,但它对古代晚期历史
显然具有重要意义。克里托马库斯之外,还有另外两位重要的
无神论学问辑要编纂者,两人均生活在公元 2 世纪,一位是赛
克斯都·恩披里克,本书第 11 章对他作过介绍,他脑中蕴藏了
希腊化时期最丰富的哲学无神论思想;另一位是身世不详的埃提
乌斯(Aëtius),他编过一部名为《原理摘要》(The Tenets)的学
问辑要,现代学者通过各种资料将该书复原之后,书中内容引
起了轰动。作为一名怀疑论者,赛克斯都所感兴趣的只是人们
就神存在与否展开论辩时,正反双方推论是否具有同等说服力
的问题。他提供无神论观点,是为了把这些观点作为平衡有神
论观点的砝码。与他相比,埃提乌斯对于无神论的兴趣只在于
把它作为一种独立的知识见解。并且,他的论述丝毫不含道德
评价痕迹,他所提供的只是一份简单概括各种无神论者主张的
眼光独到的论证纲要。到公元 2 世纪,无神论已经成为一种现
代意义上完全合法的哲学思想。②

埃提乌斯首先提到"有些哲学家"否认神的存在,并举出

① 参见 B. Anderson, *Imagined Communities: Reflections on the Origins and Spread of Nationalism* (London: Verso, 1991)。

② 参见下列文献:Aëtius, *Tenets (Placita)* 1.7.1 – 10; Sextus Empiricus, *Against the Mathematicians* book 9, 以及 Theophilus, *Against Autolycus* 3.7。关于埃提乌斯生平,参见 D. Runia, "Atheists in Aëtius: Text, Translation and Comments on *De Placitis* 1.7.1 – 10", in Mansfeld and Runia, *Aëtiana Volume* Ⅲ, 343 – 74。

米洛斯岛的迪亚戈拉斯、欧赫迈罗斯以及《西西弗斯》剧本残卷作者（他注明是欧里庇得斯）等人为例。他开列的名单让人十分眼熟，这就提示我们这份名单最终也应该来自克里托马库斯。但埃提乌斯并非只是乏味的重复，他以一种强势和嘲讽的口吻描述传统的神明观念。他说，那些诗人"胡扯"神无所不能；柏拉图则宣称神按照自己的样子创造了宇宙，这岂不等于说神的模样像个圆球？真是满嘴"陈腐荒诞的胡扯"。"胡扯"（*lēros*）一词出自辛辣的讽刺喜剧。埃提乌斯刻意而为的冷嘲热讽具有特定作用，这是一种培植群体倾向的语言方式，可以用来引导读者或听众站到发言者一边而去嘲笑传统有神论的荒谬。我们读到这些文字时，心中的怀疑想必也会加深一步。

埃提乌斯列举了三种不同类型的推论。第一种针对万能神的观点：假如神是万能的，他能让雪是黑色、火是凉的吗？凡此种种。埃提乌斯的意思当然是不行，那么，也就意味着神并非无所不能。这就是今天所熟知的全能悖论（"上帝能造出一块他自己也搬不动的石头吗？""上帝能把他自己吃掉吗？"）的早期版本。第二种涉及宇宙论：有些思想家认为宇宙是由某种神力创造的。而创造活动必然发生在一定时间，换句话说，如果有创造，就会有创造之前的时间存在。那么，接下来是不是该问一句，在创造之前那段时间难道神就不存在吗？任何视神为永恒存在的人都无法接受这种提问。又或者，那段时间神在睡觉？这同样不可想象，因为睡眠是为解除疲劳，而全能之神是不会感觉疲劳的。但如果那段时间神是清醒的，那神岂不又失职了，因为他没能完成计划，这也同样说明神并非总能把全部福分集于一身。最后一种论证取自欧里庇得斯的剧作《柏勒洛丰》：如果众神是负责道德奖惩的，那么，该如何解释这世界上还有不道德的

[214]

行为？埃提乌斯带着对女性极大的嫌恶（妇女犯罪总是更加邪恶）举出神话故事中发生的罪恶，其中一例是克吕泰涅斯特拉（Clytemnestra）谋杀自己"优秀的"丈夫阿伽门农，另一例是得阿涅拉（Deianeira）暗害自己的丈夫赫拉克勒斯。

不要问埃提乌斯本人如何看待上述推论，因为这是偏离主旨的问题。埃提乌斯编纂学问辑要的根本目的不是评价或判断他人思想，而是为了把握这一特定群体如何论证问题以及其修辞特征。这份宝贵资料的引人瞩目之处在于论辩过程中对讽刺性语言的运用。这种语言方式意在以诋毁外部对手的方式，增强本群体的凝聚力。这正是各种社会群体用以维系自身的方式，对于那些依赖于文本传承而非面对面交流的虚拟共同体而言，尤其如此。与之极其相似的例子是使徒保罗（Paul）的书信。我们在保罗的书信中也同样可以发现诸如得到群体认可的主张、对传统的诉求、嘲弄群体之外愚昧可怜的傻瓜等各种因素的结合。

赛克斯都·恩披里克在自己的某处无神论学问辑要中，曾提到过"无神论者团队"（*tagma*）。他以这种措辞隐喻性地指称那个由怀疑神明者构成的虚拟共同体，而那正是他本人把诸多彼此千差万别且处在不同时代、不同地域思想家联系在一起的结果。考察各个时代希腊人的思想时，旁人看到的只是一个个随意散布的点，但是，若以学问辑要编纂者的眼光来看，却可以在这片散乱的点状画面中看出各种思想模式。而我们从埃提乌斯那里得到的提示则是，这种共同体也有可能存在于现实世界。那么，罗马帝国早期当真发生过一场无神论运动吗？这就是接下来我们要讨论的问题。①

---

①　参见 Sextus Empiricus, *Against the Mathematicians* 9.54；关于无神论社群的其他参考资料出处同前 9.14，9.51。

第 15 章　想象无神的世界

　　公元 2 世纪的罗马，长期稳定加之适当的机遇，使得权力和资源向上集中到一批角逐人生功名的精英手中。用一位著名学者的话说，这是一个"雄心勃勃的时代"，这种自我发展的贵族文化的背后是罗马和平，即罗马治下的和平时代（Pax Romana）。拉丁语 pax 一词，同英语中与之相对应的词有着细微差异，pax 并不意味绝对没有战争，而是意味着因为战场上的胜利而制服不满者的反抗。因此，把 pax 译作"太平"或"安定"（Pacification）似乎更为贴切。维斯帕先皇帝的和平殿（Temple of Peace）就是为纪念他在公元 70 年征服耶路撒冷并捣毁第二圣殿而建的。塔西佗（Tacitus）在记述罗马人征服不列颠的著作中，让一位精明强干的苏格兰出征将领说出了这样的话："他们造出一片荒凉，他们却称之为'天下太平'。"①

　　罗马帝国是一个高度整合的系统，一个为一统天下而设计的杰作。各地区的实际决策由帝国派出的总督和地方乡绅贵族组成的城邦议会负责，重大决策和较为棘手的问题则由帝国中央官僚机构负责。各行省在宗教和文化事务方面实行自治（但帝国皇帝在希腊语地区却心照不宣地成为必须崇拜的对象）。以

---

① 关于"雄心勃勃的时代"，见 P. Brown，*The Making of Late Antiquity*（Cambridge，MA：Harvard University Press，1978）。引文见 Tacitus，*Agricola* 30。

为罗马行省的臣民依旧保留古代城邦时代曾享有的自治和自决权只是种错觉，这种错觉会被时刻感到罗马人手握一切实际权力的意识抵消干净。有位审慎的哲学家告诫渴望在本地城邦从政的希腊年轻人须不时提醒自己，"你支配他人，但也会被他人支配……千万当心自己头顶上那双靴子"①。

帝国依靠两股相反力量的对峙而维持均势。一方面，作为帝国中枢的罗马，吸引着所有人的目光：已知世界的多数人如 [216] 今都已臣服于一个帝国主宰，他是政治、法律和军事方面的终极权威。但另一方面，这种极权体制又因对个别地区、宗教和哲学的认同不断扩大而受到制衡。在帝国每处角落，跨国神祇都在传统神祇身边为自己谋得了一席之地，其中，既有埃及的丰饶女神伊西斯、伊朗火神密特拉，又有叙利亚鱼神阿塔伽提斯（Atargatis）和另一叙利亚神朱比特·多利刻努斯（Jupiter Dolichenus），这些神祇中当然也少不了以犹太教和新兴基督教面貌出现的耶和华。古老的希腊哲学，譬如毕达哥拉斯学说和柏拉图学说，也披上新的神秘主义面纱，重新出现在斯多葛和伊壁鸠鲁学派身旁。伴随全球化而来的是文化理论家所说的"全球本土化"（glocalization），即区域性、非标准和亚文化身份感的渐次弱化，这一过程既是对新世界内各地相接相连关系的一种回应，也是对唯恐自身文化泯然于同质化整体的一种回应。宗教样式增多本身正是帝国的产物，更是罗马作为多元文化中心这一地位的产物。公元 2 世纪的一位基督教作家观察到的情形是："帝国各行省各城镇的人们都有自己的宗教仪式，厄琉息斯人崇拜丰收女神刻瑞斯，

① 参见 Plutarch，*Political Advice* 813e。

弗里吉亚人（Phrygian）崇拜大母神（the Mother），埃皮达鲁斯人崇拜医药神阿斯克勒庇俄斯，迦勒底人（Chaldaean）崇拜太阳神巴力，叙利亚人崇拜爱和丰饶女神阿施塔特（Astarte），陶利安人（Taurian）崇拜戴安娜（Diana），高卢人崇拜墨丘利，但是罗马人崇拜所有这一切。"帝国都城就是世界市场所在地，在那里可以换取任何东西，宗教信仰也包括在内。覆盖整个帝国的交通网促使新的教派或信仰传播到更辽远的地区，而宗教信仰在军队的传播尤其重要。最终的结果是，就连远在帝国东北边陲的不列颠也出现了朱比特·多利刻努斯神殿、密特拉神殿和伊西斯神殿。①

那么，无神论者在这一时期情况如何？名声不小且在哲学上已有一席之地的无神论，能够在这个世界广泛传播吗？这方面的证据比宗教信仰方面的证据还难追踪，因为无神论者并不在乎能否留下他们不信仰神明的实物痕迹。这世上没有任何显示无神论者存在过的圣龛、塑像、铭文、硬币，或者哪怕只是一处涂鸦。虽然如此，但无神论似乎又确曾和其他许多教派信

---

① 关于罗马帝国内部整合，参见 C. Ando, *Imperial Ideology and Provincial Loyalty in the Roman Empire*（Berkeley：University of California Press，2000）。关于区域变迁，参见 T. Whitmarsh（ed.），*Local Knowledge and Micro-Identities in the Imperial Greek World*（Cambridge：Cambridge University Press，2010），其中第1~10页为讨论"全球本土化"的内容。引文见 Minucius Felix，*Octavius* 6.1。关于罗马帝国宗教多样性问题，参见下列论著：M. Beard，J. North，S. Price，*Religions of Rome*，2 vols.（Cambridge：Cambridge University Press，1998）；J. B. Rives，*Religion in the Roman Empire*（Malden, MA：Blackwell，2007）；J. Rüpke，*From Jupiter to Christ：On the History of Religion in the Roman Imperial Period*（Oxford：Oxford University Press，2011），该书阅读重点在第185~209页。关于宗教网络，参见 A. Collar，*Religious Networks in the Roman Empire*（Cambridge：Cambridge University Press，2013）。

仰一样，在帝国活跃一时，只是我们必须在文字资料中，经过
巧妙梳理才能找出他们的踪迹。

公元 2 世纪的罗马帝国是个彰显多姿多彩个性人生的大舞
台，马达乌拉的卢西乌斯·阿普列乌斯（Lucius Apuleius of 〔217〕
Madaura）是活跃在这个舞台上的一个出色人物。他之所以留
在人们记忆中，主要是由于他那部笔触恣肆不羁的小说《金驴
记》［The Golden Ass，也称《变形记》（Metamorphoses）］，其
实他还有若干哲学和修辞学作品流传下来。《金驴记》讲的是
主人公卢西乌斯（Lucius，也译作鲁巧、鲁奇等——译者注）
因贪婪的好奇心而陷入魔法，变成一头毛驴，而后历经种种磨
难才重新恢复人形，自此改宗易教，皈依埃及女神伊西斯。故
事主人公与作者重名，许多人从他身上多少看到些作者本人的
影子。作者也像主人公那样热衷于冒险，喜欢恶作剧，还有些
宗教狂热倾向（奥古斯丁就把这部作品看作一部自传）。阿普
列乌斯似乎也确曾有过一段为宗教和巫术而历险的经历。大约
公元 150 年代，他返回家乡马达乌拉［今阿尔及利亚姆道鲁什
镇（M'Daourouch）］途中，在欧亚［Oea，今利比亚首都的黎
波里（Tripoli）］不幸患病，但是幸遇一位富媚而从此转运。
这位年长于他的富媚名叫艾米莉亚·普丹提拉（Aemilia
Pudentilla），待他十分友善，两人最终结为夫妻。本来一切顺
利，但后来有两个想谋夺普丹提拉家产的人开始找他的麻烦，
其中一人是埃米利安努斯（Aemilianus），另一人是鲁菲努斯
（Rufinus）。他们本打算争取富媚子女站到自己一边（也确实
这样做了），然后以阿普列乌斯用妖术骗得富媚爱恋为由把他
告上法庭。

但是这些人漏算了一招，忘记对手是那个年代最出色的演

说家。这场官司是当时备受瞩目的大事件。公元 158 年或 159
年，案件在萨布拉塔〔Sabrata，今佐乌亚拉（Zowara）〕开庭，
时任北非总督的克劳迪乌斯·马克西姆斯（Claudius Maximus）
也到场了。这里有一份阿普列乌斯的辩护词，它言辞雄辩，多
少有些模仿苏格拉底在公元前 399 年的雅典为自己所做的辩护。
庭辩中，阿普列乌斯不时挖苦对方的主张，不厌其烦地把对方
的全部证据一一戳穿。人们从辩词中看到的阿普列乌斯像是个
正直、学究气十足的典型哲学家。他在法庭上替对方的道德过
失辩解，进而巧妙扭转了不利局面。特别是，他把自己塑造成
循规蹈矩的模范宗教信徒，而指责起诉他的埃米利安努斯是天
生厌恶礼制和信仰的家伙。他收藏的那些被说成巫术用品的东
西其实是和神秘仪式有关的护身符，它们反倒成为他迷恋传统
宗教的证据。至于他的对手埃米利安努斯，他的说法是：

> 我知道有那么一些人，包括这位埃米利安努斯在内，
> 喜欢嘲弄一切神圣的事物。我从认识他的奥亚人那里得知，
> 到今天为止，他从不向任何神明祈祷，也从不拜谒任何神
> 庙，无论路过哪处圣龛，他都认为不该把手伸向双唇表示
> 敬意。他从没把新收获的庄稼、葡萄或是牲畜献祭给任何
> 一位赐他以丰衣足食的农事神祇。他的农庄没有神龛，没
> 有圣坛，也没有果园。我为什么要提果园或神龛？去过他
> 农庄的人都说，他们从没在那里看到用来加工油脂祭品的
> 石头，也没见过悬挂花冠的树杈。就因为这样，他得到两
> 个绰号，一个绰号如我所说叫卡戎（Charon，冥河船夫之
> 意——译者注），因为他模样凶狠，性情暴戾；另一个叫墨
> 赞提乌斯（Mezentius，罗马神话中蔑视众神的伊特鲁利亚

〔218〕

王——译者注），因为他无视众神而得名。[1]

阿普列乌斯把对手描述成一个彻底的无神论者，一个对崇拜神明漠不关心的人。把对手与墨赞提乌斯捆绑在一起更是神来之笔：墨赞提乌斯在维吉尔的史诗《埃涅阿斯纪》中以蔑视众神者（contemptor deorum）的形象出现，是一个抗拒神意的蛮族首领，"虔诚的埃涅阿斯"要想建立罗马，就必须把他打败。阿普列乌斯就是要借助这位指控者的宗教立场，把他弄成在宗教、伦理和社会生活诸方面都混乱不堪的典型，弄成罗马价值观的敌人。[2]

埃米利安努斯当真是无神论者吗？这里一个显著的难题是，很难弄清阿普列乌斯这份辩词被人动了多少手脚。夸大其词谩骂对手是古代法庭司空见惯的场面，听众知道，这种指控和通常那些对通奸、投毒、口交癖等行为的指控没什么两样，都应该带上大把的盐来听审。但是，仅此还不能完全解释阿普列乌斯对埃米利安努斯的抨击，阿普列乌斯认为对方加入了某些彼此志趣相投的人结成的群体——"我知道有那么一些人，包括这位埃米利安努斯在内……"，按照阿普列乌斯的说法，埃米利安努斯是这些人中的一员。事实上，这段话让人联想到学问辑要编纂者曾把无神论者群体描述为一种虚拟网络："有些哲学家，比如米洛斯的迪亚戈拉斯、昔兰尼的西奥多罗斯，还有泰耶阿的欧赫迈罗斯等，他们认为根本不存在神。"我们难道也在

---

[1] 参见 Apuleius, *Apology* 56。关于阿普列乌斯生平，参见 S. Harrison, *Apuleius：A Latin Sophist*（Oxford：Oxford University Press，2000）。

[2] 关于墨赞提乌斯，参见 Vergil, *Aeneid* 10.786－907。关于罗马的抗神之战，参见 P. Chaudhari, *The War with God：Theomachy in Roman Imperial Poetry*（New York：Oxford University Press，2014）。

阿普列乌斯的辩词中发现了北非存在类似网络的证据？当然，这次是无神论者在现实生活中结成的网络。①

〔219〕　　仔细想想埃米利安努斯和他所处的社会环境，有时难免觉得他并不像是我们印象中的无神论者，倒像是基督徒。然而，在公元 2 世纪中叶的北非，基督徒还只是凤毛麟角，这就很难不让人认为有些人之所以把指控阿普列乌斯的人算作自己人，就是想在思想意识领域扩大自己的队伍。②

　　罗马帝国早期，无神论似乎并不特别惹人争议。像埃米利安努斯那样的人，只要参与各自社会的公民生活（其中应该包括遵守最低限度的宗教惯例），生活中一般不会遇到麻烦。人们既可以相信无神论，也可以指控无神论，甚至社会主流也是如此。比如老普林尼这位罗马军人、舰队司令，同时也是公元 79 年维苏威火山喷发的牺牲者，就会偶尔表达自己对宗教的怀疑。他在自己那部百科全书式的《博物志》（Natural History，也译作《自然史》——译者注）第二卷中提出一种自然主义世界观，认为世界是由单一且无所不在的宇宙力量统一起来的整体（类似前苏格拉底学派早期主张）。这一理论几乎没有给神的存在留下余地。他在书中写道："我认为试图发现神的形状和模样是人类低能的表现。"他还说，"无论'神灵'是谁——假如他真的存在——他都只是仅存于纯粹的感觉中，存在于视觉、听觉、心灵、意念中，他只是他自己"。接着，他针对众神因所在

① 关于学问辑要提到的网络，参见 Aëtius, Tenets 1. 7. 1。关于罗马法庭审理案件的典型场面，参见 C. Edwards, The Politics of Immorality in Ancient Rome（Cambridge：Cambridge University Press，1993）。

② 把埃米利安努斯看作基督徒的观点见 J. Walsh, "On Christian Atheism", Vigiliae Christianae 45（1991）：260；还可参阅 V. Hunink, "Apuleius, Pudentilla and Early Christianity", Vigiliae Christianae 54（2000）：88 – 91。

国家、城市乃至房屋不同而各不一样这一点打趣道："就此推断，神的数量比人还多！"他还嘲讽一些不合逻辑的传说：众神想必只婚配，不生儿育女；有些神永远那么老，还有些神永远那么年轻；所有荒诞离奇、难以置信和不道德行为的传说讲的都是他们的事。普林尼和普罗迪科斯和欧赫迈罗斯一样，认为宗教信仰起源于人类对自身成就的颂扬，比如，众神乃至星辰本身的名字都取自"人的优良品性"，那种以为神会关注人类事务的想法十分可笑。此外，在普林尼看来，把机遇意义上的"命运"（the Fortune）看作一位女神已经十分荒唐，以为一切事物皆预先就有定数的想法就更加不靠谱。他坚信，神明观念产生于人类对惩恶扬善的社会公义保持信任的需要。总之，普林尼的研究表明，神是人类自己创造的观念。他说："神是一个帮助他人的 〔220〕凡人。"我们通过对他人的所作所为塑造出我们自己心中的神。①

　　普林尼并不激进，他是慎思、明智、博学的人，没有理由去压抑对这些问题的疑虑。当然，无神论在当时依然被视为反主流文化的思想。公元 2 世纪的塞浦路斯哲学家泽莫纳克斯（Demonax）是位不计后果也要说出自己思想的人。出生于萨莫萨塔（Samosata）的讽刺作家琉善为泽莫纳克斯写过一篇传记，其中提到他视自己为古典风格的无神论者。琉善写道，那些在雅典检举泽莫纳克斯的人，"对他的指控就同当年阿尼图斯（Anytus）和梅里图斯（Melytus）对苏格拉底的指控一样，说人们从没见他参加过献祭，也没有人介绍他独自参加厄琉息斯秘仪"。泽莫纳克斯对第一项指控的答复是，众神并不需要那些祭品。对第二项的答复是，他担心一旦自己参加秘仪，若看到的仪式平淡无奇，

---

① 参见 Pliny, *Natural History* 2.5。

会忍不住劝阻不明就里的新人加入；反之，若仪式让人难忘，他又怕自己会情不自禁地把神秘之事传得尽人皆知。换句话说，他不参与秘仪的理由是使自己不至亵渎秘仪。这种做法同公元前415 年雅典著名无神论者迪亚戈拉斯的行为（或者被指控为他的行为）如出一辙。泽莫纳克斯虽然隐晦地承认了自己的无神论立场，但又采取预防措施，避免了像他的前辈那样引发骚乱。雅典人觉得他的回答十分可笑，于是把手中原本准备掷向他的石块丢到了一旁。

琉善记载了许多泽莫纳克斯的哲学笑话，其中有些是嘲笑传统宗教的：有位朋友让泽莫纳克斯到医药之神阿斯克勒庇俄斯的神庙为自己的儿子祈祷，他答道，"假如阿斯克勒庇俄斯听不到我们在这儿的祷告，你显然会以为他聋了"。有人问泽莫纳克斯是否认为灵魂不朽，他回答，"哦，是呀，眼前的一切都是不朽的"。他见到一个预言家为赚钱而当众给人算命，便告诉预言家这笔钱怎么收都不合理，因为"如果你认为你能改变命运，那么不管你开价多少都嫌太少，但是如果未来命运早已由神派定，算命又有什么用？"琉善说泽莫纳克斯"学着那个锡诺帕（Sinope）男人（此处应指犬儒派哲学名家第欧根尼——译者注）的穿着打扮"，据此判断，泽莫纳克斯似乎是犬儒派哲学家，该学派成员往往言辞讥诮，咄咄逼人，宁与教条为敌，也决不恪守任一特定的哲学原则。正因为如此，与其说泽莫纳克斯是无神论思想的积极传播者，不如说他主要是现存宗教思想的批判者。①

[221]

---

① 参见 Lucian, *Demonax* 11, 32, 37, 27, 关于"锡诺帕男人"（即犬儒派哲学家第欧根尼）参见 *Demonax* 5。其他一些归在泽莫纳克斯名下的话，参见 D. M. Searby, "Non-Lucian Sources for Demonax. With a New Collection of 'Fragments'", *Symbolae Osloenses* 83（2008）：120 – 47。

泽莫纳克斯一直寂寂无闻，但为他作传的琉善（约公元
120－180）却是最有影响力的古希腊作家。琉善出生在美索不达
米亚的萨摩萨塔［临近今土耳其的阿德亚曼市（Adiyaman）］，他
的文学造诣名满帝国。他那些辛辣的讽刺文字和离奇的想象力
往往成为他身上的无神论标签。一部出自公元 10 世纪拜占庭的
百科全书这样介绍琉善：他的绰号是"'亵渎者'或'诽谤
者'，这些称呼其实比称他为无神论者更合适，因为，他在对话
作品中竟然嘲笑宗教……据说他是因为疯狂攻击真理而被狗咬
死的，他在《佩雷格里诺斯传》（Life of Peregrinus）中，猛烈
抨击基督教，甚至（这该死的家伙）还亵渎过耶稣基督本人。
就因为这样，他不仅此生要为自己在这个世上的狂妄而遭到应
有的报应，而且在来世也会与撒旦一同被不息之火炙烤"。16
世纪的宗教裁判所对琉善也同样不客气，把他的著作列为禁书。
然而，琉善却受到早期人文主义者的拥戴，在他们眼中，他是
位无所畏惧的讽刺大家，大胆嘲讽对宗教的虚假恭维。托马
斯·莫尔（Thomas More）和伊拉斯谟（Erasmus）两人都热衷
于翻译和模仿他的文字。后来他也启发了伏尔泰和斯威夫特
（Swift）。[1]

---

[1]　关于无神论者琉善，参见 *Suda*, under *Loukianos*。关于琉善在欧洲的影响已
有不少研究成果，例如 C. Robinson, *Lucian and His Influence in Europe*
（London：Duckworth, 1979）；C. Lauvergnat-Gagnière, *Lucien de Samosate et le
lucianisme en France au XVIe siècle：Athéisme et polémique*（Geneva：Droz,
1988），以及 M. Baumbach, *Lukian in Deutschland：Eine forschungs-und
rezeptionsgeschichtliche Analyse vom Humanismus bis zur Gegenwart*（Munich：
Fink, 2002）。要想更全面地了解琉善，可参阅 C. P. Jones, *Culture and
Society in Lucian*（Cambridge, MA：Harvard University Press, 1986）；
R. B. Branham, *Unruly Eloquence：Lucian and the Comedy of Traditions*
（Cambridge, MA：Harvard University Press, 1989）。

琉善之所以背负无神论者之名，并且被诅咒永远与撒旦做伴，主要是因为他曾挖苦过基督徒。在非基督徒希腊作家中，他其实是最早提到新兴救世主信仰的人，他轻松调侃这些人像是"尖桩穿身的诡辩者"［这是把罗马人钉十字架的做法，比作希腊人用来惩治罪大恶极犯人的"刺刑"（anaskolopisis）］。基督徒在当时人数很少，并不是琉善所针对的主要目标。其实，他更关注的是如何暴露主流希腊神学观念中的逻辑缺陷，揭穿虔诚信徒们那些仪式活动的荒唐、可笑之处。①

琉善难道真如拜占庭百科全书中所说那样，是个无神论者吗？学界对此意见不一。其实这个问题提得并不准确。琉善多数作品都采用生动的对话和小说体裁，行文中并不透露作者本人立场。他乐此不疲地游戏于多重文学身份，编写出"路吉诺斯"［Lukinos，以他的希腊文名字路吉阿诺斯（Loukianos）命名的剧本］、"叙利亚人"（the Syrian）、"提基亚得"（Tykhiades，意为命运之子）以及其他类似作品。琉善从不对读者耐心坦陈自己内心深处的想法，也不认为自己有义务保持前后立场一致，比如，他可以在一篇文章中轻松调侃宗教，而在另一篇文章中又谴责某人缺少虔诚之心。他和自己笔下传主泽莫纳克斯一样，并不是那种刻板教条的无神论者，也不至狂妄愚蠢到毫不留情地嘲讽一切，只不过当时的宗教恰好给人留下太多明显的破绽或口实。②

[222]

---

① 关于基督徒和"尖桩穿身的诡辩者"，见 Lucian, *Peregrinus* 11 – 13。

② 有许多以琉善宗教观为题的讨论，但是都不尽如人意。目前趋势是试图为躲在面具下的真实琉善重新建立明确的宗教态度（一种无望的追求），而不是按照各自条件继续探索他的讽刺技巧。参见下列文献：M. Caster, *Lucien et la pensée religieuse de son temps* (Paris: Les Belles Lettres, 1937); O. Karavas, "ΝΗΦΕ ΚΑΙ ΜΕΜΝΗΣΟ ΑΠΙΣΤΕΙΝ (*Hermot.* 47): （转下页注）

　　琉善在观察宗教时，目光所及往往是某种非常传统的宗教。他和当时其他文人一样，心中充满了表现古风时代希腊和民主雅典的古代文学。他那些幽默的文字透着学识和儒雅，是写给那些懂得修昔底德、欧里庇得斯和柏拉图的人看的。例如，他在《诸神的对话》（*Dialogues of the Gods*）中调侃荷马史诗和神话中的神祇，让他们显得滑稽又平庸：潘神想让赫尔墨斯承认是自己的父亲，这意味着要面对一个尴尬的问题，即为什么自己是半人半羊的样子……然后，母亲又是谁？信使神赫尔墨斯向母亲抱怨，认为把所有苦差事都派给年轻的神去做很不公平。赫拉向宙斯告发说，前来赴宴的漂亮年轻人伊克西翁（Ixion）一直在调戏她。所有可笑之处都掩藏在作者用文学语言营造的冲突中：在人们心目中，出现在庄严史诗中的奥林匹斯诸神本该庄重又高贵，而不是像这般满腹牢骚地出现在吵吵嚷嚷的闹剧中。这些对话作品在本质上并没有真正的无神论内容，当然也很难讨好任何一方。

　　相比之下，琉善对宗教体制的嘲笑来得更加尖刻。献祭是所有希腊罗马宗教仪式的高潮部分，他写过一篇《论献祭》（*On Sacrifices*）。一开始，他写道："看看那些无知的人在献祭时、在节日里、在庆祝众神的游行队伍中都干了些什么？他们祈祷些什么、又赌咒发誓会去干些什么？他们又是怎样看待众神的？我不

（接上页注②） La religiosité de Lucien", in A. Bartley, *A Lucian for Our Times* (Newcastle: Cambridge Scholars Publishing, 2009), 137 - 44; M. Dickie, "Lucian's Gods: Lucian's Understanding of the Divine" in J. N. Bremmer and A. Erskine (eds.), *The Gods of Ancient Greece: Identities and Transformations* (Edinburgh: Edinburgh University Press, 2010), 348 - 61; F. Berdozzo, *Götter, Mythen, Philosophen: Lukian und die paganen Göttervorstellungen seiner Zeit* (Berlin: de Gruyter, 2011)。

知有什么人能郁闷、沮丧到面对如此狂癫、蠢笨的举动居然笑不出来。"从主流宗教视角来看，作者采取的立场或许不那么光彩。他把攻击的锋芒直指献祭这一希腊宗教仪式的核心环节。在古代宗教中，献祭仪式是一种交换，它建立在神人互惠的契约之上，其逻辑是，如果人类如神所愿，在献祭活动中表现得虔诚，那么神，也会如人类所愿而善待人类。但是琉善却一下抓住其中的逻辑谬误，并予以戳穿："如此说来，众神做任何事似乎都并非不要报酬，他们把各种好处卖给人家，比如，你可以用小牛交换你的健康。四只公牛你就能得到财富，一百只就能让你当国王。"琉善分析道，这样一来，献祭便没有意义了，因为，假如众神真的是神，真的如人们所说那般强大有力，那么，他们还有必要接受人类的祭品吗？还会贪婪到向没能献祭的人实施可怕的报复吗？祭仪上那几缕轻烟，对他们真有那么重要吗？①

〔223〕

琉善以毫不妥协的理性主义和直白写实的笔法对待宗教，结果让神话显得有些可笑。幽默是他的武器，它能造成一种"你我共同针对他者"（us-against-them）的情境，并且让自己辛辣讽刺对方知识缺陷的文字得到读者的认可（现代反宗教论战中也采用同样的策略，比如，伯特兰·罗素［Bertrand Russell］提出的环绕太阳公转的极微小天体茶壶假设，即罗素茶壶就是如此）。这一策略不仅意味着站在个体立场与有组织的宗教展开的对抗，而且意味着试图——很可能是成功的——在一群由志同道合者个人组成的无论虚拟与否的网络中找到共鸣。②

---

① 参见 Lucian, *On Sacrifices* 1, 2。
② 关于罗素的小天体茶壶，见 B. Russell, "Is there a god?", in J. G. Slater and P. Köllner（eds.），*The Collected Papers of Bertrand Russell. Volume* 11: *Last Philosophical Testament*, 1943 – 68（London: Routledge, 1997），547 – 48。

　　另一篇与葬礼有关的讽刺文也与此相似：他嘲笑道，以为在葬礼上痛哭流涕就能改变些什么，真是滑稽可笑。琉善深受犬儒学派影响，认为死亡可以证明一切虚荣和骄傲都是虚无的过眼云烟。犬儒派认为，人类文化世界是一种错觉或幻象，即 *tuphos*——他们使用"迷幻"这个词，也是琉善喜爱的字眼——而死亡让人回归自然，回归为真实的有机物角色。据说，犬儒哲学家第欧根尼吩咐人在他死后把遗体扔到城墙外，让动物们吃掉。在琉善写作的一篇对话中，冥界船夫卡戎与赫尔墨斯一同造访人间，一路不停地谈论令活人喜欢的东西："那些明晃晃、浅黄中透出一点红色的东西就是金子吗？我常听人说起它，但现在才第一次看见。"赫尔墨斯告诉他是金子，并说很多人为了它而不惜打仗，不惜作奸犯科。卡戎说："听你这么说，这些人真是愚不可及，居然会对那些颜色浅浅的沉甸甸的东西如此着迷。"此外，在另一篇《死者的对话》（*Dialogues of the Dead*）中，琉善让各种历史人物和神话人物依次在冥间邂逅，让他们面对现世人类的所作所为或悲叹惋惜，或讽刺挖苦。①

　　凡此种种都说明，有组织的宗教不过是另一种形式的幻象。〔224〕那些以为存在强大的拟人化神的观念，以为用献祭仪式和虔诚态度就能买得神明佑护的观念，是人类文化的一个荒唐笑话："在我看来，对民众中流行的仪式和信仰，似乎用不着有什么人去批评指责，只需有一位赫拉克利特或是德谟克利特便足够，一位笑他们愚蠢，另一位叹他们麻木。"德谟克利特有"玩笑

---

①　关于犬儒派的第欧根尼，参见 Cicero, *Tusculan Disputations* 1.43。关于卡戎对话，见 Lucian, *Charon* 11。关于《死者的对话》，参见 J. Relihan, "Vainglorious Menippus in Lucian's *Dialogues of the Dead*", *Illinois Classical Studies* 12（1987）：185 - 206。关于犬儒学派及其宗教观，参见本书第 11章第 222～225 页。

哲学家"之称，赫拉克利特有"哭泣哲学家"之称。如果换作英语的习惯表达，琉善这段话的意思是说：很难确定到底该嘲笑有组织的宗教，还是该为它哭泣。[①]

讽刺作家并不总是拘泥于同一立场，琉善也有些作品，以相当传统的方式描述奥林匹斯诸神，让他们坐在高高的奥林匹斯山上，拨弄着致命的琴弦，一如出现在荷马史诗中的样子。但是，奥林匹斯诸神在琉善笔下似乎又总是紧张兮兮、心神不定，仿佛他们的地位已岌岌可危，随时可能会失去。在一篇作品中，他异想天开地让传说中古典时代雅典的厌世者泰门（Timon，该人物日后也成为莎士比亚剧中主人公）因宙斯没有惩治恶人而痛加责难："你那些'呼啸的闪电'呢？'万钧霹雳'呢？还有那'炽焰闪烁砰然而出的利箭'呢？原来这一切只是随口胡说，诗意的废话——过过嘴瘾而已。"接着，他又写道，难怪风神之子萨尔摩纽斯觉得他能成功模仿你的雷鸣，"你正在因自己的懒惰而遭到报应，在奥运会之外，没人向你献祭，也没人为你戴上花环。即便有人在奥运会上敷衍了事地做了这些，那也不是因为人们感觉有必要如此，而是因为传统要求如此。众神中最尊贵的神啊，他们越来越把你当作克洛诺斯，一步步把你驱离尊崇的地位"。泰门断言，宙斯已经老了，说话不再管用了，结果，传统宗教才失去了对大众的吸引力。如今，在琉善设定的情节中，这个"肮脏卑劣、衣衫不整……夸夸其谈、满嘴大话的家伙（无疑是位哲学家）"所发出的一切责难，已引起宙斯的注意。宙斯把财富赐予泰门，作为对他在生活中表现的美德和经常参加献祭活动的回报，于是，人类行为和神

---

① 参见 Lucian, *On Sacrifces* 15。

明赏罚之间一度被废止的关联性得以重建。但是，故事到了这儿又有些矫情：泰门拒收神赐的财富，理由是金钱只会带来麻烦。泰门是琉善本人咄咄逼人的犬儒派作风的人格体现，他只对如何报复恶人感兴趣。接下来的情节是他兴致勃勃地把虐待他多年的那些寄生虫暴批一顿。即便宙斯被描写成现实人物，能够让人类善恶有报，人们也很难从这样一篇对话中汲取正面的有神论信息。作者反倒让人品出些言外之意：如果这世界待你的方式让你失望，那么最好想办法是把一切掌握在自己手中，这样绝对好过等待众神帮你解决问题。①

〔225〕

　　身为众神之王的宙斯，经过转喻，成为传统宗教体系整体的代表。既然如此，依照惯例，便可以把打败宙斯理解为打败了整个宗教。琉善安排自负满满的宙斯同一个个有着全然不同推论逻辑的聪明读书人辩论，而他本人从这些争论中获得了极大的快感。在《被盘问的宙斯》（Zeus Refuted）这篇对话中，众神之王宙斯遇上一位昔尼库斯（Cyniscus，意为"小犬儒"），后者拿命中注定之类的问题考他，其中包括那个困扰《伊利亚特》读者的老问题 [宙斯在那里承认自己无力解救自己的儿子萨耳珀冬（Sarpedon）]，即众神是受命运的辖制，还是能改变命运？接下来，昔尼库斯又问，如果人的一生早有定数，又如何能在道德上对自己的行为负责？宙斯答不上来，恼怒地说了句"你这个不知好歹的诡辩者，我再也不打算回答任何问题"，然后草草收场。②

---

① 参见 Lucian, *Timon* 1 - 4, 7。

② 参见 Lucian, *Zeus Refuted*（quotation from 19），关于这篇对话的哲学语境，参见 P. Großlein, *Untersuchungen zum Juppiter confutatus Lukians*（Frankfurt am Main: Peter Lang, 1998）。

在另一篇对话《演悲剧的宙斯》（*Zeus the Tragedian*）中，宙斯从一开场就发出悲剧式的哀叹。在诸神的追问下，他说出悲伤的根源是一场正在雅典展开的争论，论辩双方分别是斯多葛派的提姆克勒斯和伊壁鸠鲁派的达弥斯（Damis），针对的问题是，众神是否会干预人类事务，甚至牵涉到众神是否存在。起初，提姆克勒斯吸引了听众，但是不久之后便开始疲于应对，于是听众转向了达弥斯。宙斯惊骇得降下夜幕。次日，众神偷听到双方对话，沮丧地发现，是不信仰神明的达弥斯大获全胜。

达弥斯把各种无神论观点汇聚在一起，侃侃而谈，弄得提姆克勒斯无话可说。这篇对话实际上既是一种戏剧化的、在赛克斯都·恩披里克和埃提乌斯那里也能见到类似效果的学问辑要，它也提供了一个极好的实例，让我们见识了一个真正的无神论者面对坚定的有神论者时，可能会怎样表达他的观点。这场争论围绕两个相互关联的问题而展开，即众神是否干预现世生活，以及神是否真的存在。达弥斯首先提出，神不会干预人类事务，理由是，自己从没因否定众神而受到惩罚，提姆克勒斯也没有因作恶多端而受到惩罚。任何神当然都没有时间去一一监管每一桩公正或不公正的事。提姆克勒斯则援引柏拉图《法律篇》中常常被人重复的观点来作答，他指出自然界和有机体的循环都是规则有序的，这就表明一切都是天意的安排。达弥斯反驳说，自然界的有序只能证明它目前是有序的，并不能证明是神刻意安排的。接着，问题又转向荷马，两人都承认荷马是最优秀的诗人，但达弥斯毫不费力地说明他的诗歌造诣，与他那独出心裁又自相矛盾的神学观并无关联，其他悲剧诗人也同样如此。在这个问题上，提姆克勒斯换了一种方式，提出宗教是一种普遍存在的文化现象，意思是反问：难不成这颗星

〔226〕

球上所有民族都错了？这正是赛克斯都·恩披里克所列举的有
神论论据之一，而达弥斯与之抗辩的理由同赛克斯都完全一样。
达弥斯指出，许多人都相信某件事并不能证明这件事就真的是
事实。接着他又说，其实许多人所相信的与神有关的事，却被
其他人发现是非常荒唐可笑的，比如，众神享用各种各样奇特
的祭品，其中包括活人在内；又或者有些神长着动物的样子
（埃及人的神就是如此）。这时，提姆克勒斯又转到神示和预
言，而达弥斯却指出，那些预言往往用非常含混的言辞来表达，
语义模棱两可到适用于双方。他举出希罗多德记载的著名事例
为证：德尔斐神庙女祭司告诉吕底亚国王克罗伊斯，如果他向
居鲁士发动进攻，将"毁灭一个伟大的帝国"。达弥斯对神谕
效力的批评很可能与公元 2 世纪早期从事写作的犬儒派哲学家
加达拉的俄诺玛俄斯（Oenomaus of Gadara，俄诺玛俄斯是作为
拉比对话者和最伟大的希腊哲学家之一而偶然留在了犹太传统
记忆中）的观点相似。提姆克勒斯斥责达弥斯是个与神作对的
家伙，责问他"宙斯的雷霆你听不到吗？"达弥斯回答他听到
了雷声，但这说明不了是宙斯在发出雷鸣。然后，他又不失时
机地提醒提姆克勒斯，克里特岛有座宙斯墓，这意味着那里只
当宙斯是一介凡人。提姆克勒斯在接下来的论证中以航海做比
喻：要在海上行船，就需要有一位船长，由他指挥安排人们在
不同岗位各司其职。但是，达弥斯把这个例子反过来用在对手
身上，指出许多航船被力不胜任者操纵，言外之意，谁能说宇
宙就不会发生同样的事？最后，提姆克勒斯拿出哲学三段论：
"如果有祭坛，就是有神；现在既然有祭坛，那么也就是有
神。"这段话的逻辑显然不充分，达弥斯根本没有再花时间去反
驳它。有趣的是，这段论证来自斯多葛派创始人芝诺那段用以

〔227〕

论证神存在的逻辑推演，即"崇拜神是合理的，崇拜不存在的东西是不合理的，因此神是存在的"。但在提姆克勒斯这里，却变成了残缺不全的三段论（应该是琉善故意而为）。最后，众神终于承认达弥斯的论证更雄辩有力，但是又自我安慰道，只有希腊知识精英们才能理解这一切，人类日常生活仍将一如既往。①

在琉善笔下，达弥斯和提姆克勒斯两人之间如演剧一般的辩论肯定显得有些滑稽夸张，但是当时无神论与有神论展开辩论时，有可能出现的大致情景也的确跃然纸上。这里有一种写实的笔触，在当时那种醉心于当众展示知识与才华的精英文化中，作者笔下的公开对话极有可能真的发生过，也真的有过众人（以及琉善想象中的众神）齐聚一堂，观看知识与知识的对决的场景。这篇讽刺作品甚至暗示了无神论思想在希腊世界的发展和传播，宙斯担心"如果人们被说服，从此相信神根本不存在或根本不关注人类，我们就再也得不到来自大地的祭品、礼物和崇敬，只能徒然坐在天庭挨饿"。这段话正呼应了阿里斯托芬喜剧《鸟》中的情节，在剧中，云中鹧鸪国的公民想要通过攫夺祭品的办法把众神从天庭中饿跑，宙斯想到，终有一天

---

① 参见 Lucian 的 *Zeus the Tragedian* 35 - 53。关于加达拉的俄诺玛俄斯，参见 J. Hammerstaedt, *Die Orakelkritik des Kynikers Oenomaus* (Frankfurt am Main: Athenäum, 1988)；拉比神父本·卡哈纳（ben Kahana）的评论见 *Genesis Rabbah* 65：20，还可参见 C. Hezser, "Interfaces Between Rabbinic Literature and Graeco-Roman Philosophy", in P. Schäfer and C. Hezser (eds.), *The Talmud Yerushalmi and Graeco-Roman Culture* (Tübingen: Mohr Siebeck, 2000), 180。公元 2 世纪另一位批判预言神示的人是伊壁鸠鲁学派的第欧尼安努斯（Diogenianus），他的观点保存在 Eusebius, *Preparation for the Gospel* 4. 3, 6. 8 中，参见 J. Hammerstaedt, "Das Kriterium der Prolepsis beim Epikureer Diogenian", *Jahrbuch für Antike und Christentum* 36 (1993): 24 - 32。

众神不再受到人类的崇敬。这篇对话寓意极大，琉善是通过自己虚构的人物在探索一种可能性，即反对神存在的论证是否有可能最终说服所有人从此不再信仰宗教。①

有份最新资料证实，无神论者在罗马时代的希腊是被社会接纳的成员，他们的思想也得到过认真对待。普鲁塔克（约公元 45－120）是位了不起的历史学家，也是位合乎柏拉图传统的道德家和神学哲学家，同时，他还是罗马公民、德尔斐神庙祭司以及骄傲的皮奥夏人（Boeotian），他自豪地说自己放弃了官场前程而坚守在家乡喀罗尼亚（Chaeronea，马其顿国王腓力二世在此确立对希腊的征服）。他远比人们对他的描述更令人感〔228〕兴趣，有时，他是素食者，认为动物也是会思考的生灵。有时，又是大胆描写爱情故事的作家，故事中的一位年长妇人竟然绑架青年男子（在古代道德的狭隘界限内，这多少有些女权主义味道）。只有他在作品中保留了古埃及丰饶女神伊西斯和冥府判官奥西里斯（Osiris）之间的浪漫故事，他还写过一本名为《月球表面》（*On the Face That Appears on the Moon*）的宣传手册。他在女儿过世后，给妻子写下一封充满哲理的安慰信，这封家书成为最动人的古典文学作品之一。普鲁塔克既有学究气的虔诚，又不失为人处世的圆滑。他在许多方面非常正统，但同时又对晦涩奥秘的学问和旁门左道之术充满兴趣。②

正是这份不同寻常的魅力，外加近乎强迫症式的宗教虔诚，让他介入对无神论问题的讨论。但是，他并没有直接与之针锋相对。他众多传世作品中有一篇题为《论迷信》（*On Superstition*），针对的是被他视为荒谬和不正宗的迷信教（*Deisidaimonia*，字面

①　参见 Lucian, *Zeus the Tragedian* 18。
②　要想详细了解普鲁塔克，可参见 D. Russell, *Plutarch* (London: Duckworth, 1971)。

意思为"敬畏恶魔")。长期以来，迷信一直激发着普鲁塔克这样的贵族保持敬畏之心。其实，早在公元前 4 世纪晚期，亚里士多德的弟子泰奥弗拉斯托斯就已把迷信信徒（deisidaimōn）写进他的《人物志》（Characters）。按照他的记载，迷信信徒属于那种时常担心礼仪不够纯正、担心牲畜横穿自家道路之类的偶然事件的人，而且，他们总能看到幻象，还要给这些幻象求得一个解释。普鲁塔克继承了泰奥弗拉斯托斯对人物特征的描述，且加以发挥，刻画出一系列傲慢自大又陈腐刻板的人物形象，在他笔下，迷信和污秽连在一起（"他披着麻袋坐在屋外，衣衫褴褛，肮脏不堪；而且他常常赤身裸体在泥地里打着滚儿地承认自己犯下的桩桩罪行，干下的件件坏事"），并且被看作老年妇女（最容易受各种陈词滥调攻击的群体）和犹太人的典型特征。普鲁塔克的写作活动主要在公元 70 年耶路撒冷遭受洗劫之后（他似乎把这一事件归罪于犹太人因迷信而来的禁忌，称他们不愿在安息日打仗），当时，帝国境内正回荡着一股反犹情绪。然而，他那种漫画式的攻击笔法表明，这些并不是他的真正目标。①

　　事实上，虽然《论迷信》一书表面的攻击目标是狄塞戴墨尼[229]亚信徒，但也的确间接攻击了无神论。普鲁塔克始终把迷信与无

---

① 参见 Theophrastus, Characters 16。引文见 Plutarch, On Superstition 168d，耶路撒冷城破之时犹太人仍在守安息日之事见该书 169c；对老年妇女的诟病见该书 165f - 166a［这里很可能有一处提到犹太教：普鲁塔克著作的现代文本写作"洗礼"（baptismous），但那是经 18 世纪英国人理查德·本特利（Richard Bentley）修订后的版本，其所依据的传世文本则写作"正在守安息日"（sabbatismous）］。要想深入探讨《论迷信》一书以及它与普鲁塔克思想的关系，可参见 P. Van Nuffelen, Rethinking the Gods: Philosophical Readings of Religion in the Post-Hellenistic Period（Cambridge: Cambridge University Press, 2011），65 - 71；还可参见 H. Bowden, "Before Superstition and After: Theophrastus and Plutarch on Deisidaimonia", Past and Present 199 (2008): 56 - 71。

神论相提并论。他写道："那个无神论者认为不存在神；那个迷信的人虽然希望没有神，但又违背本意地相信神的存在；因为他害怕自己不信神。"普鲁塔克的观点是，迷信和无神论同样无知，因为两者都不理解神明那大慈大悲的本性（普鲁塔克在书中的论证实在不讲道理，生活中的一切好事都是神的功劳，一切糟糕的事都该归罪于其他因素）。在他看来，神永远是仁慈的，而对神所抱有的任何恶意都必定是因为误解了神的本性。在传统诗歌中，众神会让可怕的苦难降临人间。面对这样的观念，普鲁塔克也承认，不相信神明是完全合情合理的。因此，与相信有恶神存在的观点相比，无神论不失为一种在理智上更可取的反应。但是，无神论毕竟和迷信一样，都基于众神也会犯错这一谬误前提。①

那么，普鲁塔克所针对的无神论者究竟是谁？线索就隐藏在标题中。有份古人编写的普普塔克作品书目［即兰普里亚斯书目（Lamprias catalogue）］，排在第 155 号的作品为《论迷信，驳伊壁鸠鲁》（*On Superstition, against Epicurus*）。有些现代编者倾向于把它看作一个疏漏，理由是普鲁塔克在书目首页提到了那些认为宇宙是由"原子和虚空"创造而来的人，这无疑是指伊壁鸠鲁派成员。总的说来，这篇批驳伊壁鸠鲁派反对一般意义上神明存在的作品，写得相当出色。从根本上说，普鲁塔克想要打击的，是那种植根于神话传说，又为伊壁鸠鲁派成员卢克莱修和（在琉善作品《演悲剧的宙斯》中出现的）达弥斯等人所采用的观点。卢克莱修有句名言，"如此可怕的罪行只有宗教才能干得出来"，这是对一段神话有感而发：传说国王阿伽门农在远征途中，船队因海面无风被困在奥里斯湾（Aulis）而无

---

① 关于无神论，参见 Plutarch, *On Superstition* 170f 。

法前行，为解除困境，阿伽门农竟然把女儿作为祭品献给月亮
女神阿尔忒弥斯。卢克莱修提出，以为海风来自神力，而非自
然之力，正是这些错误观念和宗教狂热造成了故事中的后果。
对此，普鲁塔克没有直接加以反驳，而是通过转移目标来化解
卢克莱修的指责。他说，从这件事来看，错不在宗教，错在神话
从根本上歪曲了神性。他举例说，神话中的女神尼俄伯（Niobe）
夸耀自己孩子美丽，阿尔忒弥斯因此而杀掉了这些孩子。如果
相信这样的传说，那就是迷信；如果因这个传说而怀疑众神，
那便是无神论。只有心念虔诚的人才能从根本上理解本质仁慈
的神性。①

〔230〕

在罗马帝国早期，无神论传播甚广，人们对它较为了解。
这部分得益于伊壁鸠鲁学说的普及，这种哲学认为神距离人类
十分遥远，并认为神对人类事务不感兴趣。然而，无神论的范
畴又大于伊壁鸠鲁学说，在人们心目中，它是一种值得尊重的
哲学立场。于是，无神论作为传统有神论的替代品，合法出现
在当时那个新兴的全球化宗教和哲学市场，供人选择。现在，
终于有可能想象一下放弃宗教后的世界了，那景象很可能会如
琉善所想，奥林匹斯众神因闻不到焚烧祭品的袅袅烟气而忍饥
挨饿。然而，就在普鲁塔克和琉善曾停留过的两百年间，这个
梦想便破灭了。就在这一时期，罗马帝国全部宗教图景都被重
新拼合，其间，再也没有怀疑神明者存在的空间。

---

① 关于尼俄伯传说，参见 Plutarch, *On Superstition* 170b - c。除迷信信徒之
外，普鲁塔克也明确议论过伊壁鸠鲁派成员，参见他的 *It Is Not Possible to
Live Pleasurably According to Epicurus* 1186b - c。

第 16 章 基督徒、异教徒 及其他无神论者

公元 293 年，戴克里先（Diocletian）皇帝把帝国分为四个 〔231〕 部分，这种分权体制被现代学者称为"四帝共治"（tetrarchy）。从此，帝国有了四套人马，站在顶端的是"奥古斯都"，其次是"恺撒"。东、西帝国均在奥古斯都和恺撒的治下。同样激进的还有继位制度改革，奥古斯都之位从此不再传授给亲子或养子，而改由恺撒继承，接任恺撒者由中央指定。皇位家族继承制由此告终。

到公元 305 年，戴克里先已在位二十年，他笃定地以为自己已一劳永逸地解决了此前五十年来（这半个世纪，先后有二十六人称帝，有时不止一人同时称帝，为此相互厮杀）困扰帝统传承的不稳定因素。可惜，不出所料，这种厮杀很快又在共治巨头们之间展开。公元 306 年，西帝国奥古斯都君士坦提乌斯一世（Constantius I）在约克（York）去世，其子君士坦丁立刻被拥立为继任奥古斯都。同年，西部前奥古斯都之子马克森提乌斯（Maxentius）也在罗马自立为奥古斯都。这两位西部皇帝随即展开争霸战，最终，君士坦丁率军挺进罗马，并在公元 312 年 10 月 28 日的米尔维安桥（Milvian Bridge）战役中大败马克森提乌斯。

如何才能把庞大帝国凝聚在一起？这个戴克里先曾竭力想要解决的难题，现在依然摆在君士坦丁面前，他记忆里的帝国就在不久前还险些陷入无可救药分崩离析的境地。君士坦丁选

择了一套全然不同于前人的解决方案，与戴克里先的措施相比，这套方案具有更深远的影响。他改革了帝国币制，发行 24k 纯金铸币苏勒德斯（solidus），从此，苏勒德斯作为标准货币在帝国东部流通了六百年。现在，所有人都可以放心大胆地做生意了，因为他们知道自己口袋里的钱币是让人信得过的。君士坦丁也像他的前任们一样建立新都，但他做得最为成功。经过周密策划，他把帝国中心迁移到扼守黑海入口的拜占庭，重建后的拜占庭被改称为君士坦丁堡（意为"君士坦丁之城"）。从此之后，直到公元 1453 年为止，这座城池一直是东罗马帝国的中枢所在。1453 年，奥斯曼土耳其攻占这座城市，把它变成自己的都城［它现在的名字"伊斯坦布尔"（Istanbul）折射出当地希腊居民的历史独特性：当他们要去那里时，只简单说"去城里"（eis tēn polin）］。四帝共治体制虽然留有余迹，但君士坦丁重新建立起了一套新的朝代更替制度，而最重要的是，他为基督教转化为国教铺平了道路。目前尚不清楚他在何时成为基督徒，也不清楚他究竟承诺了些什么。传说，在米尔维安桥战役前夕，君士坦丁看到象征基督教的十字架标志伴随 "In hoc signo vinces"（意为"这预示你即将克敌制胜"）字样在天空中闪烁，于是改变了自己的信仰。这当然是为宣传而虚构的故事。他肯定不会停止对非基督教活动的支持，但也确实为新宗教的传播打开了方便之门。公元 313 年，他颁布了《米兰敕令》（Edict of Milan），准许所有公民信仰他们自己所选择的任何神明（与戴克里先的迫害基督教政策形成鲜明对比）。他鼓励帝国上层与获得财政支持的新宗教合作，还制定方案促使基督徒担任高级官员。君士坦丁在基督教教义争端中扮演了仲裁者的角色。北非清教多纳图派（Donatist）拒不承认在戴克里先迫害基督教时期放弃过信仰的信徒，君士坦丁在公元 315 年驳回了该派的主张。公元 325 年，他主持召开了尼西亚会议（the Council of Nicaea），在各项议题中作出的一项决议是，肯定圣子与圣父同质的教义。从此，凡追随阿里乌（Arius，他主张圣子从属于父、次于圣父）反对这一教义的人，一概被视为异端。会议制定了表达这一信仰的文件，史称《尼西亚信经》（*Nicene Creed*，"我信仰一个……上帝"），直到今天，天主教及其他教派依然在沿用《尼西亚信经》。当时的基督教还只是帝国众多宗教中的一种，但君士坦丁把它置于帝国布局的中心位置，并对它表达了极强的个人承诺。正是在他统治时期，十字架成为基督教的标志，作为基督象征的凯乐符（☧）也被用到帝国的军旗上。政 〔233〕权和神权就这样紧紧地联结在一起。①

　　帝国的基督教化发生于罗马自身历史进程中，而不是由外部额外加载于帝国的，认清这一点十分重要。我们许多人都是伴随一幅常见的、具有忏悔般感召力的画面长大成人的，画面上，一群屡遭迫害但越挫越勇的信徒被上帝的话语激励，奔走在帝国各地，传播福音，并且不顾残酷迫害去清除让人厌倦的陈旧礼俗，直到民间对他们的支持强大到皇帝本人也阻挡不住的地步。古代

---

① 有关基督教标志闪烁出现的记载，见 D. MacCulloch，*A History of Christianity: The First Three Thousand Years*（London: Allen Lane，2009）。对君士坦丁也有不同看法，参见 Lactantius，*On the Deaths of the Persecuted* 44.5；Eusebius，*Life of Constantine* 1.28 – 30。介绍君士坦丁生平及事业且兼具可读性与权威性的著作有 T. Barnes and R. Boxhall，*Constantine: Dynasty, Religion and Power in the Later Roman Empire*（Chichester: Wiley-Blackwell，2014）；还有 N. Lenski，*The Cambridge Companion to the Age of Constantine*（Cambridge: Cambridge University Press，2006），其中论及君士坦丁统治的内容见 Lenski，"The Reign of Constantine"，59 – 90。《米兰敕令》进一步扩大了此前由东帝国奥古斯都伽列里乌斯（Galerius）颁布的《宗教宽容敕令》所给予的信仰自由。

基督徒喜欢自称为十分独特的群体［例如，亚历山大港的克雷芒（Clement）就曾提到，在希腊人和蛮族人之外，还有一个"第三种族"］，然而究其实，他们并非多么与众不同。有些讲述酷刑和殉道传说的古代故事很容易让人上当，误以为正直的基督徒和罗马当局派出的杀手密探之间一直处于剑拔弩张的状态。这类故事有许多是后君士坦丁时代的产物，加工痕迹明显，它们出现的时代，曾经的迫害早已成为遥远（且光辉）的记忆。事实上，基督教似乎从未被罗马人宣布为非法。唯一对基督徒实行系统性迫害的只有四帝共治政体的缔造者戴克里先，他在公元 299 年至 302 年对摩尼教徒（Manichaean,）实行镇压之后，又在公元 303 年颁布了短命的反基督徒敕令，敕令要求废弃经书、捣毁教堂、禁止教徒聚众举行礼拜，等等。此外，肯定还有其他一些对基督教怀有强烈敌意的行为，有些基督徒也的确遭到过残酷虐待。但这都是些孤立事件，而非普遍现象。理想化的殉道故事和神化殉道者的传说，直到公元 4 世纪才真正出现，矛盾的是，此时早已不存在来自国家层面的威胁，集体殉难的神话只是用来激发国际社会颂扬前辈英勇牺牲精神的工具。①

---

① 关于"第三种族"见 Clement, *Stromateis* 6.5.41（克雷芒在这里援引的是一份更早期的文献）。关于是否存在反基督教法令的问题，参见 T. Barnes, "Legislation Against the Christians", *Journal of Roman Studies* 58（1968）: 32 - 50，文章的结论是，当时对基督徒的迫害是源于偏见，而非法律。发生在公元 250 年的"德西乌斯迫害（Decian persecution）"实际上并非专门针对基督教，德西乌斯（Decius）的目的是要确保所有公民都为皇帝健康献祭，该问题可参见 J. B. Rives, "The Decree of Decius and the Religion of Empire", *The Journal of Roman Studies* 89（1999）: 135 -54。关于古代晚期杜撰的殉道故事，可参阅 L. Grig, *Making Martyrs in Late Antiquity*（London: Duckworth, 2004），还可参阅 C. Moss, *Ancient Christian Martyrdom: Diverse Practices, Theologies, and Traditions*（New Haven: Yale University Press, 2012）和 *The Myth of Persecution: How Early Christians Invented a Story of Martyrdom*（New York: HarperOne, 2013）。

多数普通基督徒与他们的非基督徒邻居之间并没有隔着一道分割彼此的巨大鸿沟：他们穿着打扮相同，饮食习惯相同，以同样的方式取名，生活在同一个城镇。早期基督徒和罗马帝国的其他居民一样，更在意的是维持自家生计，而不是彰显自身的与众不同。信奉基督教并不意味着必须放弃其他宗教，有些基督徒也不一定是犹太人。直到公元 4 世纪基督教已成为罗马的国教之后，仍有许多人不改旧俗，甚至晚至公元 6 世纪，依然有人信奉奥林匹斯诸神。多神崇拜同基督教是可以和平共处的。现存不列颠博物馆藏品中有一件银光闪烁的普罗杰克塔骨匣（Projecta casket），其上既有基督教墓志铭，又有维纳斯浮雕图案。公元 4 世纪的罗马人费尔米库斯·马特尔努斯（Firmicus Maternus）写过一本名为《论异教的错误》（*On the Error of Profane Religions*）的书，该书既有占星术内容，各种星宿在书中均被视为传统罗马神祇，又是一部反异教宣传册。难道作者在写作期间改宗易教了？也许是吧。但也有另一种可能，即他根本不认为这两者有多大矛盾。公元 5 世纪杰出诗人帕诺波利斯的诺努斯（Nonnus of Panopolis）既写过阐释约翰福音的韵律诗，也写过讲述"异教"神狄奥尼索斯历险故事的史诗（且长达四十八卷！）。正如某位学者所说："人们可以既做基督徒，也信仰其他神明。"[1]

〔234〕

---

[1] 当时（至少在北非地区）很难区分基督徒和非基督徒，参见 E. Rebillard, *Christians and Their Many Identities in Late Antiquity*（Ithaca, NY, and London: Cornell University Press, 2012），67 - 68。从约翰·克里索斯托（John Chrysostom）和奥古斯丁（Augustine）等后君士坦丁时代教会领袖们忧心忡忡的指令可以看出，显然有许多人既参加基督教仪式，也履行其他宗教礼仪，关于这个问题可参阅 Rebillard, *Christians and Their Many Identities*, 74 - 75；也可参阅 B. Sandwell, *Religious Identity in Late Antiquity: Greeks, Jews and Christians in Antioch*〔Cambridge: Cambridge University （转下页注）

　　直到 3 世纪以后，基督徒人数才开始以惊人的速度增长。有位学者"估计"，在公元 200 年时，基督徒人数在罗马帝国总人口中仅占 0.35%，即大约仅有 20 万人。在这一时期，多数希腊人和罗马人对于何为耶稣崇拜基本上一无所知，例如，3 世纪中叶的赫罗狄安（Herodian）所写的罗马帝国历史中，根本没有单独提到基督教。以上同一位学者估计，基督徒人数在 3 世纪上半叶约为 100 万，下半叶约为 500 万，到公元 300 年时，已占到总人口的 10%，以致希腊－罗马的多神信徒再也不能无视基督教的存在。面对如此增长的规模，人们不仅要问为什么基督教发展得如此之快，而且要问为什么在那一时期发展如此之快。后一问恐怕很难从告解语中得到解释。基督教承诺：无论男女老幼，也无论贫富贵贱，只要改信耶稣，人人都能在死后得到救赎。这样的承诺对于生逢公元 3 世纪政治乱世的帝国居民或许具有更大的吸引力。其实，我们永远无从得知数百万普通人到底出于什么动机皈依基督教，因为他们并无只字片语遗世。①

（接上页注①）Press, 2008］, 82 - 90。引文见 Edwards, "The Beginnings of Christianisation", 142。多神文化一直延续到公元 6 世纪，相关研究见 G. Bowersock, *Hellenism in Late Antiquity* (Ann Arbor: University of Michigan Press, 1990) 和 A. Cameron, *The Last Pagans of Rome* (Oxford: Oxford University Press, 2011)。R. Lane Fox, *Pagans and Christians in the Mediterranean World from the Second Century AD to the Conversion of Constantine* (Harmondsworth, UK: Viking, 1986) 为研究基督信仰与多神信仰之间的关系提供了极为丰富的资料。这方面问题还可参阅 C. P. Jones, *Between Pagans and Christians* (Cambridge, MA: Harvard University Press, 2014)。

① 关于基督徒人数问题，参见 K. Hopkins, "Christian Number and Its Implications", *Journal of Early Christian Studies* 6.2 (1998): 185 - 226。有人认为上文作者低估了公元 200 年的基督徒人数，参见 Edwards, "The Beginnings of Christianisation", 138。

　　无论怎样解释公元 3 世纪基督教人数的激增，君士坦丁本　　〔235〕
人对基督教的推动都不单纯是顾忌庞大人数压力的结果。即便
10% 的比例，依然是总人口中的极少数。他所考虑的必定是政
治因素，他所关注的是如何把这个有分裂之虞的帝国维系在一
起。对这样的皇帝而言，以自己特有的方式把权威赋予一个全
能的、普世的上帝（而无须舍弃其他）是一种明智之举。更
何况，他也并非借助神权服务于帝国的第一位首脑。甚至早在
奥古斯都成为第一公民（princeps）之前，罗马帝国的使命就
与神圣的天意联系在一起。斯多葛哲学曾设想过一个由单一神
圣力量完善统治的宇宙，这种哲学倒是从一开始便契合了罗马
帝国的精神气质。帝国皇帝本人亲自出任大祭司长（pontifex
maximus），即罗马全境各宗各派的首脑，成为连接神权的桥梁；
艺术宣传品把他们当作为国奉献的殉葬者反复颂扬（甚至在基
督教被接纳为帝国宗教之后，直至公元 4 世纪末之前，皇帝们
一直被冠以这样的头衔。5 世纪以后，这一头衔才同今天一样，
专门用于罗马天主教会首脑）。在帝国希腊语地区，皇帝在生前
就被人奉若神明；在帝国西部，生前受人拥戴的皇帝，死后被
供奉为神。至为重要的是，在君士坦丁承认基督教之前，帝国
已有过多次统一宗教信仰的尝试，例如：塞普蒂米乌斯·塞维
鲁（Septimius Severus）皇帝和尤利亚·多姆娜（Julia Domna）
皇后曾大力推行对叙利亚神埃拉伽巴尔（Elagabal，意为山神）
的信仰；奥勒良（Aurelian，公元 270～275 年在位）也试图推
广对"无敌太阳神"（Sol Invictus，也是君士坦丁本人崇拜的
神）的信仰。罗马帝国内部一直存在神权因素，即便这些因素
并非总在发挥作用。事实上，对于古希腊罗马历史有一种普遍
看法，即统治疆域辽阔的集权制帝国，最有效的办法莫过于借

助神意。①

在整个古代时期，希腊罗马在政治上面临的基本挑战永远环绕同一主题：如何才能在一个缺乏现代民族主义保护机制的多样性世界中，形成团结的统一体。应对这一挑战的答案中始终少不了宗教。在古风时代的希腊，多神信仰恰如其分地表达了数百座自治或半自治城邦国家既相同又有差异的文化特征。

[236] 在罗马时代晚期，一神崇拜和宗教上的一统天下所表达的，则是在帝国濒临解体的险境中维护政治统一的愿望。

多数观察家认为，君士坦丁接纳基督教似乎并不具有革命意义。在他们看来，罗马的万神殿足够宽敞，身为一国君主的君士坦丁要想在那里添加一尊神像，根本不会惹人大惊小怪。然而，事实却是，这一事件对整个 4 世纪历史产生了极大影响。除去尤里安（Julian，公元 361～365 年在位）一朝不算，其后所有皇帝无一不是基督徒。公元 380 年，狄奥多西一世（Theodosius Ⅰ，公元 379～395 年在位）在塞萨洛尼卡（Thessalonica）颁令，宣布基督教为帝国官方宗教，并命令所有臣民信仰它。正因为如此，从此，罗马公教（Catholicism，即中国人所说的天主教派——译者注）成为经皇帝准许的基督教正宗。当时，根据敕令，凡承认尼西亚会议认定的三位一体学说为正宗教义者，均有资格自称为"公教信徒"（即天主教徒——译者注）。其余各派——无论是多神信仰者、无神论者、犹太人，还是教义上并非完全意义上的基督徒——则一律被判

---

① 对于皇帝担任大祭司一事的评论，可参阅 R. Gordon, "The Veil of Power: Emperors, Sacrifcers and Benefactors", in M. Beard and J. North (eds.), *Pagan Priests: Religion and Power in the Ancient World* (London: Duckworth, 1990), 201–31.

定为 "神经错乱的疯子"（*dementes vesanosque*），打上异端烙
印，并且被威胁会受到来自教会和帝国的双重惩罚。帝国与神
权的微妙联盟开始奏效，全能的上帝堪与帝国君主比肩。一年
后，狄奥多西再次颁令，要求把不承认《尼西亚信经》的人打
上烙印，并从所有城市中驱逐。正如一位学者所说，狄奥多西
重新定义了宗教的性质，使之 "不再仅仅是一种规范的实践活
动，而且成为一整套定义明确，且得到十二使徒和《尼西亚信
经》确认的信仰，而今这种信仰又经罗马君主之口颁行天下"。
在希腊、罗马历史上，政治权威第一次系统进占居民个人思想
和内心世界，评判他们的信仰是否有悖于法定正统标准，并决
定相应的奖励或惩罚。①

　　这是由帝国基督教化引发的一场真正的意识形态革命，是
绝对权力与宗教专制主义的结盟。此前，基督教内部教义争端
不断，各派自立门户。如今，这种倾向转化成帝国权力的工具。
狄奥多西法令强化了这样一种观念，即帝国之内每个人健康幸〔237〕
福与否，从根本上说不仅取决于他是否信仰了正确的宗教，而
且取决于他是否信仰了对正确宗教的正确神学见解。同所有成
功的社会控制手段一样，这种新的宗教确认要点也包含了对局
外人的甄别和标记。《狄奥多西法典》（*Codex Theodosianus*）是
狄奥多西一世之孙狄奥多西二世在位期间（公元 408 ~ 450 年）
组织人编写的一部大型法律汇编，共计十六卷，其中的最后一
卷首先为帝国力挺的罗马公教规定了准则，接下来是惩治所有
不符合公教准则者的各种立法。这些法律中无疑包括针对异端

---

① 　参见 *Codex Theodosianus* 16.1.2，16.5.6；D. Hunt，"Christianising the Roman
Empire：The Evidence of the Code"，in J. Harries and I. Wood（eds.），*The
Theodosian Code*，2nd ed.（London：Duckworth，2010），147。

（heretic，该词来自希腊语中的 *hairesis*，有"宗派"或"邪教"之义）的条款，这里所说的异端主要指其他教派的基督徒，如孟他努派（Montanist）、优诺米派（Eunomian）、普里西利安派（Priscillianist）、多纳图派、亚波里拿留派（Apollinarian）、阿里乌斯派（Arians）等。法律禁止他们集会，也禁止他们使用任何教会用语来介绍他们的宗旨，许多帝国城市还把他们驱逐出境。异端被视为对国家的犯罪，因为"任何违背神圣宗教的罪行，都被视为对所有人的侵犯"。立法中甚至还有禁止回忆异端的内容："任何人都不得回忆摩尼教、多纳图斯教派……必须信奉公教，那才是一种救赎。"放弃基督教的变节者会被其他社会成员孤立，死后也不得把财产传给自己的继承人。犹太人在法律上受到保护，但他们也不得劝基督徒皈依犹太教，不得拥有基督徒奴隶。这时，"迷信"，即希腊罗马传统的多神信仰已不再流行，各地神庙纷纷关门，祭祀活动也已废止。从事祭祀活动或崇拜邪教偶像者会被罚款乃至处死。公开辩论宗教问题也在被禁之列。上述政策究竟在多大程度上得到实施，至今仍是个存在争议的问题，但它们至少为排斥一切的尼西亚基督教提供了极其夸张的案例。①

《狄奥多西法典》把基督教公教派置于与一系列宗教上的"其他人"相对立的立场。那些"其他人"一概被诅咒为疯狂

---

① 关于异端，见 *Codex Theodosianus*16.5（此处提到摩尼教徒）；关于罪行，见 *Codex Theodosianus* 16.5.40.1；禁止回忆异端的条款，见 *Codex Theodosianus* 16.5.38；关于变节者，见 *Codex Theodosianus*16.7. 关于犹太人的条款见 16.8；关于"异教徒"见 16.10；禁止公开辩论的条款见 16.4.2. 关于抵制异端的反多神论话语再利用问题，参见 R. Flower, *Emperors and Bishops in Late Roman Invective* (Cambridge：Cambridge University Press, 2013)。对于法律是否实施的质疑，可参阅 A. Cameron, *The Last Pagans of Rome* (Oxford：Oxford University Press, 2011), 59–74。

的变态，受到国家暴力的威胁。这是一场巨变。此前，希腊、罗马的多神信仰并不是一个排斥他人的统一体，而是可以无限扩展的区域性信仰网络。多神论的灵活性意味着它没有外部边界的约束，一旦出现新的神祇，只需把它们直接纳入其中。而一神教与此相反，在信仰上非此即彼，非对即错。在早期，不同地区崇拜不同神祇的现象被视为有关这个世界的经验事实，但现在却变成一种需要动用足够的国家权力和法律加以纠正的问题。早期的希腊人和罗马人毫不迟疑便承认世界上存在众多神祇，因为在他们看来，这在各民族都是不言而喻的事实，与神学世界观无涉。"多神论者"这个字眼也像"异教徒"一样，是基督教造出来的东西，隐含了比其对立面"一神论者"低人一等的语义〔但就个人而言，我还是宁愿称那些恪守旧制的人为"多神论者"，而不愿使用带有更明显贬义的"异教徒"（*pagani*，有"乡巴佬"或"外邦人"之义）这个字眼。无论怎样，有一点始终非常重要，即只要涉及古代晚期历史，我们都必须正视，这一时期在宗教上形成了一系列与早期社会截然不同的特征，出现了前所未见的教派，而所有这些都在不知不觉中成为基督教世界观发展的助力〕。

〔238〕

　　然而，《狄奥多西法典》条目中少了一项宗教犯罪，整部法律汇编没有任何一处提及无神论。有人推断，之所以如此，是因为无论何人，要想没有宗教信仰地存活于这个世界，显然都是件不可思议的事。那时，人们只有两种选择，要么信仰真正的宗教，要么信仰虚妄的迷信。在作出上述推断的人看来，似乎所有人与生俱来地具有感知宗教的天性，只是有些人受到错误的引导而误入歧途，误解了当时基督徒们的共同信仰。这种看法造成一个文化上的盲区：在这个二元结构的世界，无神论已无用武之地，在真正的信仰和虚妄的迷信之间，已没有无神论容身的余地，因此，这时的无神论实际上已淡出了人们的视线。

罗马帝国的基督化使严肃的哲学无神论中断了千年之久。这个词本身在语义上也多了些负面含义，大抵上，它仅指对基督教上帝缺乏信仰，而不再含有总体上对有神论持理性批判态度的意义。比如说，古代晚期的基督徒们提到"无神论的多神教信徒"（atheist polytheists）时，并不觉得自相矛盾，因为在他们看来，多神论不过是对一神本质的误解，这种误解使那些愚昧的追随者堕入拒不接受基督教主张的"无神论"境地。基督教异端也可以被称为"无神论者"，在这种情况下，问题甚至已不再是他们肯不肯信仰上帝，而是他们信仰上帝的方式不对。在亚历山大港的希腊化犹太学者斐洛的文字中可以找到这方面的最早实例。他写道："那些丧失灵魂者真是些无神论者，与真神同在者得享永恒。"他还写道："无神论是万恶之源。"而最让人瞠目的话是，"无神论者正在同爱戴上帝的人交战，这是一场不容妥协也没有调停余地的战争"（顺便说一句，就我所知，这是最早一例对"激进无神论"的比喻，也是让当代有神论者十分喜爱的比喻）。假如反犹运动和大屠杀发生在公元 1 世纪的亚历山大城，斐洛或许就不会讲出如此偏执的话。其实他的偏执正来自希伯来圣经所描述的以色列人：他们独立于其他族群，是一群根本不与他人相融的异邦人，他们那独特的一神观念只允许一种真正的宗教存在，这样的观念极易助长社会群体间的尖锐对立，也容易让人感到他们之间的暴力冲突的确不可避免。在 4 世纪以来的基督教文献中，我们也一再发现视无神论者为死敌、需要与之斗争的观点，比如，无神论者

是"宇宙之敌"！公教派基督徒们"严阵以待，抗击数不清的
无神论异教徒"！这种具有象征意义的战争，也可以直接被解释
为：宗教派系间的战争业已成为生活常态，这在多神的世界是
极其罕见的景象。近期，有人对发生在北非公教派和多纳图斯
派之间的宗教暴力做过研究，仅此一项研究报告长达八百多页。
对不同信仰者进行圣战的有害思想第一次出现，在古代地中海
历史上，宗教差异也第一次成为导致冲突的根源。①

　　然而，基督徒本身不也是被希腊人和罗马人称为"无神
论者"吗？这种看法常有人提起，但事实是，几乎所有证据
都出自基督教本身的文献。例如，公元 4 世纪的该撒利亚
（Caesarea）的优西比乌（Eusebius）就把君士坦丁的政敌李锡
尼（Licinius）描写成为捍卫传统多神信仰而亲自进行"圣战"
的人。据说，他在树林里举行献祭仪式时，痛骂君士坦丁"背
叛祖宗传统，接受无神论信仰……就让我们对无神论者开战　〔240〕

① 　关于无神论一词词义的变化，参见 G. W. H. Lampe, *A Patristic Greek Lexicon*
（Oxford：Clarendon Press, 1961），44。作者的确引证了若干"古典"语义，
但绝大部分例证都是新型的。最早的基督教事例出自被人广泛引用的
Ephesians 2：12（"宇宙中的无神论者"）。关于"信仰多神的无神论者"，
参见"Sentences of Sextus", 599（其中有"一个多神论信徒就是一个无神
论者"之语），见 Eusebius, *Preparation for the Gospel* 7. 19. 8。还可参见
Philo, *On the Special Laws* 1. 345 和 *On the Decalogue* 91。关于战争，见
Questions on Exodus 30（这段话摘自 Demosthenes, *On the Crown* 262）。关于
基督教对无神论者的战争，参阅 Eusebius, *In Praise of Constantine* 6. 21；ps.
- Chrysostom, *On John the Theologian* 614（Migne）；也可参阅 *Eusebius Life of
Constantine* 3. 3. 1 and *On the Praise of Constantine* 6. 21, 7. 6, 9. 8。关于宗教
暴力的研究报告，见 B. Shaw, *Sacred Violence：African Christians and Sectarian
Hatred in the Age of Augustine*（Cambridge：Cambridge University Press, 2011）；
有关古代晚期基督教和早期伊斯兰教的宗教暴力问题，参阅 T. Sizgorich,
Violence and Belief in Late Antiquity：Militant Devotion in Christianity and Islam
（Philadelphia：Pennsylvania University Press, 2009）。

吧!"尤西比乌当然无从得知李锡尼在那样的时刻究竟说了些什么,对"基督教无神论者"进行圣战,不过是他自己创造并加诸李锡尼的思想,其作用仅仅在于使君士坦丁对李锡尼的行动合法化。君士坦丁对李锡尼的回应是为了推翻协议并打击多神信仰的"无神论者"。其实在基督教著述中,对无神论的指控出尔反尔早已是司空见惯的事。士麦那的坡旅甲(Polycarp of Smyrna)的殉道故事就是一个极好的例子。故事被设定在公元155年至167年的某一天,主人公波利卡普是位正直的老人,他在挤满残忍人群的竞技场接受罗马总督的审讯。总督命令他"向恺撒起誓!""忏悔!说一句'除掉无神论者!'"这时,坡旅甲转向众人,挥舞拳头喊道:"除掉无神论者!"就这样,他把攻击无神论者的矛头转向了信奉多神崇拜的人群。这种挑衅举动导致他被绑上火刑柱,在烈焰中殉难。坡旅甲面对迫害的那些感人话语,固然把故事完满有力地推向了高潮,但却不符合史实。故事中总督的那番话不可能出自任何一个非基督教信徒之口,因为"忏悔"(*metanoia*)一词是犹太教和基督教的观念,而"除掉"(*aire*)则是直接重复了路加福音中斥责耶稣的话。假如罗马总督真能如此明白无误地借用基督教语汇,他似乎不该对基督教怀有敌意。因此,坡旅甲殉道有可能是为感召基督教信众而凭空杜撰的故事,也更可能是一个经过刻意润色、加工而来的故事,而它最终也确实像耶稣殉难故事那样,变得家喻户晓。①

---

① 关于无神论者被指控为基督徒,参见 J. Walsh, "On Christian Atheism", *Vigiliae Christianae*, 45 (1991): 255 - 77; 也可参见 P. F. Beatrice, "L'accusation d'athéisme contre les chrétiens", in M. Narcy and É. Rebillard (eds.), *Hellénisme et christianisme* (Villeneuve d'Ascq: Presses Universitaires de Septentron, 2004), 133 - 52。尤西比乌对李锡尼的看法见 (转下页注)

　　这时，我们好像只能得出如下结论：把暴力"他者化"为持各种不同宗教观念的无神论者形象，主要是犹太教和基督教的手笔，而后，这种形象又被投射回多神论信徒身上。可以肯定的是，这其中有些作用十分微妙。大约在公元 150 年，叙利亚人查士丁（Justin）写了一篇维护基督教的作品，文中借用了苏格拉底的形象，称苏格拉底是试图用"真正的理性和批判性的省察"引领人类摆脱群魔的人，可惜却为此背负上了大不敬的无神论者和引入新神的罪名，最终被判处死刑。苏格拉底在人们心目中已被重塑为基督教的殉难烈士！接下来，查士丁又写道："这就是为什么我们（即基督徒）被称为无神论者的原因，我们承认自己是无神论者……至少对那些臆想中的神而言 〔241〕是无神论者。但与真正的神无关，他是正义之父，他严于律己，集众多美德于一身，他摒弃一切不纯洁。"若依查士丁所说，基督徒的确是无神论者！或者说，他们宁肯做这样的无神论者。

　　（接上页注①）他的著作 *Life of Constantine* 2.5.1, 2.5.4。"除掉无神论者"一语见 *Martyrdom of Polycarp* 9-10。关于坡旅甲殉难时间，参见 P. Hartog, *Polycarp and the New Testament*（Tübingen：Mohr Siebeck, 2002），24-31。很多学者也把故事文本产生时间定在公元 2 世纪，就我所知理由并不充分。在路加福音（Luke）23：18 中，众人对总督彼拉多（Pilate）高喊：释放巴拉巴（Barabbas），除掉耶稣〔对比使徒行传（Acts）21：36 的记载，众人用同样的话对待保罗〕；在约翰福音（John）中，彼拉多告诉犹太人耶稣是他们的王时，他们的回答是，除掉他，除掉他（*aron, aron*，见 John 19：15）。关于坡旅甲殉道故事对其他文本的吸收转化，参见 C. Moss, "Nailing Down and Tying Up：Lessons in Intertextual Impossibility from the *Martyrdom of Polycarp*"，*Vigiliae Christianae* 67（2013）：117-36（值得重视的是，该文鼓励把苏格拉底与耶稣相提并论）。公元 2 世纪明确把基督徒与无神论联系在一起的是琉善（Lucian），参见他的 *Alexander or the False Prophet* 25，但是有一点需要注意，琉善在书中把基督徒同明确被视为哲学无神论的伊壁鸠鲁派笼统划归在一起。关于公元 3 世纪基督徒被指控为"背离祖先传统"的无神论者，参见 Porphyry, *Against the Christians* fragment 1，引文用语应该是意译，而非直译。

查士丁没有像当时其他基督教作家那样，直接批驳对他们的无神论指控，而是像苏格拉底那样坦然接受，然后转过身，离多神信仰的一众神祇而去。①

有一些早期基督徒的确曾谴责早期古典无神论者是最差劲的不信神明者，而另一些人却把他们称为对抗多神信仰的同道。公元 2 世纪时，亚历山大港的克雷芒在其著述中提到一种矛盾现象："'无神论者'的标签适用于许多人，比如阿克拉加斯（Acragas，原文如此）的欧赫迈罗斯（Euhemerus）、塞浦路斯的尼卡诺尔（Nicanor of Cyprus，不详）、米洛斯岛的迪亚戈拉斯和希波（Hippo）以及昔兰尼的西奥多罗斯等，除此之外，还可以举出许多。一方面，这些人过着简朴纯正的生活；另一方面，他们对宗教谬误的体察又比其他人来得更加敏锐。"

在克雷芒看来，应该被称作无神论者的人并不是正直的迪亚戈拉斯及其同道，而是被他们批判的多神信徒。欧赫迈罗斯的《神圣历史》（*Sacred History*）一书的确格外适合早期基督徒的口味。书中提到，就连一些古人也认为他们自己所崇拜的神祇不过是些被神化的凡人，于是，基督徒们认为，这些记载可以确凿证实，对奥林匹斯诸神的信仰从根本上就是一场错误的寄托。②

---

① 参见 Justin Martyr, *First Apology* 5 – 6。关于帝国早期基督徒自比苏格拉底或谴责苏格拉底一事，参见 C. Taylor, "Socrates Under the Severans", in S. Swain, S. Harrison, J. Elsner（eds.）, *Severan Culture*（Cambridge: Cambridge University Press, 2007）, 500 – 11。亦可参阅 *First Apology* 4，其中提到一些"教授无神论"的哲学家。

② 关于基督教重拾哲学无神论武器，参见 D. Palmer, "Atheism, Apologetic and Negative Theology in the Greek Apologists of the Second Century", *Vigiliae Christianae* 37（1983）: 234 – 59。关于基督徒对古典无神论的抗拒，参见 Theophilus, *Against Autolycus* 3.7。还可参见 Clement, *Exhortation* （转下页注）

古典无神论者在这个新时代之所以大受欢迎，表面看来只是缘于人们的好奇心。其实让基督教读者感兴趣的，只是古典无神论者的修辞手法，这些修辞手法可以被借来对付桀骜不驯的多神论者，也可以对付信仰不够坚定的基督徒。当时，他们的思想尚未在哲学层面遭遇严肃挑战——人们当然也想不到基督教教义本身会受到无神论思想的质疑。对基督教辩护士而言，有必要把哲学无神论置于早已成为历史的前基督教时代，因为它的批判锋芒并不针对一般意义的有神论，而是专门针对多神论信仰的。此时，无神论被视为对荒唐迷信的揭露，而不是对超自然信仰的质疑，基督教真理既然已大白于天下，无神论便不再有用武之地。

罗马公教作为基督教与帝国权力结合的产物，它的到来意味着古代无神论在西方历史的终结。一旦真理的范式与错误宗教之争确定无疑地成为唯一重要的事，思想的版图上便不再有无神论的存身之地。当然，宇宙论之争和哲学之争依旧激烈，但它们已很难超越基督教一神论的框架。个人无疑会经历无所适从和信仰的迷茫，这在所有文化体系中都无例外，但主流社会看不到这些，在历史记载中，这一切都无迹可寻。正是这样的历史盲区，导致人们一直误以为无神论存在于前启蒙时代的西方是件不可思议的事。然而，近两个世纪以来，无神论的显著崛起并非历史的反常。倘若站在更久远的古代历史角度就不难发现，由一神论主导全球宗教并导致无神论的存在得不到承认，才是一段反常的历史。〔242〕

（接上页注②）*to the Greeks* 2. 20 - 21。关于基督教对欧赫迈罗斯提出的神话即历史观念的看法，参见 R. P. C. Hanson，"Christian Attitudes to Pagan Religion"，*Aufstieg und Niedergang der römischen Welt* 2. 23. 2 (1980)：934 - 38；还可参见 M. Winiarczyk，*The Sacred History of Euhemerus of Messene* (Berlin：de Gruyter, 2013)，148 - 52。

致　谢

〔243〕　　非常感谢英国科学院（British Academy）授予我一笔款项，使我得以免去 2012 年至 2013 年的教职。也非常感谢我在牛津大学基督圣体学院（Corpus Christi College, Oxford）的学生和同事，他们慷慨原谅我在此期间的缺席。对我而言，能够为优秀学生授课绝非理所当然，而是一项殊荣。有不少专家学者读过初稿，并指导我涉过学术险滩，他们是戴维·塞德利（David Sedley）、詹姆斯·沃伦（James Warren）、马约翰（John Ma）、伊迪丝·霍尔（Edith Hall）、罗伯特·帕克（Robert Parker）、罗宾·奥斯本（Robin Osborne）、尼尔·麦克林恩（Neil McLynn）、克里斯托弗·凯利（Christopher Kelly）。我的孩子因迪亚（India）和索利（Soli）、妻子埃米莉（Emily）以及父母朱迪（Judy）和盖伊（Guy）都是我的可靠后盾。朱迪和埃米莉也读过大部分书稿。在此还要一一感谢我的经纪人凯瑟琳·克拉克（Catherine Clarke）和乔治·卢卡斯（George Lucas）、克诺夫出版社（Knopf）编辑乔治·安德烈乌（George Andreou）、费伯出版社（Faber and Faber）编辑尼尔·贝尔顿（Neil Belton）、沃尔特·多诺霍（Walter Donohue）和朱利安·卢斯（Julian Loose），此外还有出色的文字编辑埃米·瑞安（Amy Ryan）。

索 引

（索引中的页码为本书页边码）

译者说明

译者在翻译过程中，参考乃至直接借鉴了许多中文译著，但正文中并未一一注明，在此把书名一并列出，并对所有译者致以诚挚谢意。

参考译著书目

《伊利亚特》，《罗念生全集》第五卷，罗念生、王焕生译，上海人民出版社，1997。

《荷马史诗·奥德赛》，王焕生译，人民文学出版社，2003。

赫西俄德：《神谱》，王绍辉译，上海人民出版社，2010。

希罗多德：《历史》，王以铸译，商务印书馆，1997。

修昔底德：《伯罗奔尼萨战争史》，谢德风译，商务印书馆，1985。

《希波克拉底文集》"神圣病论"，赵洪钧、武鹏（整理），中国中医药出版社，2007。

福柯：《规训与惩罚》，刘北成、杨远婴译，生活·读书·新知三联书店，2003。

《柏拉图全集》第一卷"申辩篇""伊安篇""拉凯斯篇""普罗泰戈拉篇""会饮篇""欧绪弗洛篇"，王晓朝译，人民出版社，2002。

《柏拉图全集》第二卷"国家篇""斐德罗篇""巴门尼德

篇"，王晓朝译，人民出版社，2003。

《柏拉图全集》第三卷"蒂迈欧篇""法律篇"，王晓朝译，人民出版社，2003。

索福克勒斯：《俄狄浦斯王》，《罗念生全集》第二卷，上海人民出版社，2004。

欧里庇得斯：《特洛伊妇女》，《罗念生全集》第三卷，上海人民出版社，2004。

欧里庇得斯：《疯狂的赫拉克利斯》，《欧里庇得斯悲剧集》二，周启明译，人民文学出版社，1957。

阿里斯托芬：《云》《地母节妇女》，《罗念生全集》第四卷，上海人民出版社，2004。

阿里斯托芬：《和平》，《阿里斯托芬喜剧》上，张竹明译，译林出版社，2007。

阿里斯托芬：《鸟》，《阿里斯托芬喜剧》上，张竹明译，译林出版社，2007。

色诺芬：《回忆苏格拉底》，吴永泉译，商务印书馆，1984。

第欧根尼·拉尔修：《名哲言行录》，开来、溥林译，广西师范大学出版社，2010。

《爱比克泰德论说集》，王文华译，商务印书馆，2009。

普鲁塔克：《希腊罗马名人传》，席代岳译，吉林出版集团有限责任公司，2009。

阿里安：《亚历山大远征记》，李活译，商务印书馆，1979。

西塞罗：《论共和国》，王焕生译，上海人民出版社，2006。

西塞罗：《论神性》，石敏敏译，商务印书馆，2012。

卢克莱修：《物性论》，方书春译，商务印书馆，1981。

波利比阿：《罗马帝国的崛起》，翁嘉声译，社会科学文献出版社，2013。

维吉尔：《埃涅阿斯纪》，杨周翰译，译林出版社，1996。

塔西佗：《阿古利可拉传 日耳曼尼亚志》，马雍、傅正元译，商务印书馆，1983。

阿普列乌斯：《金驴记》，刘黎亭译，上海译文出版社，1988。

《琉善哲学文选》，罗念生、陈洪文、王焕生、冯文华译，商务印书馆，1980。

克莱门等：《使徒教父著作》"波利卡普殉道记"，黄锡木主编，高陈宝婵等译，生活·读书·新知三联书店，2013。

图书在版编目(CIP)数据

与神作战：古代世界的无神论／（英）蒂姆·惠特马什（Tim Whitmarsh）著；陈愉秉译. -- 北京：社会科学文献出版社，2020.2

书名原文：Battling the Gods：Atheism in the Ancient World

ISBN 978 - 7 - 5201 - 5613 - 4

Ⅰ. ①与… Ⅱ. ①蒂… ②陈… Ⅲ. ①无神论 - 研究 Ⅳ. ①B91

中国版本图书馆 CIP 数据核字（2019）第 210660 号

与神作战
—— 古代世界的无神论

著　者／〔英〕蒂姆·惠特马什（Tim Whitmarsh）
译　者／陈愉秉

出 版 人／谢寿光
责任编辑／刘　娟
文稿编辑／王文娟

出　　版／社会科学文献出版社·甲骨文工作室（分社）（010）59366527
　　　　　地址：北京市北三环中路甲29号院华龙大厦　邮编：100029
　　　　　网址：www.ssap.com.cn
发　　行／市场营销中心（010）59367081　59367083
印　　装／三河市东方印刷有限公司

规　　格／开本：889mm × 1194mm　1/32
　　　　　印张：11.375　字数：263千字
版　　次／2020 年 2 月第 1 版　2020 年 2 月第 1 次印刷
书　　号／ISBN 978 - 7 - 5201 - 5613 - 4
著作权合同
登 记 号／图字 01 - 2016 - 6131 号
定　　价／65.00 元